董雪雁◎著

# 公司战略差异与印象管理策略研究

## Research on Corporate Strategic Deviance and Impression Management Tactics

中国财经出版传媒集团

经济科学出版社
Economic Science Press

**图书在版编目（CIP）数据**

公司战略差异与印象管理策略研究 / 董雪雁著．--北京：经济科学出版社，2021.8

ISBN 978－7－5218－2823－8

Ⅰ.①公…　Ⅱ.①董…　Ⅲ.①公司－企业管理－研究
Ⅳ.①F276.6

中国版本图书馆 CIP 数据核字（2021）第 177781 号

责任编辑：杜　鹏　常家凤
责任校对：靳玉环
责任印制：邱　天

**公司战略差异与印象管理策略研究**

董雪雁　著

经济科学出版社出版、发行　新华书店经销
社址：北京市海淀区阜成路甲 28 号　邮编：100142
编辑部电话：010-88191441　发行部电话：010-88191522
网址：www.esp.com.cn
电子邮箱：esp_bj@163.com
天猫网店：经济科学出版社旗舰店
网址：http://jjkxcbs.tmall.com
固安华明印业有限公司印装
710×1000　16 开　14.75 印张　250000 字
2021 年 8 月第 1 版　2021 年 8 月第 1 次印刷
ISBN 978－7－5218－2823－8　定价：79.00 元
**（图书出现印装问题，本社负责调换。电话：010－88191510）**

# 前　言

## 一、研究背景

管理认知理论认为，当管理者意识到企业的客观环境发生根本性变化时，为了适应环境的变化，企业会对其经营战略进行调整（Klein et al.，2010；尚航标等，2016）。前景理论认为，企业在进行战略决策时，对经营绩效有一个期望值，当实际绩效低于期望值时，企业有动机调整战略（Williamson & Ouchi，1981）。业绩低于期望值的困境程度越大，组织进行冒险变革行为的力度也越大（Kahneman & Tversky，1979）。企业通常把行业平均业绩水平作为行业竞争期望值，实际绩效与行业竞争期望值差距越大，企业战略偏离行业常规战略的程度越大（连燕玲等，2019）。战略偏离行业常规一方面会给企业带来竞争优势，另一方面也会导致企业的合法性受损，进而影响企业的资源获取。因此，企业有动机进行印象管理。然而，鲜有研究考察公司战略偏离行业常规后的印象管理策略及其经济后果。基于此，本书从盈余管理和社会责任视角考察了战略异常企业的印象管理策略及其经济后果。

## 二、研究意义

本书的理论价值在于：（1）扩展中国情境下战略异常企业印象管理的理论。现有文献对印象管理的策略类型、形成机制、影响后果等方面做了深入探讨，但对于战略偏离行业常规的企业如何采取有针对性的印象管理策略应对合法性受损，目前还缺少直接的研究结论。（2）深化印象管理策略经济后果的研究。现有研究对于印象管理应对合法性受损的效果的探讨并不完善，忽视了印象管理策略与战略异常企业获取利益相关者信任之间的关系。（3）丰富战略差异印象管理的实证研究。合法性受损是战略偏离行业常规的企业中普遍且客观存在的现象，但是这类企业合法性修复的策略与效果尚缺少经验证据，需要借助实证分析的研究范式，为战略异常企业印象管理问题的解释提供更多的经验证据。

本书的实践意义在于：转型经济背景下，战略偏离行业常规在给企业带来竞争优势的同时，也给企业带来合法性损失，如何对战略异常企业的合法性进行修复，进而提升战略异常企业的绩效，给战略异常企业带来了挑战。本书通过对战略异常企业应对合法性受损的印象管理策略及其经济后果的深入探讨，一方面能够为战略异常企业制定印象管理策略提供理论依据和决策支持；另一方面也有助于利益相关者正确认识企业的印象管理行为。

**三、研究思路**

我们推测战略差异可能引发盈余管理。首先，一些公司把行业平均盈利水平作为决定管理者的薪酬和高管更换的基准（Antle & Smith，1986；Parrino，1997；DeFond & Park，1999；Otomasa，2004），而高管薪酬和职位安全是管理者从事盈余管理的主要动因，因此，当公司业绩低于行业平均水平时，公司管理层出于薪酬或职位安全的考虑，很可能从事盈余管理。这种观点已经得到了实证检验的支持。例如，马尔加良和桑塔洛（Markarian & Santalo，2014）和亚马古基（Yamaguchi，2014）发现，企业盈余管理水平与经过行业调整的盈利能力显著负相关。汤等（Tang et al.，2011）的研究表明，战略差异导致企业业绩偏离行业平均水平。因此，当那些战略异常企业的业绩低于行业平均水平时，企业可能从事盈余管理。其次，由于风险规避的投资者和债权人都希望公司的收益平稳，那些收益波动大的企业有平滑盈余的动机。已有研究表明，战略差异导致公司风险加大，收益波动加剧。因此，战略差异可能引发盈余管理。最后，战略差异导致信息不对称（Carpenter，2000），而信息不对称可能引发盈余管理。一方面，基于信号传递理论，发展前景较好，但暂时业绩不佳的企业，为了避免被误解为业绩差的公司，在信息不对称的情况下，有动机通过盈余管理传递私有信息，以增强投资者等外部利益相关者的信心。另一方面，基于代理理论，企业或管理层有动机通过盈余管理谋取私利。而信息不对称降低了盈余管理被发现的概率，为企业进行盈余管理提供了便利。因此，战略差异为盈余管理创造了条件和动机，因而可能引发盈余管理。基于此，我们实证考察了战略差异与盈余管理的关系。

战略差异也可能影响盈余管理方式。现有研究发现，企业进行盈余管理决策时，会根据自身的具体情况，在应计项目盈余管理与真实活动盈余管理之间进行成本收益权衡，以确定采用哪种方式进行盈余管理（Ewert & Wagenhofer，2005；Cohen et al.，2008；Zang，2012）。由于战略差异导致信息不对称程度加大，当战略差异上升时，企业从事应计项目盈余管理被发现的概率较低，而真实活动盈余管理虽然也不易被审计师等发现，但是对企业价值的不利影响较大（Cohen & Zarowin，2010；Mizik，2010；Zang，2012），因此，战略异常的企业可能选择成本相对较小的应计项目盈余管理。基于此，我们实证检验了公司战略差异度与盈余管理方式之间的关系。

企业盈余管理的动机决定了其盈余管理的后果。现有研究发现，机会主义盈余管理与企业价值负相关或者不相关，机会主义盈余管理还导致企业的股价崩盘风险较高（Hutton et al.，2009）；而信号传递型盈余管理与企业价值显著正相关（Subramanyam，1996；Beaver & Engel，1996；Louis & Robinson，2005）。因此，如果战略差异企业的盈余管理与企业价值正相关，则可以认为这类企业的盈余管理属于信号传递型盈余管理，否则，可以认为属于机会主义盈余管理。如果战略差异企业的盈余管理导致股价崩盘风险较高，也可以进一步判定战略差异导致机会主义盈余管理，表明战略异常企业进行印象管理的目的是欺骗外部利益相关者。基于此，我们实证检验了战略异常企业盈余管理的价值相关性。

由于从事社会责任有助于企业获得社会资本，进而获得合法性。基于此，我们假设，战略偏离行业常规的公司有动机参与企业社会责任活动，以修复潜在的合法性损失。以中国上市公司为样本，我们实证检验了公司战略差异度与慈善捐赠之间的关系，我们还考察了分析师跟踪和大股东持股对二者关系的影响。

为了检验战略异常企业印象管理策略的经济后果，我们从卖方印象管理策略对并购溢价的影响视角，考察了战略异常企业印象管理的经济后果；并进一步检验了战略异常企业的印象管理策略对企业市场价值和权益资本成本的影响。

**四、本书的主要发现**

1. 上市公司战略差异与盈余管理显著正相关，表明战略差异为上市公司盈余管理提供了动机和条件，引发上市公司盈余管理。

2. 战略差异与上市公司的应计项目盈余管理正相关，与真实活动盈余管理负相关。进一步的分析发现，战略差异度与分析师跟踪人数显著负相关，与分析师预测偏差显著正相关；“四大”审计弱化了应计项目盈余管理与战略差异的正相关关系。这表明由于战略差异导致上市公司信息不对称程度上升，应计项目盈余管理被发现的概率下降，进而应计项目盈余管理的相对成本下降。“四大”审计能够在一定程度上发挥作用，抑制战略差异与应计项目盈余管理之间的正相关关系。

3. 战略差异导致上市公司操控性应计利润与企业价值负相关，并且与股价崩盘风险显著正相关，表明战略差异导致了机会主义盈余管理而不是信号传递型盈余管理。

4. 战略差异导致上市公司更有可能利用慈善捐赠进行印象管理。进一步的研究发现，分析师跟踪人数以及大股东持股比例对二者关系具有负向调节作用。

5. 首先，战略异常企业作为卖方，无论是从事慈善捐赠、盈余操纵或者是在年报中语调积极乐观，都不能显著提升并购溢价。其次，战略差异有助于提升企业的托宾 Q 值，但是从事盈余管理或者慈善捐赠，非但无助于其提升市场价值，反而显著弱化战略差异与市场价值之间的正向关系。最后，战略差异与权益资本成本之间并无显著相关性。从事盈余管理无助于战略异常企业降低权益资本成本，但是从事慈善捐赠则能够显著降低战略异常企业的权益资本成本。

**五、本书的特色**

1. 框架创新。在研究框架上，本书基于信息不对称理论和印象管理理论，分别考察了上市公司战略差异对盈余管理和社会责任的动机与行为方式的影响，从而构建了一个研究公司战略与印象管理的研究框架。

2. 视角创新。本书从战略差异这一新的视角检验企业战略差异对印象管理的影响，克服了以往研究未考虑公司战略与竞争对手的异质性对印象管理影响的局限。并且进一步从“信息不对称”和“业绩波动”两个维度对战略差异影响印象管理的机理进行了探讨，从而深化了该领域的研究。这不仅弥补了以往关于印象管理的研究的不足，而且对于全面认识企业战略在公司信息披露和社会责任行为中的作用也提供了重要的经验证据。

3. 不同于以往文献集中考察会计盈余的价值相关性，本书率先考察了战略差异对操控性应计利润的股价相关性的影响以及战略差异与股价崩盘风险相关性。研究发现：战略差异越大的公司，操控性应计利润与股票价格显著负相关，并且股价崩盘风险越高，说明战略差异导致机会主义盈余管理而不是信号传递型盈余管理。从而为战略差异导致盈余管理提供了进一步的证据。

4. 首先，本书将战略异常与企业慈善事业联系起来，并对战略和企业社会责任文献产生深刻的理解。其次，我们突破了对战略选择与财务绩效关系的传统研究（Geletkanycz & Hambrick，1997；Tang et al.，2011），并探讨公司战略对企业社会责任的影响。最后，我们在企业社会责任参与方面确定了两个重要的调节者：分析师和大股东。我们发现这两个重要的利益相关者在资本市场上的作用削弱了企业战略对慈善事业的影响。这些发现具有理论和实践意义。

5. 不同于已有研究，本书以战略异常公司为对象，考察了企业印象管理策略对企业市场价值和权益资本成本的影响，进一步拓展了印象管理经济后果的相关研究。尽管关于社会责任和盈余管理经济后果的文献并不少见，但是鲜有文献从战略异常视角考察二者之间的关系。本书丰富了相关文献。

本书适合高校研究生和对公司战略及印象管理有兴趣的实务界人士，如公司高管等。

感谢郑州航空工业管理学院商学院领导对本书的督促和大力支持。由于作者水平有限，编写时间仓促，所以书中疏漏之处在所难免，恳请广大读者批评指正。

董雪雁

2021 年 3 月

# 目　录

# 第一章
# 文献综述

本章主要对现有盈余管理和公司战略相关领域的文献进行回顾及评述。基于本书研究问题和研究内容的需要，本章对相关文献的回顾和梳理，主要分为印象管理、盈余管理和公司战略及其经济后果三大部分。其中，第一节至第二节分别回顾了印象管理相关研究、盈余管理相关研究；第三节回顾了公司战略及其经济后果；第四节是相关概念界定。基于对以上几个方面的文献进行系统回顾，第五节对现有研究进行简要评价，说明已有研究尚且存在的一些不足以及需要改进之处。

## 第一节 印象管理文献回顾

### 一、印象管理的概念

印象管理是指个体借助其有目的的行为活动来影响客体对其印象的过程，即个体通过其各种行为表现来操纵别人对自己的印象。印象管理的概念源自戈夫曼（Goffman，1959）的《日常生活中的自我呈现》，并逐步发展成为印象管理理论，该理论的渊源可以追溯至意大利政治家兼作家马基雅维里（Machiavelli）。印象管理理论的核心思想是指个体凸显自己的优势或亮点 去影响外界对自己的看法或印象，从而美化自己的社会形象的理论（Goffman，1959）。

戈夫曼（1959）强调主体的自我呈现，鲍迈斯特（Baumeister，1982）首次对自我呈现进行拓展，延伸到个体企图控制观众对自身的印象，印象管理由此进入心理学研究领域。琼斯（Jones，1964）在戈夫曼（1959）的基础上提出了逢迎者模型，意思是个体可以通过恭维、顺从、自我表现和略施恩惠等手段或方法来影响受众的看法，简而言之，就是个体为了达到某种目的（如获得权力或者影响力），通过曲意逢迎或贿赂等手段使目标对象对其产生好感。泰代斯基（Tedeschi，1971）认为，个体在社会上生存是有社会属性的，社会属性使得个体渴求社会认同。而能否获得社会认同取决于个体的思想与行为是否与社会主流的价值观相契合。只有个体的思想与行为与社会主流价值观一致，才能获得社会认同。相反，个体思想或行为如果与社会主流价值观相背离，则难以获得社会认同。由此，人们通常会尽可能地使自己的思想和行为与主流价值观保持一致。因此，泰代斯基（1971）对印象管理理论的贡献在于，用印象管理理论阐释了人们的从众心理或羊群行为。在此基础上，施伦克尔（Schlenker，1980）提出，印象管理是个体有意或无意地控制现实的或想象中的社会形象。阿尔金（Arkin，1981）认为，印象管理就是个体为了塑造某种印象，在与他人的社会互动中，根据自己想要塑造的社会形象来筹划其行为方式。利瑞和科瓦尔斯基（Leary & Kowalski，1990）在已有文献的基础上，对印象管理的概念和结构进一步探讨，提出了印象管理双组件模型，认为印象管理涵盖印象动机和印象构建。其中，印象动机指个体具有掌控自己在他人心目中形象的欲望，个体印象与其目标联系越紧密，并且现实印象与个体欲塑造的印象之间的差距越大，个体从事印象管理活动的欲望越强烈。而印象构建则是指个体为了达成印象动机而重塑自己行为模式的具体策略及其实施过程。

一言以蔽之，印象构建是指个体如何调整自己的行为使他人对自己的印象改观。多数学者认为，印象管理是一种主动性的，有较强目的性的信息管理行为。随着时间的推移，印象管理逐渐引起管理学家和社会学家的重视，对印象管理的研究也由个体拓展到组织，并得以快速发展。后续的研究发现，企业年报、公司公告等是企业进行印象管理的重要载体（Clatworthy，2001；李红，2009）。

## 二、印象管理的动机

关于印象管理的动机，学者们有不同的见解。戈夫曼（1959）认为，个体进行印象管理的动机多种多样，其中，受到社会认可或控制与他人互动的结果是印象管理常见的动机。

因为人们倾向于认为个体形象被他人称道是“有面子”，个体形象不被认可则是“没面子”。琼斯（1982）认为，获取或提升权利是个体从事印象管理的动因之一。泰代斯基（1971）认为，个体进行印象管理的目的之一是期望他人对自己的印象保持不变。鲍迈斯特（1982）认为，印象管理的目的在于讨好观众或者塑造一个比较完美的形象。其中，讨好观众是指个体企图呈现一个观众喜欢的形象，而自我构建则是指力图在观众心目中树立一个良好品质的形象。瓜达尼奥和西奥迪尼（Guadgno & Cialdini，2007）认为，向外界呈现良好的形象是个体印象管理的动机。芬克尔斯坦等（Finkelstein et al.，2004）认为，印象管理的动机是个体或组织为了获得社会或受众的认可而向外界展示其某方面的属性，例如为了展现其积极乐观、阳光自信的良好形象而诉诸的某种行为方式。瓜达尼奥和西奥迪尼（2007）认为印象管理的动机因个体环境而千差万别。类似地，龚尹（2015）和刘艳（2011）认为，印象管理的动机与强度因人而异，并且个体所处的具体社会环境以及个体目标对印象管理的动机均有重要影响。佩洛萨（Peloza，2013）和吴波（2014）基于消费者行为的研究发现，购买情境对个体印象管理动机的强弱有较大影响。个体在群体购买情境中的印象管理动机与非群体购买情境中的印象管理动机差别很大，不同的行为目的以及不同的购买情境导致个体偏好有差异，进而行为模式也存在较大差别。

## 三、印象管理的策略

印象管理策略是指个体或组织通过语言或其他形式，有意无意地控制外界对其印象的方法（冯锐和张爱卿，2015）。阿尔金（1981）将印象管理策略分为获得性印象管理和防御性印象管理。其中，获得性印象管理是一种主动的印象管理策略，是指个体为了获得正面评价而积极主动展示自己优点的印象管理策略，讨好、展示自己的成绩、与权贵结盟、示弱等。例如，企业高管为了获得利益相关者认可，通常会采取附和的态度来讨好他们（Ucbasaran et al.，2013），或者通过自我拔高、以身作则（Nagy et al.，2012），或者开展象征性的活动来展现自己的闪光点或才能（Zott & Huy，2007）。就企业而言，为了影响利益相关者或社会公众的感知，企业通常会主动展示其已经取得的成就、擅长的领域以及自己的增长潜力，从而强化其在受众中的正面形象。现有研究还发现，与权威利益相关者或类似行业协会的组织结盟也是企业树立良好形象的惯用策略（Petkova et al.，2013；Zott & Huy，2007）。防御性印象管理策略则是指个体为了减少外界对自己的消极评价，从而选择的隐藏或淡化自己的缺陷的印象管理策略。

相比获得性印象管理策略，防御性策略是一种相对消极的、被动的印象管理策略。防御性策略大多用于应对不利事件的冲击，目的是平息负面事件对组织或高管的消极影响（Cusin & Passebois-Ducros，2019）。常见的防御性策略有对不利事件保持沉默、推卸责任、辩解或寻找替罪羊。西姆科斯和库兹巴德（Siomkos & Kurzbard，1994）的研究表明，矢口否认某些不利事件与自身的关联也是企业采取的印象管理策略之一。已有研究发现，隐瞒、撒谎或降低与负面事件的关联度等手段（Benson et al.，2015；Hampel & Tracey，2017），归根结底都是为了撇清企业与负面事件的关系，力图蒙蔽社会公众或企业的利益相关者。库姆斯（Coombs，2007）指出，为了降低负面事件的不利影响，组织或个体应对负面事件的防御性印象管理策略倾向于推诿卸责，即大多采用否认负面事件与自己相关或将负面事件的责任转嫁他人。除了采取推诿、卸责的策略外，现有研究还发现，从名声受损的行业撤离也是一些企业的印象管理策略（Durand & Vergne，2015）。杨洁、郭立宏（2017）发现，当企业为了短期收益而采取不利于长期发展的短视行为时，如果这种行为与利益相关者的价值理念或德道观念相悖，企业通常会隐瞒该种行为或者为该种行为寻找替罪羊。

莫哈迈德（Modhamed，1999）在阿尔金（1981）的基础上，将个人印象管理策略分为四类，即直接印象管理、间接印象管理、获得性印象管理和保护性印象管理，并指出组织层面大多采用直接获得性印象管理和保护性印象管理策略。琼斯（1982）进一步把印象管理策略分为五个维度，即自我吹嘘、炫耀、奉承、恳求和威胁。纳吉（Nagy，2011）对此进行了分类，他认为积极的印象管理策略包括自我吹嘘、炫耀、奉承，消极的印象管理策略则包括恳求和威胁。

金婧（2018）将企业印象管理的策略概括为道歉、归因、隐瞒、沉默、与不利事件撇清关系、盈余管理、战略噪声等。塔塔和普拉萨德（Tata & Prasad，2015）发现，企业当前的社会责任形象与预期的社会责任形象之间的差距会促使企业通过社会责任报告来减少不一致。这一关系受到四个因素的调节：企业社会责任形象对组织的重要性，目标受众的权力、地位和吸引力，企业社会责任形象对目标受众的重要性，以及媒体关注和公众监督。黄艺翔和姚铮（2016）发现，财务绩效是驱动上市公司利用社会责任报告进行印象管理的重要因素，企业的财务绩效越差，越是利用社会责任报告进行印象管理，这种情况在重污染行业更甚。

## 第二节　盈余管理文献回顾

### 一、盈余管理的动机

由于管理者控制着企业经营活动的整个过程，与外部利益相关者相比，他们拥有关于公司经营现状和发展前景等更加及时而充分的信息。外部利益相关者不能参与公司日常经营过程，并且由于成本效益原则或法律技术等各种因素的制约，不能获取企业实际经营活动的第一手资料，只能通过公司的信息披露了解企业的经营情况和发展趋势。因此，公司管理层就会在编制财务报告的过程中，利用他们拥有的有关公司经营和发展机会的知识和信息，选择与公司经营状况相匹配的报告方式，进行适当的估计和披露。这就赋予了管理层运用主观判断对会计政策进行选择的权利和自由，同时也给他们留下了操纵会计信息的空间。根据管理者从事盈余管理的初衷，盈余管理又分为机会主义盈余管理和信号传递型盈余管理。所谓机会主义盈余管理，是指企业管理者为了谋取私利或者为了本公司的利益而操纵财务报告，这种盈余管理的目的是加剧企业管理层与外部利益相关者之间的信息不对称。信号传递型盈余管理则是企业管理层为了传递私有信息而对财务报告进行的调整。这种盈余管理的目的是降低企业管理层与外部利益相关者之间的信息不对称。

#### （一）机会主义盈余管理动机

由于机会主义盈余管理掩盖了企业的真实业绩，误导利益相关者，并且导致资源错配，盈余管理成为理论界与实务界关注的热点问题。早期关于盈余管理的研究大多聚焦于管理层动机的分析与验证。这些研究大多基于委托代理框架，认为盈余管理是受托人为了满足契约要求或者逃避处罚，向委托人或者监管方隐瞒真实信息的一种机会主义行为。具体地，机会主义盈余管理的动机大致可以分为三类：资本市场动机、契约动机和规避监管动机（Healy & Wahlen，1999）。关于这三种动机，代表性的研究如下。

（1）资本市场动机。从资本市场视角研究盈余管理动机始于 20 世纪 90 年代后期。德乔等（Dechow et al.，1996）发现，盈余管理的一个重要动机就是以低成本进行外部融资，并且即使在控制契约动机以后，这种动机与盈余管理的关系仍然显著。特欧等（Teoh et al.，1998）研究发现，首次公开发行公司，在上市当年和此后的几年，很可能利用坏账准备和折旧政策进行盈余管理。格雷厄姆等（Graham et al.，2005）的调查表明，超过 80% 的被访的财务主管赞成或强烈赞成基于资本市场的动机是他们的公司满足盈余基准的重要原因。国内一些研究也表明，许多上市公司出于股权融资要求以及“保壳”等动机而进行盈余管理（孙铮和王跃堂，1999；陆建桥，1999 等）。章卫东（2010）发现，上市公司定向增发新股诱发上年度盈余管理，并且盈余管理方式随定向增发新股的目的而变化。当上市公司定向增发新股是为了收购控股股东及其子公司的资产时，进行负向的盈余管理；而当定向增发新股是为了募集资金时，则倾向于正向的盈余管理。

除了以低成本吸引外部资金外，维持良好的形象以提升或维持公司市场价值也是管理者从事盈余管理的另一个动机。伯格斯塔勒和埃姆斯（Burgstahler & Eames，2006）研究发现，当上市公司的实际收益低于分析师的预测值时，其管理层会向上调整盈余。丹尼尔等（Daniel et al.，2008）的研究表明，经理人把预期红利水平作为一个重要的盈余门槛。巴德彻（Badertscher，2011）发现，公司被高估的时间越久，盈余管理总量也越大；在高估的早期，经理人进行真实盈余管理之前进行应计项目盈余管理，目的是为了维持他们被高估的权益；公司被高估的时间越久，公司的盈余管理越严重。道尔（Doyle，2013）发现，公司经理机会主义地定义非一般公认会计原则（GAAP）盈余，旨在满足或达到分析师预期。李琦等（2011）研究了企业信用评级与盈余管理的关系。研究发现，信用评级提升的公司在评级调整前一年盈余管理程度较低；并且外部融资需求会强化这种负相关关系，而国有企业这种负相关关系较弱。艾丽莎（Alissa，

2013）发现，当公司的信用评级低于（高于）预期评级时，公司机会主义地运用收益增加（减少）的盈余管理活动。他们的结果表明，当公司的信用评级在预期评级以下时，可以通过任意盈余管理向上调整预期评级。

（2）契约动机。契约动机主要包括债务契约和薪酬契约。薪酬契约动机假说认为，奖金计划导致管理者有动机选择会计程序和应计项目以最大化他们奖金报酬的价值。具体地，当管理者的奖金计划有上下限，并且根据业绩，管理者的奖金高于上限或者低于下限时，管理者很可能选择收益下降的应计利润；当管理者的奖金在临界值之内时，管理者倾向于选择收益增加的应计利润和会计政策（Healy，1985）。霍尔特豪森等（Holthausen et al.，1995）发现，当经理人的奖金超过上限时，会向下调整盈余，这个结论与希利（Healy，1985）一致。与希利（1985）不同的是，他们没有发现当盈余低于能获取奖金的下限时，管理者向下操纵盈余。他们认为这个差别可能是希利（1985）的研究方法所致。吉德里等（Guidry et al.，1999）用业务部门的数据检验了奖金最大化假说，结果支持希利（1985）。王克敏和王志超（2007）发现，高管报酬与盈余管理正相关。肖淑芳等（2013）检验了股票期权实施中经理人的盈余管理行为，研究发现，股权激励比例越大、管理层权力越大，则盈余管理程度越高。这表明，股权激励是导致盈余管理的直接原因，而管理层权力加剧了盈余管理。杨志强和王华（2014）考察了企业内部薪酬差距与盈余管理行为的相关性，研究发现，内部薪酬差距与盈余管理程度正相关。现有研究发现，不仅高管任期内的薪酬影响盈余管理，离职补偿也与盈余管理相关。例如，布朗（2014）检验了解雇费对盈余管理的影响，发现 CEO 解雇费与公司财务信息披露违规显著负相关。

债务契约动机则认为，即将发生债务违约的公司为了规避债务违约的成本，会从事盈余管理。德丰和詹巴尔沃（DeFond & Jiambalvo，1994）证明，高杠杆公司操纵盈余避免违反债务契约。冯和古德温（Fung & Goodwin，2013）发现，短期债务与应计项目盈余管理正相关，并且这种关系在信用较好的公司较弱。弗朗兹等（Franz et al.，2014）发现，在债务契约中接近违约或技术性违约的公司比远未违约的上市公司从事更多的会计盈余管理、真实活动盈余管理和总应计利润盈余管理，并发现因债务契约操纵盈余的主要是那些信用评级较差和不能满足分析师预期的公司。

（3）监管动机。所谓监管动机，是指企业为了逃避政府部门的监管，规避监管成本而从事盈余管理。例如，莫耶（Moyer，1990）和艾哈迈德（Ahmed，1999）研究发现，当商业银行的资本充足率低于或邻近监管方规定的最低标准时，为了规避监管成本，管理层倾向于采用贷款损失准备、冲销坏账和处置有价证券等手段调整财务数据，使得银行资本充足率满足监管方要求。琼斯（1991）检验了那些从进口豁免条款中的受益的公司，研究其在国际商务委员会进口豁免调查过程中是否通过盈余管理降低盈余。结果显示，在进口豁免调查期间，管理者通过盈余管理降低盈余。卡恩（Cahan，1992）以接受反垄断调查的 48 家公司 15 年的数据为样本，检验与其他年份相比，接受调查期间样本公司估计的操控性应计利润是否较低或者进一步降低收益，发现管理者调整盈余以应对反垄断调查。基（Key，1997）通过检验国会审查期间光缆电视行业，检验了政治成本理论，结果与管理者降低政治监管和潜在的行业监管效果的动机一致。预期监管会更有害的公司向下调整收益的幅度较大，光缆电视经营很重要的公司有较大的调减收益的操控性应计利润。

**（二）信号传递动机**

综上所述，早期关于盈余管理动机的研究大多认为盈余管理属于机会主义盈余管理，即管理者故意利用会计政策选择和会计估计来误导投资者，从而为自己谋取私利，因而盈余管理会扭曲企业的真实业绩，降低信息透明度。然而，随着时间的推移，一些学者对这种观点提出了挑战。他们认为，操控性应计利润比单独的非操控性应计利润更能帮助经理人可靠而且及时地衡量公司绩效（Watts & Zimmerman，1986；Dechow，1994；Dechowet al.，1996）。瓦茨和齐默尔曼（Watts & Zimmerman，1986）指出，盈余管理可以被用来传递管理者的私有信息或者歪曲报告盈余。瓜伊等（Guay et al.，1996）指出，当选择样本鉴别操控性应计利润的作用时，研究者应该考虑管理者的动机。苏布兰马尼安（Subramanyam，1996）检验股票市场是否为操控性应计利润定价，证据显示，一般而言，市场给操控性应计利润定价。这个证据可能有两种解释：（1）经理自主权提高盈余反映经济价值的能力；（2）操控性应计利润是机会主义的，和价值不相关，并且被无效市场定价。进一步的证据支持第一种解释。证据表明，普遍的收益平滑可以提高报告盈余的持续性和盈余的可预期性，同时也证明操控性应计利润能够预测未来盈利能力和红利变化。艾丽娅等（Arya et al.，2003）指出，认为盈余管理降低透明度的观点过于简单。他们认为，在一个分权化的组织里，信息在人们之间传播，不同的人了解不同的事情，没有人知道一切。在这样的环境中，经过管理的盈余能传递更多信息。此外，如果盈余是波动的或者公司的绩效低于盈余基准，那么，盈余会被认为是不能预期的，不可预期导致较低的股票收益。如果公司在释放透明度和可靠信息方面有一个坏名声，那么公司的信息风险就会增加，并且会降低股票收益。格雷厄姆等（2005）对400多位美国上市公司高管的调研表明，盈余管理的动机除了资本市场动机、管理层谋取私利外，还包括向投资者传递私有信息。高管们认为市场有时曲解或者对盈余和披露公告过度反应，因此，他们尽力满足市场预期，以便不引起投资者怀疑他们公司的潜在优势。路易斯（Louis，2005）通过考察围绕股票分割的盈余管理，检验操控性应计利润的信号功能。他假定当管理者对公司绩效乐观时，公司倾向于股票分割，此时，操控性应计利润被用来传递私有信息。他发现，强大的证据表明管理者运用操控性应计利润结合股票分割传递良好绩效的信号。这暗示嵌入在操控性应计利润里的信号被股票市场认为是可靠的。斯科特（Scott，2006）指出，盈余管理之所以持续存在，是因为它也有有利的一面，即盈余管理可能是管理层向外界传递私有信息的手段。

综上所述，现有关于盈余管理动机的研究存在两种对立的观点：机会主义盈余管理和信号传递型盈余管理。但是无论是信号传递型盈余管理研究还是机会主义盈余管理研究，都忽略了企业战略的影响。然而，战略不仅影响企业的信息不对称程度（Carpent，2000），而且影响企业的经营风险与业绩（Tang et al.，2011）。因此，忽略战略差异可能导致盈余管理研究存在偏差。

## 二、盈余管理的影响因素

异常战略不利于企业约束管理层。商业战略影响组织的多个方面（Miles & Snow，1978）。企业要实施偏离行业常规的战略，管理者必须具有足够的自由裁量权。这可能导致管理者凌驾于公司的监管机构之上，不利于监管部门对管理者不端行为进行约束。管理者调配资源的权力越大，谋取私利的机会越多，当管理者谋取私利而不受约束时，管理者很可能掏空公司。掏空公司的管理者在信息披露时，很可能从事盈余管理。

已有关于盈余管理影响因素的研究主要从外部治理与内部治理两个角度展开。外部治理主要是外部利益相关者的监督以及制度环境的影响。内部治理主要是公司内部治理结构以及股权性质的影响。对这部分内容回顾的目的主要在于为后面实证模型的设定提供理论基础。

**（一）外部治理因素**

外部治理因素主要是从制度环境以及来自利益相关者的压力角度进行研究。具体地，制度环境又分为会计制度、税收制度、投资者保护制度、媒体监督以及宗教文化的影响。一些研究发现，在盈余管理方面，会计准则并没有像人们预期的那样发挥作用。例如，埃沃特和瓦根霍夫（Ewert & Wagenhofer，2005）发现，严格的会计准则并没有减少企业的盈余管理总量，仅仅改变了企业盈余管理的方式，企业从会计操纵转化为比较隐蔽的真实活动盈余管理。琅琅和斯托洛维（Jeanjean & Stolowy，2008）发现，国际财务报告准则（IFRS）的引入并没有导致盈余管理下降，相反，盈余管理在法国不降反升。谢德仁（2011）的研究表明，是资本市场监管规则而非会计准则在影响和制约着上市公司是否利用债务重组进行盈余管理。高强度的税收征管抑制了上市公司的盈余管理行为（叶康涛和刘行，2011）。洛伊兹等（Leuz et al.，2003）用31个国家的数据检验了投资者保护程度对盈余管理的影响。研究发现，投资者保护限制内部人获取私有控制收益的能力，因而弱化其利用盈余管理隐瞒公司绩效的动机，因此，投资者保护程度越高的地区，公司的盈余管理程度越低。亨顿等（Hunton et al.，2006）发现，在强调透明度的地区，企业会降低盈余管理程度或者采用更为隐蔽的方式进行盈余管理。于忠泊等（2011）基于2001～2009年中国A股上市公司的数据，检验了媒体关注对公司治理的影响，文中提出了两个竞争性假说，有效监督假说与市场压力假说，研究结果支持市场压力假说，即媒体关注与应计项目盈余管理正相关。麦奎尔等（McGuire et al.，2012）检验宗教对财务报告的影响，发现公司总部在宗教影响较强大的地区，普遍有较低的财务报告违规。进一步的研究发现，这些公司的经理人偏好真实活动盈余管理而不是应计项目盈余管理。金姆等（Kim et al.，2012）发现，社会责任感强的公司总的盈余管理程度较低，表现为不仅较少从事应计项目盈余管理，而且真实活动盈余管理程度也较低。

来自利益相关者的压力主要包括产品市场竞争、审计师和机构投资者的影响。关于产品市场竞争的影响，现有研究结论并不一致。一些研究认为产品市场竞争会降低盈余管理（Dalia & Park，2009；Bala Krishnan & Cohen，2011）；另一些研究则发现相反的结论。例如，巴尼奥利和瓦茨（Bagnoli & Watts，2010）检验了产品市场竞争如何影响充分理性公司的盈余管理动机。研究发现，为了制造一个成本低于实际成本的印象，古诺竞争者操纵财务报告。周夏飞和周强龙（2014）基于中国的数据发现，产品市场竞争越激烈，公司的盈余管理程度越高。大量的文献表明，高质量审计能够缓解客户公司与外部利益相关者之间的信息不对称，抑制公司的盈余管理行为（Becker et al.，1998；Francis et al.，1999；Krishnan，2003；Lennox & Pittman，2010）。关于机构投资者对盈余管理的影响，大多数研究认为机构投资者对盈余管理具有约束作用。例如，布什（Bushee，1998）检验了机构投资者对公司短期研发投资行为的影响。研究发现，当机构投资者持股比例较高时，经理人很少削减研发支出以提高盈余，然而，当机构投资者有较高的资产组合周转率并从事动量交易时，会显著增加管理者降低研发支出以提高盈余的概率。钟等（Chung et al.，2002）检验了当公司的经理有动机向上或向下调整盈余时，大的机构所有权是否能够遏制公司的盈余管理，他们用操控性应计利润衡量盈余管理，结果发现，大的机构所有权限制公司的盈余管理。科赫（Koh，2007）根据机构投资者投资期限把机构投资者分为长期投资者和短期投资者，然后检验机构投资者类型与盈余管理的关系。研究发现，长期机构投资者限制公司为了满足或达到盈余基准而进行的盈余管理。高雷和张杰（2008）也发现机构投资者持股比例与上市公司盈余管理程度显著负相关。

### （二）内部治理因素

内部治理因素主要是从公司股权结构、董事会特征、CEO激励与轮换、内部控制等内部治理结构来研究。关于所有权特征，一些研究发现公共所有权能够降低盈余管理（Beatty & Petroni，2002；Burgstahler et al.，2006；薄仙慧和吴联生，2009），而另一些研究则发现与公共股权公司相比，私募公司有较高质量的应计利润和较低的盈余管理倾向（Katz，2009；Givoly，2010）。王克敏和刘博（2014）研究了控制权转移对盈余管理的影响，研究发现，控制权转移公司的高管为了规避离职风险，在公司控制权转移前，进行向下的盈余管理。现有研究发现，董事会独立性（Klein，2002）以及董事会交错（Zhao & Chen，2008）都能够抑制公司的盈余管理。关于高管激励，现有研究发现，高管股权激励与盈余管理程度正相关（Cheng & Warfield，2005；Bergstresser & Philippon，2006；McAnally et al.，2008），正式的股权激励具有负面的公司治理效应（苏冬蔚和林大庞，2010）。一些研究认为，管理层轮换是一个减少盈余管理的约束机制（Dechow & Sloan，1991；Geiger & North，2006；陈德球，2011）。然而阿里张（AliZhang，2015）研究了 CEO 任期内盈余管理动机的变化发现，在任期初 CEO 盈余管理的动机较为强烈。一些研究认为，审计委员会的设立能够降低盈余管理（Klein，2002；Prawitt et al.，2009；Badolato et al.，2014）。

综上所述，已有关于盈余管理的影响因素的研究主要是从外部环境的压力和内部治理结构的约束角度进行的。但是遗憾的是，现有研究结论并不一致。其中可能的原因除了样本限制或研究设计的缺陷外，还有可能是没有考虑企业的战略或资源配置的差异。例如，研究发现，不同的资源配置模式决定了各个企业高管激励方式的不同（Ittner，1997；Simons，1987；Rajagopalan，1996），因此，忽略战略差异的影响，可能导致已有研究存在伪相关问题。

## 三、盈余管理的方式

关于盈余管理方式，已有研究主要从经营业务操纵（真实活动盈余管理）和财务报告操纵两个方面进行研究。其中，经营业务操纵主要包括通过真实交易进行收入操纵、费用操纵、现金流操纵等；财务报告操纵主要指管理者利用自由裁量权和会计估计变更进行的向上或向下调整盈余的会计数字操纵（应计项目盈余管理）以及费用归类操纵等盈余管理活动。预期税率上升使公司更倾向于实施真实活动的盈余管理，预期税率下降使公司更倾向于实施应计项目操控的盈余管理（李增福等，2011）。

### （一）应计项目盈余管理

现有关于盈余管理的研究大多侧重于应计项目盈余管理（Dechow et al.，2010），关于费用归类操纵的研究相对较少。巴鲁阿（Barua，2010）检验了当报告非连续经营业务时，经理人是否采用归类转移进行盈余管理。他们发现，公司将经营费用转移到收益下降的非持续业务以增加核心盈余。藏等（Cang et al.，2014）基于中国上市公司2003～2009年的数据，考察了分析师跟踪与盈余管理的关系，研究发现，分析师跟踪会刺激不易被发现的线上项目盈余管理，而抑制容易被发现的线下项目盈余管理。

### （二）真实活动盈余管理

随着萨班斯法案的出台，真实活动盈余管理引发关注。罗伊乔杜里（Roychowdury，2006）发现，通过应计项目操控盈余并非企业盈余管理的唯一方式，企业至少还可以采用如下三种真实活动来操控盈余以规避亏损：（1）通过价格折扣或放宽信用条件来增加当期营业收入；（2）通过过度生产把固定间接费用分摊到更多的产成品上，降低单位产品销售成本，从而提升营业利润；（3）大幅降低期间费用（包括研发支出、广告支出和管理费用等）以增加利润。格雷厄姆等（2005）发现，真实活动盈余管理颇受企业管理层青睐。他们就“信息披露决策的影响因素”对400多位企业高管进行了访谈，其中78%的受访者承认，为了达到短期盈余目标，他们会大幅削减广告支出和维修费用，甚至会放弃净现值为正的投资项目，即便这么做有损企业价值。罗伊乔杜里（2006）指出，企业管理层喜欢真实活动盈余管理至少有两个原因：首先，应计项目盈余管理比真实活动盈余管理更易遭受审计师和监管部门的审查；其次，仅仅依赖应计项目盈余管理未必能够达到盈余管理目标，毕竟可操控的应计项目总额是有限的。埃尔登伯格（Eldenburg，2011）发现，非经营费用和非收入活动在有盈余管理动机的医院下降，而核心业务——病患照顾业务保持不变。他们还发现，在业绩激励较强的医院，费用下降了。法雷尔等（Farrell et al.，2014）发现不少企业偏好通过股票回购增加每股盈余，并且发现债务融资约束对基于股票回购的盈余管理有抑制作用；他们进一步发现，较高的融资约束能够促进企业的应计基础的盈余管理而抑制企业真实活动盈余管理。

### （三）不同盈余管理方式的经济后果

关于应计项目盈余管理与真实活动盈余管理的后果，大多数研究认为，由于应计项目盈余管理改变的只是会计数字，而真实活动盈余管理影响现金流量，使得真实活动盈余管理对企业未来经营绩效和市场价值的不利影响更严重（Ewert & Wagenhofer，2005；Graham et al.，2005；Cohen et al.，2008；Mizik & Jacobson，2008；Cohen & Zarowin，2010；Mizik，2010；Zang，2012）。例如，藏（Zang，2012）指出，真实活动盈余管理的主要成本是导致企业偏离最佳经营决策，从而危害企业的竞争优势。埃沃特和瓦根霍夫（Ewert & Wagenhofer，2005）发现，由于真实活动盈余管理具有高成本，其对企业价值有显著的负面影响。博吉拉等（Bhojra et al.，2009）发现，通过真实活动盈余管理来达到分析师预期的企业，在随后的3年内具有更差的经营业绩和股票市场绩效。科恩和扎罗温（Cohen & Zarowin，2010）发现，从事真实活动盈余管理的企业比从事应计项目盈余管理的企业在增发新股后业绩下降更为严重。

**（四）两种盈余管理方式之间的关系**

关于真实活动盈余管理与应计项目盈余管理之间的关系，现有研究存在两种竞争性的观点："替代"说和"互补"说。"替代"说认为：真实活动盈余管理与应计项目盈余管理的相对成本以及企业债务等因素对盈余管理行为选择有显著影响（Cohen et al.，2008；Cohen & Zarowin，2010；李增福等，2011；Zhang，2012；程小可等，2013），企业会在两种盈余管理方式之间进行取舍（Ewert & Wagenhofer，2005；Cohen et al.，2008；Zang，2012）。例如，埃沃特·瓦根霍夫（Ewert Wagenhofer，2005）发现，在会计准则日臻完善和执法力度不断加强的政策背景下，企业管理层更加偏好真实活动盈余管理。科恩等（Cohen et al.，2008）也发现，在萨班斯法案颁布以后，企业管理层越发倾向于从事真实活动盈余管理，而非应计项目盈余管理。藏（2012）则认为，企业管理层会权衡真实活动盈余管理和应计项目盈余管理的相对成本，并依据真实活动盈余管理程度来调整应计项目盈余管理的幅度。伯内特等（Burnett et al.，2012）检验了审计质量是否影响应计项目盈余管理和真实活动盈余管理的权衡，发现有较高审计质量的公司更可能采用股票回购较少采用应计项目的盈余管理来满足或达到分析师预期。胥朝阳和刘睿智（2014）研究了会计信息可比性与盈余管理之间的关系。研究发现，会计信息可比性与应计项目盈余管理负相关，与真实活动盈余管理正相关。布朗等（Brown et al.，2014）发现，制造业公司在信用等级临近投资投机边界线的时候，会选择更激进的收益增加的真实盈余管理活动。

“互补”说则认为，真实活动盈余管理与应计项目盈余管理同时并存、互为补充（Matsuura，2008；蔡春等，2013）。例如，松浦（Matsuura，2008）发现，企业管理层同时采用这两种盈余管理方式来平滑盈余。蔡春等（2013）研究了首次公开募股（IPO）企业盈余管理的方式及其影响，发现IPO企业同时采用了应计项目盈余管理和真实活动盈余管理。弗朗兹等（Franz et al.，2014）也发现，在即将发生债务违约的公司中，真实活动盈余管理和应计项目盈余管理的程度都比较高。达什（Das，2011）发现，当管理者盈余管理的能力受限较少时，他们会互补地运用盈余管理和预期管理。然而，当盈余管理的限制增加时，管理者替代性地运用盈余管理与预期管理。进一步地，他们发现预期管理的程度影响盈余管理，但是反过来不成立。

综上所述，已有研究在考察企业的盈余管理方式时，虽然也考虑了外部监督因素和企业的盈余管理动机，但是已有研究都潜在地假定企业的资源配置模式是无差异的。事实上由于公司的战略定位不同，其资源配置模式也不尽相同。由于企业的战略差异导致不同企业的信息不对称程度不同（Carpent，2000），而信息不对称程度又会影响应计项目盈余管理被发现的概率，因此，忽略战略差异是现有盈余管理方式研究的一个不足。

## 四、盈余管理与价值相关性

由于盈余管理的动机本身不可观测，现有研究考察盈余管理究竟是信号传递还是机会主义时，主要是从盈余管理的价值相关性角度进行的。基本的思路是如果盈余管理与价值正相关，则认为是信号传递型盈余管理，否则则认为是机会主义盈余管理。关于盈余管理的价值相关性的代表性研究如下。

弗朗兹等（2005）发现，先天的经营和环境因素综合指标（规模、现金流的标准差、收入的标准差和经营周期以及亏损的频率）能够解释应计利润质量的大部分。这个结果表明，如果应计利润能够捕获经济实质，他们会像预期中的那样，总应计利润的大部分反映经济根本——商业模式和经营环境。另外，先天应计利润质量相比操控性应计利润质量（归因于会计政策选择、执行决策和估计误差）对股票定价影响较大。这表明投资者并非对信息风险的来源漠不关心；相反，相对于反映纯噪音和机会主义选择（增加信息风险）的组合的应计利润，投资者给予能反映商业模式的应计利润较大的权重，管理者尝试使盈余更有信息含量（降低信息风险）。路易斯和罗宾逊（Louis & Robinson，2005）的证据显示，操控性应计利润具有价值相关信息；比弗和恩格尔（Beaver & Engel，1996）也支持操控性应计利润的价值相关性，他们发现市场对银行贷款损失准备的正常和异常成分定价。博文等（Bowen et al.，2008）发现，与较低的公司治理相联系的会计判断（部分用操控性应计利润计量）导致更好的未来财务绩效。科米尔等（Cormier et al.，2000）发现，报告盈余的所有 3 个成分与公司价值正相关，而且所有 3 个成分的系数非常相似。这个结果与两个情景一致：管理者自由裁量权会提高盈余反映经济价值的能力，或者操控性应计利润是机会主义的，但是被无效市场给定价了。沙布拉曼亚姆（Subramanyam，1996）指出，在第一种情境下，管理者通过管理盈余提高盈余的价值相关性并且传递公司未来盈利能力的私有信息；在第二种情形下，操控性应计利润是机会主义的歪曲盈余。与这种情景一致，特欧等（1998）和鲍尔萨姆等（Balsam et al.，2002）发现，操控性应计利润与发行后股票收益负相关，表明投资者天真地锁定发行前的盈余而没有纠正操控性应计利润。斯隆（Sloan，1996）的发现表明，投资者整体上功能锁定盈余数字，忽略现金流和应计利润的持续性差别。相应地，投资者高估应计利润的持续性，低估现金流的持续性。费尔特姆和巴埃（Feltham & Pae，2000）发现，歪曲而不是提高盈余信息含量的“噪音”盈余管理，会导致盈余质量和价值相关性的下降。谢（Xie，2001）把应计利润分解为正常和异常两部分，并且发现斯隆（1996）的错误定价主要是因为应计利润的异常成分。

这种基于价值相关性来确定盈余管理动机有个前提，就是资本市场是有效的。假如资本市场是无效的，股票价格可能会受到噪音的干扰，从而研究得出的结论可能存在偏差。然而，由于盈余管理本身不可观察，盈余管理的动机更是无法测量，并且市场即使存在噪音交易，但价格终将回归价值，结合价值相关性与股价崩盘风险来研究盈余管理动机效果会更好。

# 第三节　公司战略及其经济后果

## 一、战略的界定

管理学中战略的定义有多种，其中，钱德勒（Chandler，1962）将战略定义为“确立企业的根本长期目标并为实现目标而采取必需的行动序列和资源配置”。类似地，巴尼（Barney，1996）定义战略是“使得企业保持和增进其绩效的某种资源配置模式”。明茨伯格（Mintzberg，1978）以及迈尔斯和斯诺（Miles & Snow，1978）都建议，研究人员应该将战略视为组织重要决策和行动的一种模式。借鉴上述研究，本书认为，战略本质上就是体现公司长远目标和重大决策的一种资源配置模式。

迈尔斯和斯诺（1978）根据企业改变产品或市场的速度，进一步将战略细分为三类：探索者、分析者和防御者。这三种策略存在于一个连续体中，探索者在一端，防御者在另一端，分析者在中间。迈尔斯和斯诺（1978）的探索者视为类似于波特（Porter，1980）的差异化战略，迈尔斯和斯诺（1978）的防御者看作类似于波特（1980）的成本领先战略。本书的战略定位依据迈尔斯和斯诺（1978）的界定。

## 二、公司战略的经济后果

由于公司战略从根本上决定了一个公司的产品和市场领域、技术和组织结构，影响企业的经营复杂性、环境不确定性和信息不对称（Lim et al.，2019），公司战略日益受到关注。早期的战略管理文献主要关注战略对企业本身的影响，包括企业绩效（Hambrick，1983）、董事会独立性（Gani & Jermias，2006）、首席执行官薪酬（Ittner et al.，1997）。最近的实证研究主要基于战略定位和战略偏离行业常规的程度这两个角度考察公司战略的经济后果。总体而言，对公司战略经济后果的考察主要集中于信息披露质量、违规、公司绩效、避税、资本成本方面。

### （一）公司战略与信息披露质量

刘行（2016）依据迈尔斯和斯诺的企业战略分类和度量方法，把战略分成探索者、分析者和防御者，实证检验了公司战略对会计稳健性的影响。研究发现，当企业的战略是探索型时，公司的会计稳健性较低；当企业的战略是防御型时，其会计稳健性程度较高；分析者的会计稳健性程度居中。孙健等（2016）基于中国 A 股上市公司 2003 ~ 2013 年的数据，考察了公司战略定位对盈余管理的影响。研究发现，公司的战略越是激进，其盈余管理程度越高。他们进一步考察了公司战略对盈余管理的影响机制，发现融资需求是战略影响盈余管理的渠道。最后，他们考察了经济周期对二者关系的影响，发现经济上行期间，战略对盈余管理的影响较强，在下行期则较弱。周兵等（2018）以中国 2005 ~ 2015 年 A 股上市公司为样本，考察了公司战略对盈余持续性的影响。研究发现，给定其他条件不变，差异化战略的公司盈余持续性较成本领先战略的企业低。进一步的研究发现，企业的成长性越低或者在非国有企业中，差异化战略的盈余持续性越低。勒姆等（Lim et al.，2018）基于迈尔斯和斯诺（1978）对于战略的分类与计量，考察了公司战略对年报可读性的影响，发现公司战略越是激进，年报可读性越差，并且发现探索型战略的公司年报呈现更多的消极和不确定性语气，而防御型战略的公司则有更多好争论的语气。王玉涛和段梦然（2019）以 2006 ~ 2015 年我国 A 股上市公司为样本，依据迈尔斯和斯诺（1978，2003）对公司战略的分类标准实证检验了公司战略与管理层业绩预告行为之间的关系。研究发现，相比于防御型公司，开拓型公司自愿披露业绩预告的概率更高，但是管理层业绩预告的精准度更差，即管理层在进行业绩预告时，更偏好区间估计和定性估计，且预告的方差大，预测误差也大。

陈等（Chen et al.，2017）发现，与防御型公司先比，探索型战略的公司更容易收到非标准无保留审计意见。张蕊和王洋洋（2019）基于 2007 ~ 2016 年中国 A 股上市公司的数据考察了公司战略与审计契约之间的关系，发现与防御型战略相比，探索型战略的公司审计契约比较不稳定，下一年更可能变更会计师事务所；他们发现，在民营企业和十大审计师的客户中这种关系更显著。哈比卜和哈桑（Habib & Hasan，2017）使用由宾利等（Bentley et al.，2013）开发的综合战略评分，并应用股价崩盘风险的两个度量指标，考察了公司战略与股价崩盘风险之间的关系，发现相比防御型战略的公司，实施探索型战略的公司股价更容易被高估，因而股价崩盘风险更高。

简而言之，上述研究认为，探索型战略的公司会计信息披露质量较差。与上述观点相反，宾利（2019）发现，与防御型战略公司相比，实施探索性战略的公司信息不对称程度较低，原因在于这类公司受到分析师和媒体关注度较高。无独有偶，巴金斯基等（Baginski et al.，2017）的实证结果表明，意大利的战略计划向投资者传递了与价值相关的信息，并能够提高金融分析师对年度收益预测的准确性。

## （二）公司战略与内部控制

希金斯等（Higgins et al.，2015）发现，相比防御型战略，探索型战略避税程度更高。现有研究还发现，相比防御型战略的公司，探索型战略的公司内部控制更差并且不太可能弥补重大缺陷（Bentley-Goode et al.，2017），因而违规概率更高（孟庆斌等，2018）。然而，马佐拉等（Mazzola et al.，2006）却认为，创新和高风险的战略实际上可能与强大的内部控制系统共存，因为公司利用其可感知的责任和信誉来聚集金融界对其战略的共识。张霁若和杨金凤以 2012～2017 年我国 A 股上市公司作为研究对象，研究公司战略对内部控制缺陷信息披露的影响。研究发现，公司战略对其内部控制缺陷信息的披露存在显著影响，具体地，开拓型战略公司披露内部控制缺陷信息的概率显著高于防御型战略的公司。进一步的研究发现，管理层的权力会削弱公司战略对内部控制缺陷信息披露的影响。

## （三）战略定位与薪酬制度

拉贾戈帕兰（Rajagopalan，1997）发现，防御者公司倾向于采用基于现金的薪酬结构，这可能导致防御者的经理优先考虑短期有利可图的项目，因此，对潜在有利可图的长期项目投资不足，以确保更高水平的当前补偿。伊特纳等（Ittner et al.，1997）在 CEO 奖金合同中发现，采用创新导向战略的公司更注重非财务绩效。吴昊旻等（2018）发现，公司战略越趋于进攻型，高管薪酬相对越高，员工薪酬相对越低，公司内部高管与员工的薪酬差距也就越大。

## （四）战略定位与公司绩效

加尼和耶利米亚斯（Gani & Jermias，2009）发现，在动态环境中，追求产品差异化战略的企业比追求成本领先战略的企业表现更好，但绩效差异受董事会独立性和管理层持股水平的影响。王百强等（2018）基于宾利等（2013）的做法来度量公司战略定位，考察公司战略对企业经营绩效的影响。研究发现，相比于采用防御型战略的公司，采用进攻型战略的公司市场价值较高、盈利能力较强，但运营效率较差。周和帕克（Zhou & Park，2020）采用2008～2017年的中国企业样本，检验了成长导向的战略和利润导向的战略对公司长期绩效的影响，发现成长型战略面临着非规模化自由资源的短缺，这将限制企业的长期生存，而利润型战略通过发展和利用企业特有的持续增长的优势将提高长期生存的机会。

### （五）公司战略与企业经营情况

周兵等（2016）利用A股上市公司2000～2014的数据考察了公司战略对成本黏性的影响，研究发现，一般情况下，相比选择低成本战略的公司，选择差异化战略的公司成本黏性较高，并且如果管理层乐观预期，这种关系更强；相反，如果管理层悲观预期，则选择低成本战略的公司成本黏性较高。方红星和楚有为（2019）以2007～2016年中国A股上市公司为研究对象，分别从供给与需求角度考察了公司战略对其商业信用融资的影响，发现相比防御型战略，采取进攻型战略的企业商业信用水平更高。具体地，探索型战略融资约束程度更高，因而对商业信用的需求增大，并且通过降低供应商集中度，增强其讨价还价能力，从而获取更多的商业信用。柴才等（2017）认为，在考察高管薪酬激励对公司业绩的影响时，应根据不同的竞争战略，选择与之匹配的高管薪酬激励机制，同时更要注重对高管激励方式选择的合理性，否则将对公司业绩产生不利影响。

## 三、战略差异的经济后果

### （一）战略差异与信息不对称

关于战略差异的研究相对较少，现有研究主要聚焦于战略差异对信息不对称的影响。已有研究发现，公司战略偏离行业常规的程度越大，公司所有者权益的价值相关性就越高，而净利润的价值相关性则越低（叶康涛等，2014）；公司从事应计项目盈余管理的概率越高，从事真实盈余管理的概率越低（叶康涛等，2015）。王百强和伍利娜（2017）发现，审计师对战略差异度较大的公司年报更审慎，表现为较高的审计收费和更严格的审计意见。何熙琼和尹长萍（2018）研究发现，当企业战略偏离行业常规战略程度较大时，即企业战略差异度越大时，分析师盈余预测跟随人数越少，分析师盈余预测误差越大，分析师之间的盈余预测分歧越大。叶康涛等（2021）发现，公司战略差异与股票收益同步性显著负相关。通过路径分析，他们发现，战略差异度大的公司发布更多的管理层盈余预期，大股东持股比例更高，并且管理层预期和大股东持股比例在战略差异与股票收益同步性之间起部分中介作用。

**（二）其他相关研究**

其他关于战略差异比较有影响的研究如下。格莱特克尼奇和汗布瑞克（Geletkanycz & Hambrick，1997）发现，独特的或差异化的战略并非总是有利的，在不确定性较大的计算机行业从众战略更有利。汤等（2011）发现，战略偏离行业常规导致公司绩效存在巨大的不确定性，要么巨额盈利，要么巨额亏损。袁蓉丽等（2019）基于我国 A 股上市公司 2008 ~ 2016 年的数据，实证检验了公司战略差异度对企业避税行为的影响，研究发现，战略差异度与公司避税行为正相关，并且这种关系在非管制行业或者企业所在地区税收征管强度较小时更显著。进一步的研究发现，风险承担是战略差异影响企业避税行为的内在机制。

王化成等（2019）基于期权定价模型测度企业违约风险，考察了公司战略差异对企业违约风险的影响。研究发现，公司战略偏离行业常规模式的幅度越大，企业违约风险越大，并且二者关系随着业绩期望差距的变化而变化，业绩期望顺差会抑制二者之间的关系，而业绩期望逆差会促进两者关系。进一步的研究发现，战略差异影响企业违约风险的机制是代理成本和经营风险。王化成等（2017）发现，公司战略偏离行业常规的程度对资本成本具有重要影响，资本成本随着战略差异度的增加而上升；他们还发现，经营风险和信息不对称是战略差异影响资本成本的内在机制。

# 第四节　主要概念界定

本节主要对本书重要的变量进行界定。具体变量包括盈余管理、真实活动盈余管理、应计项目盈余管理和战略差异等。

## 一、印象管理

关于印象管理，学者们给出了不同的定义。主要有以下几种。

戈夫曼（1959）提出印象管理理论，他认为个体可以通过控制自己的表情或形象来影响他人对自己的看法（Smith，2006）。罗森菲尔德等（Rosenfeld et al.，1995）认为，印象管理就是“试图控制他人形成的印象”。印象管理是指个体为了某种目标而刻意影响客体对其认知的行为活动（Goffman，1959；Schlenker，1980）。印象管理是指个体为了提升他人对自己的看法而采取的目标导向行为（Schlenker，1980）。一个人的任何行为无非是为了操控别人对自己的印象（Tedeschi & Riess，1981）。莱瑞和科瓦尔斯基（Leary & Kowalski，1990）认为，印象管理就是一个控制或引导其他人对自己形象看法的全过程。莫里森和比耶斯（Morrison & Bies，1991）认为，印象管理的研究始于个体，是个体有目的地影响他人对自己看法的行为。印象管理是人们试图影响他人印象的过程（Rosenfeld et al.，1995）。埃尔斯巴赫等（Elsbach et al.，1998）将印象管理看作是一个企业为了影响普通大众对自己的评价而组织和实施的一系列活动。在公司对外报告的文本中，印象管理试图利用类似未经审计的叙述等“控制和操纵会计信息传递给用户的印象”（Clatworthy & Jones，2001）。戈夫曼认为，人际交往方式更类似于喜剧学中的“前台”与“后台”。“前台”是通过各种表演给围观的大众观赏的内容；“后台”则是不宜直接展现给观众的行为（Goffman，2008）。企业在商业活动中也在不断应用印象管理的概念，以建立或提高在公众或消费者心中的良好形象（Highhouse et al.，2009）。默克尔-戴维斯和布伦南（Merkl-Davies & Brennan，2011）认为，印象管理的特征就是自私自利的成见、隔靴搔痒般的管理和粉饰的会计信息。印象管理活动可以帮助组织树立光辉形象，建立良好的声誉（Dubrin，2011；

Schniederjans et al. ，2013）。

该领域的研究把印象管理分为两种类型：防御性印象管理和自信型印象管理。防御型印象管理的目的在于规避不利形象，而自信型印象管理则主动采取行动旨在树立高大形象（Tedeschi & Melburg，1984；Tedeschiand Norman，1985）。韦恩和利登（Wayne & Liden，1995）把印象管理分为类为以自我为中心的印象管理和以管理者为中心的印象管理。

莱瑞和科瓦尔斯基（1990）提出了一个印象管理的模型，该模型包括两部分：印象动机和印象构建。前者揭示了管理者或实施人进行印象管理的主客观因素；后者则描述了其期望达成的结果及其相关的各种行为活动。

## 二、合法性

帕森斯（Parsons，1960）认为，合法性就是在行动涉及社会制度的情况下，根据共同的价值观来评价行动。毛雷尔（Maurer，1971）定义合法性为：组织“生存权”的正当性。道林和普费弗（Dowling & Pfeffer，1975）认为，合法性就是与“大社会系统中可接受的行为规范”相一致。普费弗（Pfeffer，1981）指出，如果某种行为在某个环境中被接受或者期望，那在这个环境中，这种行为就是合法的。迈耶和斯科特（Meyer & Scott，1983）认为，合法性就是一系列“为存在提供解释”的既定文化解释。苏克曼（Suchman，1995）对组织行为有一种广义的理解，即“在某些社会构建的规范、价值观、信念和定义体系内，组织行为是可取的、适当的或恰当的”。他认为，组织的合法性有三种形式：实用主义合法性、道德合法性和认知合法性。迪普豪斯（Deephouse，1996）认为，合法性就是社会公众对组织的认可。科斯托娃和扎希尔（Kostova & Zaheer，1999）认为，合法性就是组织所处环境对其的接纳。华盛顿和扎伊克（Washington & Zajac，2005）指出，合法性就是给予一系列活动或角色的社会可接受程度。闰多瓦等（Rindova et al. ，2006）认为，由于公司的行为符合行业规范和社会大众的期望，所以公司的活动被社会公众认为是可以接受并且是可取的。齐默尔曼和赛茨（Zimmerman & Zeitz，2002）认为，合法性就是适当性、接受性和/或合意性的社会判断，是一种主体对客体的主观评价。因此，一个组织的合法性难以被直接观察到，即便采用大样本和严谨的方法，都无能为力，只能通过社会公众对组织的反应来推测。

狄罗谢等（Durocher et al.，2007）认为，认知合法性包含了大众对组织的轻易接受，而这个接受可能是建立在假设基础上的。迪根（Deegan，2002）认为，公司应该“努力确保他们的活动被外部各方认为是合法的”。迪马乔和鲍威尔（DiMaggio & Powell，1983）认为，公司的行为与竞争对手趋同可以使公司获得社会认可，并且模仿竞争对手的管理实践也可以提高组织效率。合法性理论的精髓是组织行为要遵守社会契约，这意味着组织的存续取决于其行为是否在“社会的界限和规范”内（Brown & Deegan，1998）。合法性是一个更广泛的概念，它涉及公司的结构和活动在多大程度上符合社会规范、价值，以及公司的经济和社会环境的期望（Dacin et al.，2007）。德尔玛和肖恩（Delmar & Shane，2004a）指出，组织参与合法性活动可以显著降低其消亡的概率。因为缺少社会公众支持的公司可能面临消费者和社区的抵制或政府的制裁，丧失获得政府补助的机会，公共利益集团和消费者可以采取抵制、游说或者进一步玷污公司声誉的形式向公司表明，丧失合法性会如何阻碍公司的绩效和成功（Dacin et al.，2007）。依据合法性理论，任何组织都应该遵守各种社会规则和道德规范，这就导致了印象管理的动机和行为（Merkl-Davies & Brennan，2011）。对社会合法性的需要在制度环境中尤其重要，这种制度环境的特点是由密切监督公司遵守社会规则和期望的人构成，在这种环境中，一种对社会负责的形象对于公司的生存至关重要（Dacin et al.，2007）。

现有研究已经关注印象管理对组织合法性的影响（Hooghiemstra，2000；Ogden & Clarke，2005；Beelitz & Merkl-Davies，2012）。例如，古拉尤等（Grougiou et al.，2016）发现，对于声誉受损的企业而言，社会责任信息披露显然有助于转移人们对公司不利事件的注意力，降低污名和诉讼程序对公司的不利影响。梅洛尼等（Melloni et al.，2017）发现，那些财务绩效和社会绩效最差的公司所提供的报告，关键信息隐没在冗长的废话中，而且报告过度乐观。洽欧等（Cho et al.，2010，2012）发现，企业可以通过图表或者行文技巧来提升可持续发展报告的效果，用以宣传其正面和积极形象，同时掩盖或消弭其负面和消极影响。

## 三、公司战略

钱德勒（1962）将战略定义为“确定企业基本的长期目标，以及为实现这些目标而采取的行动路线和资源配置模式”。

巴尼（Barney，1997）定义战略为“使得企业保持和增进其绩效的某种资源配置模式”。

借鉴以上研究，本书认为战略本质上是一种资源配置模式。

## 四、战略差异

战略差异，指的是公司的资源配置模式偏离行业常规模式的程度（Carpenter，2000；Geletkanycz & Hambrick，1997）。现有文献一般借助以下六个维度指标来考察企业的资源配置模式，即销售费用比率、研发投入比率、资本密集度、固定资产更新程度、管理费用比率和财务杠杆（Geletkanycz & Hambrick，1997；Tang et al.，2011）。为此，本书也采纳这六个维度指标，并通过计算企业在这六个维度指标上和行业平均值差异的绝对值，来衡量企业资源配置模式偏离行业平均水平的程度。具体地，本书先将各企业这六个资源配置维度指标按照年度和行业进行标准化（每个指标减去平均值后除以标准差）并取绝对值，由此得到各企业在每一个资源配置维度上偏离行业平均水平的程度。然后，本书对每个公司标准化后的六个资源配置指标加总后除以6，得到公司战略差异指标SD。该指标越大，说明企业与同年度同行业的公司战略差异越大。

## 五、盈余管理

希珀（Schipper，1989）认为，盈余管理是企业管理者为了谋取私利，有目的地干预财务报告的编制过程。

莱维特（Levitt，1998）在一个题为“数字游戏”的演讲中指出，管理者滥用“洗大澡”重构费用，提前确认收入、进行“甜饼罐”储备，冲销研发过程中的已购买费用，正在威胁着财务报告的可信性。

希利和瓦伦（Healy & Wahlen，1999）认为，盈余管理是管理者在财务报告编制过程中，运用判断以及通过虚构交易改变财务报告，以误导某些利益相关者关于公司潜在经济效益或者影响那些依赖会计数字的契约结果。

魏明海（2000）从“经济收益观”和“信息观”两个角度研究了盈余管理的含义。经济收益观认为，理想情况下，财务报告应该反映企业的经济收益或者真实收益。真实收益观认为会计收益未能反映真实收益的原因有二：其一是管理者故意歪曲财务报告；其二是权责发生制的会计核算方法以及公认会计原则的不完备性导致会计数据偏离真实收益。信息观则认为，会计数据释放企业盈余的一个信号，财务报告的重要作用体现在“信息含量”。魏明海（2000）认为，在信息观下，数据的真实价值不再是首要的，以信息观看待盈余管理更有意义。孙铮、王跃堂认为，盈余管理是企业利用会计制度的弹性操纵盈余的一种合法行为。刘峰（2001）认为，盈余管理是企业在不违背相关法律、法规、制度的前提下，最大限度地利用现行制度所存在的漏洞的行为。

由上述定义可见，无论是信息观还是经济收益观，早期关于盈余管理的界定有以下几个共同的特点：首先，盈余管理的主体是企业管理者；其次，盈余管理的动机是为了获取私利；再次，盈余管理的客体是会计原则、会计政策与会计估计；最后，盈余管理的后果是导致利益相关者误解企业的真实业绩。简而言之，上述定义都认为盈余管理是管理层的一种机会主义行为。即管理层为了公司或私人利益，利用会计准则的漏洞，有目的地误导外部利益相关者的一种行为。

近年来，信号传递理论被引入盈余管理，一些学者认为，盈余管理并非总是机会主义行为，也可能是管理者传递私有信息的一种行为。盈余管理的信号传递观认为，企业进行盈余管理或许是由于现行会计准则不能真实地传递企业盈余的信息，因而管理者需要对会计数字进行调整，以使其更能反映企业的经济收益或者未来发展前景。例如，斯科特在《财务会计理论》中指出，盈余管理体现了会计政策选择是有经济后果的。他认为，只要企业的管理者具有选择不同会计政策的自由，他们一定会选择使自身效用最大化或者企业市场价值最大化的会计政策。值得注意的是，斯科特（2005）认为，盈余管理未必是坏事。他指出，盈余管理可以是管理者与投资者交流内部信息的工具。从财务报告视角，有些盈余管理可以是有用的。从契约视角，当契约是刚性的，而且不完整时，盈余管理可以保护公司避免不可预见的事件。由于完全消除盈余管理需要高成本，管理者薪酬契约允许一些盈余管理比不进行盈余管理可以更有效。

综合上述观点，本书所指的盈余管理是企业管理层在会计准则允许的范围内对财务报告中会计数据的调整，其动机可能是出于信号传递也可能是出于机会主义。

## 六、真实活动盈余管理

真实活动盈余管理是企业通过改变经济活动的实质来影响当期盈余。例如，企业通过过度生产，降低单位产品生产成本；通过削减研发支出和管理费等降低当期费用；通过放宽信用条件，赊销等做大收入。真实活动盈余管理不涉及会计处理问题，从而不受审计师和监管部门的监管和约束（Gunny，2010）。

## 七、应计项目盈余管理

应计项目盈余管理是指企业利用会计制度的弹性，有目的地选择或变更会计程序或会计政策，来操纵会计数据的行为。例如，改变存货计价方法、改变固定资产折旧方法和债务重组等。

## 八、盈余质量

德乔等（2010）定义盈余质量为："高质量盈余提供与特定的决策制定者具体决策相关的公司财务绩效的更多特征。"德米尔希安（Demerjian，2013）认为，高质量的盈余能够准确地反映公司当期经营绩效。借鉴德米尔希安（2013）的研究，本书定义的盈余质量为：企业对外报告的盈余反映其当期经营绩效的准确程度。

## 九、收益（盈余）平滑

贝德曼（Beidleman，1973）定义收益平滑为"故意地抑制盈余某种水平的波动，而这种波动在当前对公司而言是正常的"。科赫（Koch，1981）认为，收益平滑是："经理人采取措施，通过操纵人为的（会计的）或真实（交易）的变量，旨在降低一连串报告数字相对于目标的可变性。"弗德伯格和泰勒尔（Fudenberg & Tirole 1995）认为，"盈余平滑是操纵盈余或盈余报告的时间轮廓，使得报告的收入流变动小，虽然长期并不增加报告的盈余”。简而言之，收益平滑（或称盈余平滑）就是人为地调整会计收益数字，以使其更加平稳。

### 十、企业社会责任

企业社会责任是指企业自愿采取行动改善社会环境（Mackey et al.，2007）或为了更好的社会，企业的行为超越其法定义务和明确的交易利益（McWilliams & Siegel，2000）。

## 第五节　对现有文献的简要评述

通过以上文献回顾，可以发现：一方面，盈余管理已经引起学术界的广泛关注，但大多数研究将公司战略视为无差别的，忽略了不同战略对盈余管理的影响是存在差异的；另一方面，现有关于战略异质性视角的相关研究并未就战略偏离行业常规模式对盈余管理动机和行为的影响展开充分探讨。因此，相关研究难免存在一些不足和需要改进的地方，主要体现在以下三个方面。

### 一、理论框架有待完善

已有文献在很大程度上并未对不同战略与盈余管理的关系建立一套完整的理论分析框架。企业是否从事盈余管理、怎样进行盈余管理往往都是在动机和条件兼备的情况下，对成本收益权衡的结果。基于条件与动机的成本—收益分析框架，有助于为基于战略异质性视角探讨资源配置对盈余管理影响的研究提供理论参考。

### 二、研究视角有待丰富

已有文献大多笼统地考察盈余管理的影响因素，忽略了战略的异质性，这可能是现有盈余管理除研究方法和研究样本外，造成现有研究结论不一致的一个重要原因。盈余管理动机、实施条件与战略密切相关，但现有研究并未将战略异质性与盈余管理相结合。基于战略差异视角的考察将为战略对盈余管理影响的研究提供新的视角。

## 三、研究内容有待拓展

已有文献主要研究机会主义盈余管理的诱因和制约因素，而且主要关注应计项目盈余管理。虽然学者们意识到盈余管理并不完全是出于机会主义动机，也可能有信号传递动机，而且盈余管理方式除了应计项目盈余管理外，也存在真实活动盈余管理，但是盈余管理信号传递动机和真实活动盈余管理并未获得足够的关注和充分的分析。区分盈余管理的动机和方式有助于监管部门更好地监督企业的盈余管理行为，也有助于审计师有针对性地甄别企业的盈余报告质量，降低诉讼风险。

# 第二章
# 公司战略差异与印象管理动机

已有研究认为，企业进行印象管理的动机包括但不限于：当公司业绩不佳时，取得股东外部利益相关者的谅解（Patelli & Pedrini，2014；Melloni et al.，2016），获得或者修复合法性（Patelli & Pedrini，2014；Shu & Wong，2017）。公司战略偏离行业常规不仅导致信息不对称而且导致企业的经营风险加剧，进而企业的合法性受损。为了修复合法性，企业有动机进行印象管理，因为拥有良好声誉的公司可以收取更高的价格，增加其进入资本市场的机会，吸引投资者更容易，也有更好的信用评级，通常意味着较低的利率（Fombrun，1996）。本章基于合法性理论、印象管理理论和信息不对称理论分析企业印象管理的动机。

## 第一节　合法性与印象管理

### 一、合法性

“合法性是一个一般的理解或假定，即实体的行为在某一社会结构的标准体系、价值体系和定义体系内是合意的、正当的与合适的”（Suchman，1995）。斯科特（1995）根据合法性的来源，进一步将组织合法性划分为规制合法性、规范合法性与认知合法性，其中，规制合法性是指组织行为遵从政府规章制度，规范合法性是指组织行为符合社会规范准则，而认知合法性则是指组织的行为被公众理解和认知的程度，体现了组织行为与公众的信念或普遍接受的规则的一致性。合法性理论的核心是社会契约的概念，这意味着公司的生存取决于公司“在社会的范围和规范内”运营的程度（Brown & Deegan，1998）。

合法性缺失是战略异常企业面临的棘手问题。由于经营业绩具有极大的不确定性，战略差异容易导致投资者和债权人风险规避行为的发生，同时，由于战略独特性，战略差异导致信息不对称和经验不足等，致使采用异常战略的企业难以被利益相关者认同与接受，由此产生合法性障碍，进而限制其获取资源的能力。

## 二、合法性与资源获取能力

根据新制度理论，企业倾向于遵循行业规范，因为这样做有助于获得合法性和资源，减少不确定性，从而提高生存能力（DiMaggio & Powell，1983；Meyer & Rowan，1977）。迪普豪斯（1999）认为，与合法性受到挑战的公司相比，一个合法性公司能够在更有利的条件下获取更高质量的资源。他的理由如下：首先，如果潜在的交易伙伴不理解公司的战略或者认为公司的战略是不合理的，他们会限制对该公司的资源供给。其次，即便一个合法化公司的合同条款不太有利，交易伙伴也乐于接受。这是因为通过与合法性公司签订合同，交易伙伴的合法性提高了（Galaskiewicz，1985；Wood，1991）。相反，如果想让一个公司与一个合法性受到挑战的公司签订合约，则需要较高的回报作为激励。最后，不太合法的公司很可能失败（Baum & Oliver，1991；DiMaggio & Powell，1983；Singh et al.，1986），这导致交易伙伴在合同中要求较高的风险补偿（Miller & Bromiley，1990）。

## 三、印象管理

印象管理学派的先驱戈夫曼（1959）定义印象管理为：在人际互动过程中，主体通过控制自身行为从而操纵别人对自己的主观感知的过程。他认为“印象管理就像戏剧”，个体在不同情境的舞台上面对不同的观众进行表演。印象管理过程分为印象动机和印象构建两个阶段（Leary & Kowalski，1990）。具体地，印象动机是塑造自己理想的公众形象，旨在预期回报最大，预期处罚最小。印象构建又分为获得性印象构建和保护性印象构建。其中，获得性印象构建是努力强化自己的正面形象，而保护性印象构建则是尽力淡化自己的负面形象。获得性印象构建的策略有自我表扬、粉饰等，而保护性印象构建的策略则有承认错误、道歉、辩解、否认、推卸责任等方式。因此，印象管理可能是真实信息的传递，也可能是虚假宣传，因为它有可能使用夸张、捏造、欺骗和说谎等手段（Rosenfeld et al.，2002）。戈夫曼的印象管理主要侧重于个人影响并控制他人感知的行为。

### 四、合法性与印象管理动机

印象管理不仅局限于个人社交，也时常被组织用作应对不利局面的手段。印象管理，虽然本质上是一个个人的理论，却已被广泛应用于组织，例如，解释企业面对合法性威胁的反应（Elsbach，1994；Elsbach & Kramer，1996；Elsbach & Sutton，1992），并解释董事在年度报告中解释公司业绩变化的自私方式（Aerts，1994；Staw et al.，1983）。（Hooghiemstra，2000）。埃尔斯巴赫等（1998）将企业印象管理定义为“企业有目的地设计并实施（组织活动），由此影响受众对该企业知觉反应的过程”。研究发现，印象管理能够缓解不利事件对组织的负面影响，有助于组织化解危局。例如，印象管理有助于企业被污名化后恢复名誉，在遭受质疑的后修复合法性，在经历抵制后重获利益相关者的支持等。

## 第二节　战略差异与企业合法性

战略差异会导致企业的合法性受损。本书中的合法性是指一个组织被外部利益相关者认可的程度。制度理论认为，一个组织在其环境中与其他组织的相似度越高，该组织越容易被外部环境接受（DiMaggio & Powell，1983；Meyer & Rowan，1977）。诸多研究认为，如果一个公司的战略被其组织领域接受，那么它就被合法化了（Aldrich & Fiol，1994；DiMaggio & Powell，1983；Suchman，1995）。一些实证研究给这种观点提供了证据支持。例如，迈耶和罗恩（Meyer & Rowan，1977）发现，大多数高管愿意接受行业常规，并且认为遵守行业标准是合法的；而创新或具有独特战略的组织合法性受到挑战——这样的组织被外部人质疑甚至被认为不可接受。他们认为，一个公司如果选择不被认可的战略，它的合法性、可靠性和合理性就会遭受质疑和挑战。迪普豪斯（1996）检验了组织同构[①]是否

① 被关注的组织与环境内其他组织的相似性（DiMaggio & Powell，1983）。

增加合法性，结果表明，商业银行的战略同构与银行监管者和媒体给予的合法性相关联。

综上，如果公司的战略偏离行业常规，公司的合法性很有可能受到挑战。因为公司的利益相关者不理解这种特立独行的战略，对这种经营战略的后果也难以准确预判，他们很难轻易接受这种有违常规的经营理念。因此，战略差异暗示企业的经营战略偏离行业常规，同时也预示着企业的组织合法性受到质疑。

接近行业常规的战略往往更具有合法性，因而更容易得到政府等利益相关者的支持，获取持续生存所必需的资源（DiMaggio & Powell，1983；Meyer & Rowan，1977），从而降低企业发展的不确定性，提高生命力。相反，由于背离行业集体的经验智慧（Geletkanycz & Hambrick，1997），异常战略因其特立独行，其战略意图常常难以引起利益相关者的共鸣。因此，偏离行业常规的战略不仅在贯彻执行过程中会遭受组织内部成员的抵制，而且也会引发外界的误解和不被接受，进而导致公司不能获取持续生存所必要的资源。由此可以推断出，战略异常公司获取资源的能力将会受到限制。

## 第三节　战略差异与经营风险

公司战略差异反映了公司的战略选择和风险承担（Carpenter，2000；Finkelstein & Hambrick，1990；Zhang，2006）。公司的战略越是偏离行业常规，企业经营绩效的不确定性就越大，管理者承担的风险也越大，同时，因为需要获取新的能力或新的资源，战略实施的成本和困难越大，而管理者作为个人和公司作为知识和实践的集团系统，具有有限的吸收能力去有效地处理新问题，汲取新知识（Cohen & Levinthal，1990）。相反，符合行业常规的战略使得组织从外部性受益最多，这反过来降低经营成本。因为符合行业常规使得企业经营有章可循，同行或专家的意见是宝贵的财富，可以使企业少走弯路，这提高了经营决策效率，避免了实验成本。战略差异的极端情况是企业战略显著地与行业战略决裂并包括主要的组织变革（Lant et al.，1992）。这样的变化对组织是破坏性的，因为他们通常需要重大的内部组织重构，这给公司管理资源和组织系统带来重大压力（Penrose，1959），导致公司无法有效地管理变革（Zhang & Rajagopalan，2010）。因此，完全偏离行业常规战略的成本会非常高（Jauch et al.，1980）。

企业的战略偏离行业平均水平导致其经营业绩存在较大的不确定性。因为偏离行业平均水平的战略类似一种探索性行为，存在实验成本，如果企业的战略刚好适合外部环境的需求，例如，通货膨胀期间，大量囤积存货就可能使企业获得超额收益，但是管理者毕竟受阅历和聪明智慧等自身条件的限制，未必能时时洞察市场行情。汤等（2011）认为，具有主导地位的CEO的公司往往具有偏离行业中心趋势的战略，业绩表现两极分化，或者是巨盈或者巨亏。所以，偏离行业的战略可能导致企业的经营存在较大风险，导致企业的经营绩效存在很大的不确定性。下面将基于资源配置论证战略差异与企业经营风险之间的关系。

## 一、公司战略与资源配置

战略学家认为，公司战略决定资源配置。例如，钱德勒（1962）认为，战略就是确立企业的长期目标并为实现目标而采取必需的行动序列和资源配置。奎因（Quinn，1980）认为，一个好的战略能够帮助企业获取和配置资源。巴尼（1997）认为，战略是使得企业保持和增进其绩效的某种资源配置模式。希特等（Hitt et al.，1997）认为，战略是基于对外部环境和内部资源的认知和解释，它代表以长期增长和股东财富为最终目标的公司资源配置顺序。加尔布雷斯和申德尔（Galbrath & Schendel，1983）基于市场战略绩效（profit impact of market strategy，PIMS），对公司市场竞争要素进行了聚类分析，发现不同类型的战略在资源配置方面表现出不同的特征，即战略类型与资源配置之间存在匹配关系。差异化战略注重产品、服务或质量的独特性，因而更注重研发投入；而成本领先战略则注重发挥成本优势，因而可能会追求规模经济，进行大批量生产，以降低单位产品生产成本等。

## 二、资源配置与经营绩效

鉴于公司战略最终体现在资源配置模式上（Chandler，1962；Quinn，

1980；Barney，1997），本章接下来从公司资源配置视角探析战略影响盈余管理的机理，以弥补现有文献的缺失。战略差异指的是公司在关键战略维度的资源配置模式偏离行业常规模式（Carpenter，2000；Zhang，2006）。本节主要从资产专用性、资产结构、生产要素投入比例以及资本结构这四个方面对资源配置如何影响企业经营绩效进行论证。总的来说，资产专用性降低了企业转型自由度、资产结构和生产要素投入比例影响经营效率与盈利能力、资本结构影响企业的财务风险。

**（一）资产专用性的影响**

企业的资产根据其专用性程度可以分为专用资产和通用资产。资产专用性是指"在某项资产（既定用途）的生产价值不变的条件下，如果使该项资产的既定用途发生变化，重新投资于其他用途或者改变该资产的使用者（改变使用路径），具有较高的成本或者是无法实现，那么这种资产就是专用性资产，这种特征就是资产专用性"（Williamson，1985）。通过定义可以看出，专用性资产具有较高的转换成本，这无疑导致专用性资产的流动性较低，转换价值较小。专用性资产由于其具有稀缺性、价值性、不可模仿性和不可替代性，因而能够给企业带来竞争优势。资产专用性提高了市场进入门槛，限制了竞争者的加入，能够使企业获取较高的垄断利润，但同时也增加了退出障碍。专用性资产较低的流动性和较高的转换成本，限制了企业转型的自由度，导致在市场发生重大不利变化，或者企业产品进入衰退期后，企业很难快速改变经营方向，因此，专用性资产投资导致企业经营风险增大；此外，由于流动性低，与通用性资产相比，专用性资产较难变现，如果企业大量地投资专用性资产，在企业筹资困难的情况下，会导致企业资金链断裂的风险加大。

**（二）资产结构的影响**

（1）中庸型结构。如果企业的流动资产和长期资产各占总资产的1/2，这种投资策略属于中庸型。理论上，这种资源配置结构最稳定。因为企业的经营既需要厂房、设备等固定资产，无形资产以及其他长期资产，又需要保持一定的流动性，以满足经营周转的需要。如果企业相对均衡地在流动资产和长期资产之间配置总资产，表明企业兼顾了规模与效益、长期和短期之间的关系。这类企业的财务状况与经营情况大多比较稳定。

（2）保守型结构。这种经营模式是指企业的流动资产占总资产的比例大于长期资产的比例。它表明企业把大部分（超过总资产50%）资金配置在流动资产上。这类企业强调营运资金的充足，规模的扩张注重充足的流动性和足够的偿债能力。这种资源配置结构的企业，重视简单再生产或内涵式扩大再生产，经营比较稳健，发生资金链断裂的风险最小，但是资本扩张速度比较慢，属于比较保守的经营模式。此外，与非流动资产相比，流动资产的持有成本和变现风险较低，但是收益也较低。持有较多的流动资产固然可以增强企业资产的流动性，减少财务风险，但是货币资金等流动资产比例偏高会产生较大的机会成本，从而降低企业整体的盈利能力。

（3）扩张型结构。这种资源配置结构中长期资产占总资产的比例大于50%。表明企业把大量资金分配在固定资产、无形资产以及其他长期资产的购建上。这类企业扩张欲望强烈，通常属于成长性企业，追求长远利益，不排除企业扩张是管理者过度自信，对企业前景和市场需求盲目乐观，或是为了打造商业帝国而盲目扩张。这种资源配置模式的特点是重视规模经济优势。不足之处在于投资额较大，投资回收期长，投资风险较大。同时，由于长期资产变现能力较差，这种资源配置模式容易导致企业发生财务风险。现实中不乏这样的例子，曾经风光无限的郑州亚细亚商场、巨人集团都是因为盲目扩张引发资金链断裂最终消亡。战略异常企业由于不走寻常路，因而其资源配置模式一般偏离中庸结构，要么过于保守，要么过于扩张，这就导致企业偏低的盈利能力或者偏高的财务风险。

**（三）生产要素投入比例的影响**

边际收益递减规律，是指企业在短期的生产过程中，给定其他条件（如技术或其他要素投入数量）不变，某种要素的投入达到一定程度后，再增加一单位的该要素投入所带来的效益增量是递减的。边际收益递减规律表明，在企业生产过程中，各种要素的投入有个最优配比，如果各种要素的投入比例达到最优配比，那么企业生产效率最高。如果某种要素投入超过或不足该比例，就会导致边际收益较低从而导致企业资源的浪费。由此可见，企业战略通过资源配置对企业的经营业绩和经营风险产生重要影响。

**（四）资本结构的影响**

资本结构是指企业的资产负债的比例，它反映了企业整体偿债能力，资产负债率越低，偿债能力越强，抵抗财务风险的能力越强。由于负债可以发挥财务杠杆作用，当毛利率大于债务成本时，负债经营可以给企业带来更大的收益，因此，适度负债有利于企业价值创造。但是负债经营也加大了企业破产的风险，如果过度负债，一旦企业流动性不足，或者市场发生重大不利变化，企业容易陷入财务困境甚至破产。因此，如果企业的资本结构偏离最优资本结构，会导致企业盈利能力下降或者财务风险上升。由于战略偏离行业常规，因此，战略异常企业的资本结构很可能偏离最优资本结构。

综上所述，企业战略通过资源配置对企业的经营业绩和经营风险产生重要影响。战略差异会加剧经营风险。原因如下：每一个行业，各种资源的配置应该有一个最优比例，或者有一个最优区间。行业的资源配置比例一般都是行业内多数企业多年的经验总结，是一个相对成熟的模式，这个模式应该比较接近最优比例或者在资源配置最优区间内。偏离行业平均水平可能导致企业资源配置比例失衡，造成某种资源投入过度或不足，进而降低经营绩效。

为了检验企业战略差异对经营风险的影响，本书以公司 2011 ~2014 年资产收益率（ROA）的标准差作为衡量企业经营风险（Risk）的代理变量，按照战略差异的年度中位数对样本进行分组，进行了独立样本的 T 检验。结果见表 2 -1。由表 2 -1 可见，常规战略组 Risk 的均值为 0.024，而异常战略组 Risk 的均值为 0.033。两组的 Risk 差异为 0.009，并且在 1% 水平显著。这个结果表明，战略差异越大的企业，其经营风险也越大。

**表 2 -1　　战略差异与经营风险——单变量检验**

| 变量 | 常规战略组 | | 异常战略组 | | |
|---|---|---|---|---|---|
| Risk | 样本 | 均值 | 样本 | 均值 | 差异 |
| | 7 105 | 0.024 | 7 008 | 0.033 | -0.009*** |

注：***、** 和 * 分别表示在 1%、5% 和 10% 水平显著。Risk 等于公司前 3 年 ROA 的标准差。

## 第四节　战略差异与信息不对称

现有研究认为，印象管理有效的基本前提是信息不对称（Sutton &

Callahan，1987；Elsbach & Sutton，1992）。如果信息发送者和信息接收者拥有相同的信息，那么印象管理难以奏效（于晓宇和陈依，2019）。信息不对称，是指存在交易关系的双方对信息的拥有程度是不对等的，一方具有信息优势，拥有另一方所不知道的信息。信息不对称按照时间区分，可以分为事前信息不对称和事后信息不对称，事前信息不对称是指在契约签订之前存在的非对称信息，又称隐藏信息，会导致逆向选择。事后信息不对称是指在契约签订之后发生的非对称信息，又称隐藏行动，会导致道德风风险。威廉姆森将事前的信息不对称与事后的信息不对称统称为信息不畅，他认为信息不畅是机会主义产生的前提。

战略差异会加剧信息不对称。由于公司战略决定了一个公司的产品和市场领域、技术和组织结构，它影响了一个公司的经营复杂性、环境不确定性和信息不对称（Lim et al.，2018）。企业的资源是有限的，偏离行业平均趋势的资源配置必然会导致某一种或某几种资源配置较多，而另一种资源配置偏少。同一时期内不同资产的盈利能力不同，不同时期内同一资产的盈利能力也不同。资源配置的相对独特性导致外部人很难通过行业内其他公司的产出和绩效了解给定公司的产出和价值，因而导致信息不对称，即偏离行业平均模式会导致外部的利益相关者不能依据经验或者行业平均盈利水平来判断企业的盈利水平或经营风险。因此，企业的战略差异会导致外部的信息使用者不能更好地把握企业的经营趋势和经营风险，不能准确地预测企业的经营业绩，从而越发不了解企业的经营状况。卡朋特（Carpenter，2000）指出，偏离大家接受的政策或者公司/行业已经确立的战略模式，会导致利益相关者对公司的评价更加困难。这意味着公司战略差异会导致公司与外部人之间的信息不对称程度加剧。何熙琼和尹长萍（2018）发现，战略差异导致分析师跟踪减少和分析师预测误差变大。

综上所述，本章从合法性、经营风险和信息不对称的视角分析了战略差异对企业印象管理动机的影响。鉴于盈余管理和社会责任是企业常见的印象管理策略（金靖，2018），本书将从盈余管理、公司社会责任视角检验公司战略差异对企业印象管理行为的影响。

# 第三章
# 企业战略差异与盈余管理

第二章探讨了战略差异对企业经营风险和信息透明度的影响，基本逻辑是战略差异导致企业经营风险上升和信息不对称程度加剧，从而可能促使企业管理层进行印象管理。鉴于盈余管理是企业进行印象管理的常用手段之一，本章尝试考察战略差异度对企业盈余管理的影响。基于 2003 ~ 2017 年中国 A 股上市公司的数据，本章检验了战略差异对上市公司盈余管理的影响。具体地，本章采用三种不同的方法衡量盈余管理：修正的琼斯模型操控性应计利润①（Dechow et al.，1995）、盈余持续性和审计意见。基本思路是：如果推论成立，则企业战略偏离行业常规的程度越大，企业的操控性应计利润和任意营运资本应计绝对值越高，盈余持续性越差、非标意见越多。研究发现，公司战略差异度与操控性应计利润显著正相关，与盈余持续性显著负相关。研究还发现，战略差异度越大的企业，获得非标意见的概率越大。

印象管理在财务报告中屡见不鲜。塔塔和普拉萨德（2015）发现，公司经理人出于自利动机，在财务报告中彰显良好业绩，隐瞒不好业绩，以误导会计信息使用者对公司经营状况的判断。邦赛尔等（Bansal et al.，2004）发现，企业通常会利用股东大会、公司年报等影响受众的认知。孙曼莉（2005）发现，上市公司通过操纵年报可读性进行印象管理，绩优公司年报可读性显著高于业绩较差的公司。柳宇燕和张鼎祖（2019）基于美国州政府财务年报的调查发现，政府财务报告中普遍存在利用图像进行印象管理的现象。

会计信息质量是投资者等会计信息使用者普遍关心的问题，高质量的会计信息能够降低信息不对称，提高资本市场资源配置效率，而上市公司

① 在稳健性检验中，本书还采用了基于琼斯模型的操控性应计和基于业绩匹配模型的操控性应计，结论仍然成立。

的恶性盈余管理导致资源错配，投资者信心受挫。因此，高质量的会计信息对资本市场健康发展至关重要，为了资本市场健康发展，企业有义务提供高质量的会计信息。然而，由于利益驱动以及准则的不完善等各种原因，现实中盈余管理普遍存在。例如，格雷厄姆等（2005）对400多位美国上市公司的高管进行调研后发现，96%的高管承认他们倾向于实施盈余管理。我国上市公司中也先后曝出“蓝田股份”“夏新电子”“獐子岛”“瑞幸咖啡”等一系列会计造假丑闻，投资者信心深受打击，严重影响了资本市场的健康有序发展。因而，盈余管理的影响因素和盈余管理行为方式一直是实务界和学术界关注的焦点。

已有研究分别从会计准则、外部监管、公司治理、公司或管理层自利动机等方面对盈余管理影响因素进行了探索。然而，迪切夫等（Dichev et al.，2013）对美国169位上市公司的CFO进行调研后发现，企业的商业模式是影响会计盈余特征的首要因素。因而，迪切夫等（2013）认为，已有研究只是去考察盈余管理的标志，并没有发现导致盈余管理的根本原因。现实中也有一些案例使我们迷茫，因为对这些公司的年报，我们无法用常规的思路和经验去判断其信息质量。如何去判断此类公司的年报是否可靠？即便此类公司年报存在盈余管理，此类公司究竟是传递信号，还是粉饰业绩？企业的模式为什么会影响上市公司的盈余管理行为？怎样影响？如果企业的战略偏离行业常规，究竟是加剧盈余管理还是抑制盈余管理？从现有文献看，以上问题并没有引起盈余管理学者应有的关注，对这些问题的回答无疑具有重要的理论意义和实践价值。鉴于此，本书拟将企业战略纳入研究框架，重点考察战略差异（企业资源配置偏离行业常规模式的程度）对上市公司盈余管理动机和行为的影响，以加深对盈余管理影响因素的理解和认识。

## 第一节　理论分析与研究假设

盈余管理扭曲了会计信息，导致资源错配，损害了投资者利益，阻碍了资本市场健康发展，因此，盈余管理的影响因素一直是会计领域经久不衰的话题。早期对盈余管理的研究围绕公司治理、管理层动机等进行。自迪切夫（2013）发现企业的商业模式是影响盈余质量最重要的因素以后，公司战略逐渐成为会计领域的热点，现有文献主要基于迈尔斯和斯诺（1978，2003）的战略类型和信息不对称理论，发现公司战略不仅影响企业行为规范性（Higgins et al.，2015；王化成等，2016；孟庆斌等，2018），而且影响企业会计信息披露质量（Bentley et al.，2013；刘行，2016；Bentley-Goode et al.，2017；周兵等，2018；Lim et al.，2018），进而影响分析师预测准确性（Baginski et al.，2017；何熙琼和尹长萍，2018）和股价崩盘风险（孙健等，2016；Habib & Hasan，2017）。然而，由于公司战略是一个比较抽象的概念，已有文献并未打开公司战略影响企业信息质量的“黑箱”。

“机会”和“动机”是管理者做出积极的会计选择的必要条件（Harrell & Harrison，1994）。因此，企业管理层从事盈余管理需要满足两个前提条件：主观动机和客观条件。主观动机就是企业管理层有从事盈余管理的需求，客观条件则包括两个方面：第一，管理者有能力实施盈余管理；第二，管理者实施盈余管理不易被发现。已有研究认为，企业的经营业绩越差、经营风险越高、信息不对称程度越大，企业从事盈余管理的概率越高。因此，本节主要从盈余管理的动机与条件视角论证战略差异与盈余管理的关系。具体地，本节首先基于已有文献论证战略差异由于加剧业绩波动会引发盈余管理动机。其次论证战略差异由于加剧信息不对称，不利于外部监督，从而为盈余管理提供了条件。最后提出假说：战略差异会引发盈余管理，从而降低盈余质量。

## 一、业绩波动与盈余平滑动机

理论上，财务报告应该提供有关公司所控制的资源、拥有资源的权利及其变动的真实信息。会计信息必须对投资和信贷决策有用，并且有助于评估未来现金流（Kieso et al.，2001）。因此，财务经理应该选择会计方法，这种方法有助于呈现关于其公司绩效、风险和机会的真实可信、及时和有用的信息。然而，财务报告提供者的主要目标并不总是提供一个高质量的财务报告。会计政策的可选择性以及会计估计依赖主观判断的特性，导致会计方法存在改变收益总量的机会，当公司或经理人本身的利益与会计收益数字息息相关时，这种机会可能激励经理人采用某种会计方法或改变已经采用的方法来增加、减少或平滑收益数字。当管理者为了误导利益相关者关于公司的经济绩效或者为了影响基于报告的会计数字的合同结果，管理他们的判断并利用会计准则或组织交易允许的估计盈余管理修正财务报告时，盈余管理就发生了（Healy & Wahlen，1999）。

代理理论可以解释公司机会主义盈余管理的动机。代理理论认为，现代公司所有权与控制权的分离导致股东和经理人之间产生了利益冲突（Jensen & Meckling，1976）。两权分离情况下，经理人与委托人的目标并不完全一致，委托人与代理人之间的信息不对称会导致逆向选择和道德风险问题。为了促使经理人按照股东利益最大化行事，委托人制定薪酬契约激励经理人。通常，经理人的报酬与经营业绩密切相关，经营业绩的好坏决定了经理人的奖金高低和能否继续留任。但是由于经理人的努力程度不可量化以及信息不对称，经理人有偷懒和谋取私利的动机，会计信息就成为委托人评价经理人努力程度的依据。由于财务报告呈现的经营绩效是委托人奖惩经理人的依据，经理人就有动机操纵会计信息，从而降低盈余质量。例如，王克敏等（2007）发现，管理者为了获取较高的薪酬会进行盈余管理。此外，现有研究还发现，管理者行权的概率（苏冬蔚等，2010）和非流通股减持（蔡宁等，2009）与盈余管理正相关；盈余管理的动因还包括税融资需求（Teoh et al.，1998；Aharony et al.，2000；陈小悦等，2000；章卫东，2010）和满足资本市场需求和预期（魏涛等，2007）。

通常情况下，企业的收入越稳定，越容易获得外部利益相关者的认可与支持。原因在于收益平稳暗示着企业经营稳定、风险低，并使投资者、债权人、供应商等利益相关者确信自己能够从中获取稳定的收益，因而平稳的收益流入可以降低公众对公司风险的印象，进而对公司价值和企业与利益相关者的交易条件产生积极影响（Trueman & Titman，1988）。格雷厄姆等（2005）发现，由于投资者认为业绩平稳的公司风险比较小，经理们更喜欢平稳的盈利模式；在业绩波动的情况下，为了实现平稳的盈余，管理者经常会诉诸盈余管理（Dhole et al.，2016）。

此外，企业的收益越稳定，越有利于信息使用者预期企业的未来盈余。相反，不能实现盈余目标或报告波动的盈余被认为是降低盈余的可预期性，这反过来降低股票价格，因为投资者和分析师厌恶不确定性

(Graham et al., 2005)。因此，实务界人士和投资者都偏好平滑的盈余(Graham et al., 2005)。

然而，激烈的市场竞争环境和宏观经济形势的不确定性导致企业经营存在一定的风险。经营风险影响公司的经营和盈利能力，并导致它们盈余的波动。公司的经营风险越高，其获得预期收益和自然而平滑的收益流入的概率越低。在此情形下，公司平滑利润的动机也就越强烈。例如，管理者出于谋取私利（获取奖金、保持良好的声誉以维持同行的尊敬、获得职位晋升、避免外部利益相关者不利反应等）而掩盖企业的真实业绩，降低报告盈余的信息价值，使其有用性降低。格雷厄姆等（2005）对401位美国CFO进行调研，大多数（78%）的被访CFO承认，为了平滑盈余其宁愿放弃长期价值。

尽管多数研究认为盈余管理出自机会主义动机，但也有研究认为盈余管理也可能是管理层为了向外界传递公司未来前景的私有信息（Altamuro et al., 2005; Louis & Robinson, 2005)，即把关于未来现金流的私有信息整合进当期盈余（向前平滑），从而通过应计项目过滤掉现金流的一些波动性，平滑现金流。根据信号传递理论，当公司与外部利益相关者之间存在信息不对称时，公司为了避免被利益相关者误认为是劣等公司，会主动发出一种信号，以利于利益相关者将其与劣等公司区分开。对于那些前景看好，但是当期业绩不佳的公司，如果不释放利好信号，投资者等外部利益相关者就很容易被眼前的不利形势吓到，一个可能的结局就是投资者纷纷“用脚投票”，最后导致公司由于失去利益相关者的支持而面临生存危机。因此，这类企业的管理者有动机通过盈余管理释放公司利好消息。希利等（1999）将此类盈余管理界定为信息驱动型（或称信号传递型）盈余管理。一些研究为信息驱动型盈余管理动机的存在提供了实证支持(Graham, 2005; Gunny, 2010; Badertscher et al., 2012)。

少量研究从印象管理视角探讨了企业管理层从事盈余管理的动机。盈余管理可以改变财务报告中的企业绩效，进而提高企业董事会或股东对企业管理者能力的认可度（金婧，2018）。例如，陈等（2015）发现，代理CEO更偏好操纵企业销售收入，以提高其转正的概率；戴维森等（Davidson et al., 2004）发现，为了证明自己的能力，CEO在兼任董事长的第一年盈余管理的概率较高。

## 二、战略差异与盈余平滑动机

战略从根本上决定了企业的产品和市场领域、技术和组织结构，它影响着企业的经营复杂性、环境不确定性和信息不对称（Lim et al.，2018）。已有研究发现，融资需求、债务契约、薪酬契约和职位安全是上市公司从事机会主义盈余管理的主要动机。公司战略差异对融资需求、债务契约、薪酬契约和职位安全具有重要影响。

首先，公司战略影响融资需求。公司战略是一种资源配置模式（Mintzberg，1978；Barney，1997）。如果公司采取快速扩张的资源配置模式，那么公司必然需要大量的资金，在公司自有资金不足的情况下，对外融资是公司的必然选择。中国远洋就是一个很好的例子，中国远洋为了打造全球第一的船队，投入大量资金用于造船和租船，因而公司的资产负债率由47.55%一路攀升到75.15%。对于资金提供者而言，资本保值是第一位的，因此，资金需求方的盈利能力是他们融资决策的重要依据。为了从潜在的债权人或者投资者那里获取资金，企业有动机提供漂亮的业绩信息。当公司业绩不佳又需要融资时，它们有动机进行盈余管理。现实中为了融资进行盈余管理的案例不胜枚举。

其次，由于战略影响企业的经营业绩和风险，战略无疑也会影响债务契约。对于风险较大的战略或者商业模式，为了降低风险，债权人一般会避免与实施这类战略或商业模式的公司签订契约，或者在与这类公司签订债务契约时附加更多的条款，如财产抵押、第三方担保等。对于经营风险较大的债务人而言，由于其业绩不确定性较大，为了满足债务契约的要求，其在债务契约签订后有着平滑业绩的压力。

最后，公司战略影响薪酬契约和职位安全。激烈的市场竞争环境导致企业经营绩效的不确定性较高，公司的战略越是独特，其面临的风险也越大，要么巨赢，要么巨亏（Tang et al.，2011）。对于实施异常战略的企业，一旦其战略或者商业模式不适应市场环境，其遭受的损失通常是惨重的，甚至给公司带来灭顶之灾。当公司战略失当导致亏损时，社会公众往往将矛头直指公司高层，无论是市场因素还是管理者自身能力问题，管理者都难辞其咎。在这种情况下，公司经理非但不能获得奖金，甚至会被迫离职。当今因为业绩不佳而引咎辞职的经理不在少数。因此，公司战略也在一定程度上决定了公司高管的薪酬和职位安全性。战略异常的公司，通常管理者面临的辞退风险也比较大，因此，即使在业绩好的情况下，为了应对来年业绩的不确定性，公司管理层也有动机平滑利润，以丰补歉，在巨额亏损的情况下，公司管理层或具有“洗大澡”动机，为来年扭亏为盈打基础，或者借助关联交易等掩盖亏损。

即便异常战略没有给企业带来灭顶之灾，异常战略的公司仍然有动机平滑盈余。现有研究发现，业绩偏离行业平均水平与盈余管理正相关。例如，马卡里安和桑塔洛（Markarian & Santalo，2014）基于美国上市公司的数据，发现操控性应计利润的绝对值与经过行业调整的盈利能力显著负相关，他们认为这是因为当公司报告的业绩较同行业竞争者较差时，公司会在股票市场上受到惩罚；苏达和哈纳达（Suda & Hanaeda，2008）发现，33.52%的日本公司很重视同行业内其他公司的盈余，并将其作为本公司的目标盈余。而现有研究也发现，达到目标盈余是许多公司从事盈余管理的主要动机。现有文献还发现，一些公司把行业平均盈利能力作为决定高管薪酬和高管更换的基准（Antle & Smith，1986；DeFond & Park，1999；Otomasa，2004）。例如，安特尔和斯密斯（Antle & Smith，1986）证明，管理者薪酬根据业绩相对行业平均 ROA 决定；而帕里诺（Parrino，1997）发现，一般来说，CEO 被迫离职的公司 ROA 低于行业平均 ROA。由于公司战略偏离行业常规，导致异常战略的公司业绩偏离行业平均水平（Tang et al.，2011），因此，本书预期战略差异会诱发盈余管理，尤其是当公司业绩不佳时。综上所述，战略差异为企业盈余管理提供了动机。

## 三、战略差异与盈余管理条件

战略差异为盈余管理提供了便利。由于盈余管理导致财务报告不能真实刻画企业当期业绩，无论是投资者、债权人还是监管部门，都不愿意接受企业的盈余管理行为，尤其是恶意的盈余管理更是遭受利益相关者的抵制。一旦盈余管理被发现，会导致股价下跌甚至引发崩盘，管理层不仅会声誉受损，而且可能引发诉讼风险。因此，企业从事盈余管理是有成本的，并且外部监管力度越大，盈余管理被发现的概率越高，盈余管理的成本也越高。因此，企业管理层会权衡盈余管理的收益和风险，只有在收益大于成本时，企业才会从事盈余管理。正如斯泰因（Stein，1989）所言，企业从事盈余管理是以盈余管理是否被识别为前提的。如果企业管理者预期那些利益相关者不可能识别企业的盈余管理，或者至少有一部分利益相关者不能识别盈余管理时，企业就会从事盈余管理；同理，如果企业管理者拥有了外部利益相关者根本无法获取的信息，以致盈余管理不可能被外界识别时，也会发生盈余管理。由于信息不对程度越高，盈余管理被发现的概率越低，企业管理者从事盈余管理的积极性也就越高，反之，如果企业的信息透明度较高，盈余管理很容易被发现，理智的管理者就不会轻易冒险从事盈余管理。因此，企业与外部利益相关者的信息不对称程度对盈余管理有重要影响。由于战略差异加剧信息不对称程度（Carpent，2000），因此，我们有理由认为战略差异为盈余管理提供了便利。基于以上分析，本章提出研究假说如下。

H3 -1：在其他条件不变的情况下，企业的战略差异越大，盈余管理程度越高。

## 第二节　战略差异与盈余管理研究设计

本节利用中国上市公司的数据，借鉴已有的文献，采用多元回归分析，实证检验本章假说是否成立。

### 一、样本选择

初始样本为2003~2017年全部A股上市公司，数据来自CSMA数据库。本书按照如下原则对样本进行了处理。（1）剔除金融类上市公司；（2）剔除公司数目（每年）不足15家的行业；（3）剔除相关数据缺失样本。最终获得14 261个样本。为了避免异常值的影响，对所有连续变量进行了1%及99%的水平上进行了Winsorize缩尾处理。

### 二、变量定义

#### （一）战略差异

借鉴格莱特克尼奇和汉布瑞克（Geletkanycz & Hambrick，1997）以及汤等（2011）等的研究，本节按照如下步骤计算了战略差异指标（SD）。

首先，由于企业的资源配置体现了其战略模式（Lyon et al.，2000），本节确立了6个指标反映企业战略决策的六个维度（包括广告强度、研发强度、资本密集度、固定资产更新程度、管理费用比率和财务杠杆）。这6个指标分别是销售费用/营业收入、无形资产净值/营业收入、固定资产/员工人数、固定资产净值/固定资产原值、管理费用/营业收入、（短期借款+长期借款+应付债券）/权益账面价值。其中，销售费用/营业收入衡量企业的广告和宣传投入；无形资产净值/营业收入度量企业的研发投入；固定资产/员工人数度量企业的资本密集度；固定资产净值/固定资产原值度量固定资产更新程度；广告强度、研发强度、厂房设备成新率和资本密集度是基本的资源配置，它反映了公司在营销、创新和资本扩张活动方面的战略和管理；管理费用/营业收入度量企业的管理费用投入，体现企业的费用结构；（短期借款+长期借款+应付债券）/权益账面价值则衡量企业的资产负债情况，代表企业的资本管理方式。选取这些指标的理由在于：（1）它们潜在地都由高管控制；（2）它们对公司绩效具有重要影响；（3）它们互补，每个指标集中于公司战略属性的一个重要而具体的方面；（4）它们便于数据采集并且同一行业内不同公司间可比性较强；（5）这些指标在以前的战略研究中都被应用过（Geletkanycz & Hambrick，1997）。

鉴于当前我国上市公司很少披露研发和广告费用，本节分别采用无形资产净值和销售费用替代研发和广告费用。在稳健性分析中，剔除了广告强度和研发强度这两个指标，结果基本不变。

其次，本节将各个企业这六个战略维度指标按照年度和行业进行标准化（每个指标减去平均值后除以标准差）并取绝对值。由此得到各个企业在每一个战略维度上偏离行业平均水平的程度。

最后，本节对每个公司标准化后的六个战略指标加总后除以6，得到公司战略差异指标SD。该指标越大，说明企业与同年度同行的公司战略差异越大。

该指标的优势在于：不仅能够从整体上反映企业在多个维度上的战略，而且反映的是企业在一系列行动中实际观察到的模式（Geletkanycz & Hambrick，1997）。

### （二）操控性应计利润

操控性应计利润是广为应用的衡量盈余管理的指标。因此，本节采用操控性应计利润衡量盈余管理。如果公司的操控性应计利润绝对值高，则公司更有可能操纵盈余。已有研究大多利用修正的 Jones 模型（Dechow et al.，1995）计算操控性应计利润（EM），但是卡萨里等（Kothari et al.，2005）指出，操控性应计利润衡量企业的盈余管理时应控制企业的盈利水平，故在修正的琼斯模型中增加了 ROA。在稳健性检验中本节采用了现有其他的操控性应计利润模型，结果基本不变。业绩匹配的修正的琼斯模型如下：

$$\frac{TA_{j,t}}{A_{j,t-1}}=\beta_0+\beta_1\frac{1}{A_{j,t-1}}+\beta_2\frac{(\Delta REV_{j,t}-\Delta AR_{j,t})}{A_{j,t-1}}+\beta_3\frac{PPE_{j,t}}{A_{j,t-1}}+\beta_4\frac{NI_{j,t}}{A_{j,t-1}}+\xi \quad (3-1)$$

其中，$TA_{j,t}$为总应计利润，等于流动资产增加额减去现金及现金等价物增加额，再减去流动负债增加额，加上一年内到期的长期负债增加额，减去折旧和摊销成本。$A_{j,t-1}$为 j 企业 t-1 期末总资产；$\Delta REV_{j,t}$为 j 企业第 t 期主营业务收入相对于 t-1 期的增加额；$\Delta AR_{j,t}$为 j 企业 t 期末应收账款减去 t-1 期末应收账款；$PPE_{j,t}$为 j 企业在 t 期末的固定资产价值；$NI_{j,t}$为 j 企业 t 年的净利润。而本文的盈余管理变量 $DA_{j,t}$为模型（3-1）的回归残差。

## 三、战略差异与盈余管理模型设计

检验 H3-1 的模型如下。模型（3-3）中，EM 为衡量盈余管理的指标，本节分别采用基于修正的琼斯模型的操控性应计利润（DA95）以及基于德乔和迪切夫（Dechow & Dichev，2002）的营运资本应计（DD）代替；SD 为战略差异指标。已有研究表明，公司规模（SIZE）、财务杠杆（LEV）、盈利能力（ROA）、公司成长性（MB）、当年是否亏损（LOSS）、“四大”审计（BIG4）、审计意见（AUDITOP）、再融资需求（FINANCING）、所有权性质（STATE）、前 5 大股东持股比例（TOP5）等，都是影响盈余管理的关键因素（李琦等，2011；陆瑶等，2017；He，2015；Roychowdhury，2006；Gul et al.，2003）。因此，本节选取上述变量作为控制变量。具体变量定义见表 3-1。根据 H3-1，SD 的系数 $\beta_1$ 应显著为正（负），为了避免多重共线性，本节没有控制行业和年度①。

$$EM_{i,t}=\beta_0+\beta_1SD_{i,t}+\beta_2BIG4_{i,t}+\beta_3SIZE_{i,t}+\beta_4MB_{i,t}+\beta_5LEV_{i,t}+\beta_6STATE_{i,t}+\beta_7ROA_{i,t}+\beta_8AUDITOP_{i,t}+\beta_9TOP_{5i,t}+\beta_{10}FINANCING_{i,t}+\beta_{11}LOSS_{i,t}+\varepsilon_{i,t} \quad (3-2)$$

① 在控制行业和年度以后，本文的结论依然成立

表 3-1 变量定义

| 变量名称 | 变量定义 |
|---|---|
| 公司规模（SIZE） | 期末总资产的自然对数 |
| 财务杠杆（LEV） | 期末总负债/期末总资产 |
| 盈利能力（ROA） | 净利润/期末总资产 |
| 公司成长性（MB） | (期末流通股市值+非流通股×每股净资产)/期末所有者权益的账面价值 |
| “四大”审计（BIG4） | 哑变量，如果审计单位属于“四大”会计师事务所，取值为1，否则为0 |
| 审计意见（OPINION） | 哑变量，如果审计意见为标准无保留审计意见，则取值为0，否则为1 |
| 当年是否亏损（LOSS） | 如果公司当年或前两年营业利润小于0，则取值为1，否则为0 |
| 再融资需求（FINANCING） | 如果资金需求大于0，取值为1，否则为0。其中资金需求=(期末总资产-期初总资产)/期初总资产 |
| 所有权性质（STATE） | 所有权性质，如果上市公司的最终控制人是国有企业，则取值为1，否则为0 |
| 盈余管理指标1（DA05） | 经过业绩修正的应计利润 |
| 盈余管理指标2（DA91） | 基于琼斯模型的应计利润 |
| 盈余管理指标3（DA95） | 基于修正的琼斯模型的应计利润 |
| 公司战略差异度（SD） | 战略差异度，具体计算参见下文说明 |

## 第三节 战略差异化与盈余管理实证结果

### 一、描述性统计与相关分析

#### （一）描述性统计

表3-2列示了主要变量的描述性统计结果。两个盈余管理指标DA95均值是0.090，最大值为0.510，最小值为0.000。战略差异指标SD均值为0.580，最大值和最小值分别为2.200和0.160，说明不同公司的战略差异程度存在较大差异，这也暗示着各公司在不同的战略指导下可能会呈现不同的行为特征。其他各变量的分布均在合理范围内。BIG4的均值为

0.060，说明我国绝大多数（94%）上市公司没有聘请“四大”事务所进行审计。LOSS的均值为0.120，表明我国上市公司平均有12%的公司当年亏损。ROA的均值是0.04，表明我国上市公司的总资产收益率平均为4%。LEV的平均值和中位数都是0.510，表明平均而言，样本公司的资产负债率高于50%。

### （二）相关分析

表3-3报告了主要变量的相关系数。SD与DA95的相关系数均正，且在1%水平显著，说明在不考虑其他因素影响时，战略差异程度较高的公司盈余管理概率更高，符合H3-1的预期。表3-3显示，成长性（MB）、资产负债率（LEV）、盈利能力（ROA）、审计意见（AUDITOP）、企业亏损（LOSS）、再融资需求（FINANCING），股权集中度（$H_5$）都在1%的水平与盈余管理正相关，而规模（SIZE）、所有权性质（STATE）和“四大”审计（BIG4）则在1%的水平与盈余管理显著负相关，结果与已有研究相符。至于战略差异与盈余管理的关系是否真的如此，还有待后续进行多变量回归检验。

**表3-2　　描述性统计**

| 变量 | N | 均值 | 中位数 | 标准差 | 最小值 | 最大值 |
|---|---|---|---|---|---|---|
| DA95 | 14 261 | 0.090 | 0.060 | 0.090 | 0.000 | 0.510 |
| SD | 14 261 | 0.580 | 0.490 | 0.350 | 0.160 | 2.200 |
| MB | 14 261 | 0.210 | 0.120 | 0.230 | 0.000 | 0.800 |
| SIZE | 14 261 | 22.150 | 22.040 | 1.350 | 12.310 | 28.510 |
| LEV | 14 261 | 0.510 | 0.510 | 0.210 | 0.080 | 1.140 |
| ROA | 14 261 | 0.040 | 0.030 | 0.080 | -0.210 | 0.390 |
| BIG4 | 14 261 | 0.060 | 0.000 | 0.240 | 0.000 | 1.000 |
| AUDITOP | 14 261 | 0.050 | 0.000 | 0.220 | 0.000 | 1.000 |
| LOSS | 14 261 | 0.120 | 0.000 | 0.330 | 0.000 | 1.000 |
| FINANCING | 14 261 | 0.570 | 1.000 | 0.500 | 0.000 | 1.000 |
| STATE | 14 261 | 0.530 | 1.000 | 0.500 | 0.000 | 1.000 |
| TOP5 | 14 261 | 49.870 | 49.960 | 15.030 | 18.590 | 86.440 |

**表 3－3　　　　相关分析**

| 变量 | DA95 | SD1 | MB | SIZE | LEV | ROA | BIG4 | AUDITOP | LOSS | FINANCING | STATE |
|---|---|---|---|---|---|---|---|---|---|---|---|
| DA95 | 1 | | | | | | | | | | |
| SD | 0. 148 *** | 1 | | | | | | | | | |
| MB | 0. 174 *** | －0. 019 ** | 1 | | | | | | | | |
| SIZE | －0. 107 *** | －0. 133 *** | －0. 100 *** | 1 | | | | | | | |
| LEV | 0. 045 *** | 0. 179 *** | －0. 004 | 0. 232 *** | 1 | | | | | | |
| ROA | 0. 127 *** | －0. 167 *** | 0. 159 *** | 0. 133 *** | －0. 315 *** | 1 | | | | | |
| BIG4 | －0. 060 *** | 0. 023 *** | －0. 019 ** | 0. 337 *** | 0. 036 *** | 0. 057 *** | 1 | | | | |
| AUDITOP | 0. 128 *** | 0. 283 *** | 0. 031 *** | －0. 233 *** | 0. 247 *** | －0. 246 *** | －0. 043 *** | 1 | | | |
| LOSS | 0. 059 *** | 0. 238 *** | －0. 031 *** | －0. 173 *** | 0. 219 *** | －0. 565 *** | －0. 049 *** | 0. 295 *** | 1 | | |
| FINANCING | 0. 166 *** | 0. 021 ** | 0. 083 *** | 0. 080 *** | 0. 178 *** | －0. 120 *** | －0. 037 *** | 0. 029 *** | 0. 174 *** | 1 | |
| STATE | －0. 107 *** | －0. 038 *** | －0. 061 *** | 0. 227 *** | 0. 148 *** | －0. 070 *** | 0. 102 *** | －0. 051 *** | 0. 004 | －0. 022 *** | 1 |
| TOP5 | 0. 036 *** | －0. 042 *** | 0. 319 *** | 0. 328 *** | 0. 013 | 0. 200 *** | 0. 191 *** | －0. 095 *** | －0. 114 *** | －0. 029 *** | 0. 167 *** |

注：变量定义见表 3－1。Δ、** 和 * 分别表示在 1%、5% 和 10% 水平显著。

## （三）单变量分析

在回归分析前，本节对主要变量进行了单变量分析。按照 SD 是否大于年度、行业中位数，将样本分为异常战略样本组（High_SD = 1）和普通战略样本组（High_SD = 0）的两组。表 3 – 4 报告了主要变量的组间差异检验结果：战略差异程度较低组 DA95 的均值为 0.081，小于异常战略样本组的 0.097，且该差异在 1% 水平显著。这些均与 H3 – 1 的预期一致。

从表 3 – 4 可以看出，除了成长性（MB）、再融资需求（FINANCING）、所有权性质（STATE）和股权集中度（$H_5$）这些变量在不同的战略差异组无显著差别外，其他变量都至少在 1% 的水平存在显著差异。这表明战略差异并不影响公司成长性、再融资需求和股权集中度；也表明公司战略并未随着公司所有权性质改变。表 3 – 4 还显示，公司规模越大，战略差异度越小；战略差异度越大，盈利能力越差，亏损的可能性越大，资产负债率（LEV）越高，再融资需求（FINANCING）越大，收到非标意见的可能性越大，聘请“四大”审计的概率也越高。鉴于其他影响盈余管理的因素在组间也存在显著差异，需要通过回归分析进一步控制其他因素的影响，以便结果更加可靠。

**表 3 – 4　　单变量 T 检验**

| 变量 | High_SD = 0 | | High_SD = 1 | | 差异 |
|---|---|---|---|---|---|
| Variables | G1（0） | Mean1 | G2（1） | Mean2 | MeanDiff |
| DA95 | 6 795 | 0.081 | 7 466 | 0.097 | –0.016*** |
| DA05 | 6 795 | 0.078 | 7 466 | 0.092 | –0.014*** |
| DA91 | 6 795 | 0.08 | 7 466 | 0.096 | –0.016*** |
| SD | 6 795 | 0.357 | 7 466 | 0.78 | –0.423*** |
| MB | 6 795 | 0.208 | 7 466 | 0.205 | 0.003 |
| SIZE | 6 795 | 22.23 | 7 466 | 22.08 | 0.157*** |
| LEV | 6 795 | 0.484 | 7 466 | 0.525 | –0.041*** |
| ROA | 6 795 | 0.049 | 7 466 | 0.034 | 0.014*** |
| BIG4 | 6 795 | 0.054 | 7 466 | 0.07 | –0.017*** |
| AUDITOP | 6 795 | 0.02 | 7 466 | 0.084 | –0.064*** |
| LOSS | 6 795 | 0.075 | 7 466 | 0.166 | –0.091*** |
| FINANCING | 6 795 | 0.564 | 7 466 | 0.574 | –0.01 |
| STATE | 6 795 | 0.53 | 7 466 | 0.522 | 0.008 |
| TOP5 | 6 795 | 49.85 | 7 466 | 49.89 | –0.041 |

注：变量定义见表 3 – 1。*** 、** 和 * 分别表示在 1%、5% 和 10% 水平显著。

## 二、战略差异与盈余管理回归分析

表3－5报告了H3－1的检验结果：第（1）列使用DA95作为盈余管理指标，发现SD的系数为0.041，在1%水平显著为正；第（2）列在第一列模型的基础上增加了控制变量，SD的系数为0.030，但依旧在1%水平显著为正。从控制变量看，SIZE、BIG4和STATE与盈余管理显著负相关，表明规模越大的公司、聘请国际"四大"事务所进行审计的公司和国有企业盈余管理越低。同时也表明，大公司受到的关注度高，从事盈余管理的成本较高，因而盈余管理程度较低；国际"四大"发挥了监督作用，能够有效抑制上市公司的盈余管理；与民营企业相比，国有企业更容易获取政府的支持，为了获取资源进行盈余管理的动机不强，这或许是国有企业与盈余管理负相关的潜在因素。与已有文献一致，MB、ROA、LEV、AUDITOP、LOSS和FINANCING与盈余管理显著正相关，表明公司不仅在资产负债率较高、亏损的情况下和有再融资需求的情况下，会更倾向于操纵财务报告，而且如果公司具有较高的成长性和较强的盈利能力，也有动机进行盈余管理。AUDITOP与盈余管理正相关，表明审计师一般情况下能够发现公司的盈余管理并出具非标意见。

总之，在控制其他因素后，战略差异程度与盈余管理呈正相关关系，说明随着战略差异程度的提高，公司盈余质量显著下降。故不能拒绝H3－1。

## 三、战略差异与盈余管理稳健性检验

为了提高检验结果的可靠性，本节还对上述研究结果进行了如下的稳健性检验：（1）用业绩匹配的操控性应计DA05和基于琼斯模型的操控性DA91作为操控性应计的度量指标。（2）考虑到我国没有披露研发和广告费用，采用无形资产和销售费用代替研发和广告费用可能存在误差，因而采用不考虑研发和广告费的战略差异指标（$SD_2$），代替SD进行检验。（3）采用研发投入占营业收入的比例取代无形资产占比重新计算战略差异（$SD_3$），代替SD进行检验。表3－5第（3）列至第（6）列报告了稳健性检验结果。由表3－5可知，SD与DA05的系数为0.026，并且在1%水平显著；SD与DA91的系数为0.030，并且在1%水平显著；$SD_2$与DA95的系数为0.026，也在1%水平显著；$SD_3$与DA95的系数为0.029，也在1%水平显著。这些结果表明，稳健性检验结果在所有的重要结论上均基本与前述保持一致，表明前述研究结果具有可靠性。

表 3－5 H3－1 的回归结果

| 变量 | (1) | (2) | (3) | (4) | (5) | (6) |
|---|---|---|---|---|---|---|
| | DA95 | DA95 | DA05 | DA91 | DA95 | DA95 |
| SD | 0.041 *** | 0.030 *** | 0.026 *** | 0.030 *** | | |
| | (10.89) | (9.59) | (9.16) | (9.56) | | |
| $SD_3$ | | | | | 0.029 *** | |
| | | | | | (5.77) | |
| $SD_2$ | | | | | | 0.026 *** |
| | | | | | | (9.20) |
| MB | | 0.059 *** | 0.053 *** | 0.057 *** | 0.075 *** | 0.059 *** |
| | | (11.73) | (10.95) | (11.22) | (10.22) | (11.73) |
| SIZE | | -0.010 *** | -0.009 *** | -0.010 *** | -0.011 *** | -0.011 *** |
| | | (-10.66) | (-10.00) | (-10.50) | (-8.46) | (-11.03) |
| LEV | | 0.030 *** | 0.024 *** | 0.030 *** | 0.030 *** | 0.028 *** |
| | | (5.33) | (4.50) | (5.50) | (3.63) | (4.99) |
| ROA | | 0.304 *** | 0.298 *** | 0.293 *** | 0.340 *** | 0.304 *** |
| | | (14.91) | (15.37) | (14.59) | (10.95) | (14.92) |
| BIG4 | | -0.006 * | -0.002 | -0.006 * | -0.005 | -0.005 |
| | | (-1.78) | (-0.77) | (-1.78) | (-1.25) | (-1.47) |
| AUDITOP | | 0.033 *** | 0.021 *** | 0.031 *** | 0.023 *** | 0.033 *** |
| | | (6.37) | (4.55) | (6.16) | (2.87) | (6.34) |

续表

| 变量 | (1) | (2) | (3) | (4) | (5) | (6) |
|---|---|---|---|---|---|---|
| | DA95 | DA95 | DA05 | DA91 | DA95 | DA95 |
| LOSS | | 0.027 *** | 0.017 *** | 0.025 *** | 0.029 *** | 0.027 *** |
| | | (8.78) | (5.64) | (8.18) | (6.69) | (8.78) |
| FINANCING | | 0.030 *** | 0.027 *** | 0.029 *** | 0.031 *** | 0.029 *** |
| | | (18.15) | (17.85) | (17.88) | (14.42) | (18.03) |
| STATE | | −0.006 *** | −0.005 *** | −0.006 *** | −0.002 | −0.006 *** |
| | | (−3.09) | (−2.74) | (−3.10) | (−0.72) | (−3.28) |
| TOP5 | | 0.000 | 0.000 | 0.000 | 0.000 *** | 0.000 * |
| | | (1.64) | (0.14) | (1.60) | (2.63) | (1.69) |
| Constant | 0.057 *** | 0.200 *** | 0.181 *** | 0.199 *** | 0.252 *** | 0.213 *** |
| | (4.93) | (9.37) | (8.96) | (9.50) | (9.42) | (10.04) |
| Sigma_Constant | 0.092 *** | 0.087 *** | 0.082 *** | 0.086 *** | 0.082 *** | 0.087 *** |
| | (72.58) | (77.43) | (78.42) | (77.52) | (56.40) | (77.55) |
| Industry | yes | yes | yes | yes | yes | yes |
| Year | yes | yes | yes | yes | yes | yes |
| N | 14 261 | 14 261 | 14 261 | 14 261 | 6 593 | 14 261 |
| Log pseudolikelihood | 13 775.587 | 14 662.191 | 15 399.763 | 14 759.441 | 7 164.4668 | 14 658.61 |

注：变量定义见表3－1。***、** 和 * 分别表示在1%、5%和10%水平显著；括号中是t值，标准误差经公司聚类和异方差调整。

## 四、战略差异与盈余管理内生性检验

（1）差分模型检验。为了避免遗漏变量引起的内生性问题，本节采用差分模型对主要结论进行了重新检验，所得结果见表3-6第（4）列。表3-6显示：SD与DA95的系数为0.022，并且在1%水平显著为正，虽然差分模型回归结果SD的系数相比托比特（Tobit）回归结果有所下降，但是依然在1%水平显著为正。此外，表3-6第（3）列显示，SD的一阶滞后项与DA95显著正相关。这表明，在控制遗漏变量的影响以后，前述研究结论依然成立，即战略差异与盈余管理的正相关关系不受遗漏变量的影响。

（2）两阶段回归。本节采用上市公司注册地所属省份年度内战略差异的均值（ASD）作为工具变量，进行了两阶段回归，结果见表3-6第（1）列和第（2）列，结果显示，SD与ASD显著正相关，并且在使用工具变量的情况下，SD仍然与DA95在1%水平显著正相关。

**表3-6　内生性处理结果**

| 变量 | (1) | (2) | (3) | 变量 | (4) |
|---|---|---|---|---|---|
| | SD | DA95 | DA95 | | D. DA95 |
| ASD | 0.379***<br>(6.60) | | | D. SD | 0.022***<br>(2.98) |
| SD | | 0.064***<br>(2.91) | | | |
| L. SD | | | 0.027***<br>(7.25) | | |
| MB | 0.033<br>(1.32) | 0.058***<br>(13.41) | 0.061***<br>(11.11) | D. MB | 0.073***<br>(6.65) |
| SIZE | -0.040***<br>(-6.44) | -0.009***<br>(-7.80) | -0.010***<br>(-9.92) | D. SIZE | 0.051***<br>(6.89) |
| LEV | 0.266***<br>(7.04) | 0.021***<br>(2.90) | 0.031***<br>(5.03) | D. LEV | -0.037*<br>(-1.75) |
| ROA | 0.034<br>(0.45) | 0.302***<br>(24.35) | 0.301***<br>(13.28) | D. ROA | 0.142***<br>(4.56) |
| BIG4 | 0.122***<br>(4.71) | -0.010**<br>(-2.27) | -0.006*<br>(-1.95) | D. BIG4 | 0.006<br>(0.49) |
| AUDITOP | 0.266***<br>(7.78) | 0.024***<br>(3.41) | 0.030***<br>(5.24) | D. AUDITOP | 0.005<br>(0.61) |
| LOSS | 0.147***<br>(9.71) | 0.022***<br>(5.03) | 0.030***<br>(8.84) | D. LOSS | 0.014***<br>(3.35) |

续表

| 变量 | (1) | (2) | (3) | 变量 | (4) |
|---|---|---|---|---|---|
| | SD | DA95 | DA95 | | D. DA95 |
| FINANCING | -0.012 *<br>(-1.93) | 0.030 ***<br>(19.08) | 0.030 ***<br>(16.88) | D. FINANCING | 0.022 ***<br>(9.53) |
| STATE | -0.018<br>(-1.52) | -0.006 ***<br>(-3.44) | -0.007 ***<br>(-3.22) | D. STATE | -0.017 *<br>(-1.78) |
| TOP5 | 0.000<br>(1.24) | 0.000<br>(1.58) | 0.000 *<br>(1.75) | D. $TOP_5$ | 0.001 ***<br>(3.16) |
| Constant | 1.184 ***<br>(8.48) | 0.147 ***<br>(4.03) | 0.240 ***<br>(10.79) | | -0.010<br>(-1.39) |
| Sigma _Cons | | | 0.086 ***<br>(72.27) | | 0.116 ***<br>(61.12) |
| N | 14 231 | 14 231 | 12 151 | | 12 151 |
| Adj. $R^2$/ Log pseudolikelihood<br>Wald $chi^2$ (41) | 0.191 | 2 473.75 | 12 520.183 | | 516.573 22 |

注：变量定义见表3-1。***、**和*分别表示在1%、5%和10%水平显著；括号中是t值，标准误差经公司聚类和异方差调整。

## 五、高管变更的影响

巴克（Barker，2001）研究发现，高管团队变动程度越大，公司越倾向于在竞争战略、公司结构和控制方面发生大的变革。现有研究也表明，高管变更与盈余管理正相关。例如，杜兴强和周泽将（2009）以2001～2006年的我国A股公司为样本，检验了高管变更对盈余管理的影响，研究发现，在控制其他因素后，高管变更与负向盈余管理在1%的水平显著正相关。因此，战略差异与盈余管理的关系可能内生于高管变更，即可能是高管变更同时引起了战略差异和盈余管理，而不是因为战略差异导致盈余管理。为了解决该问题，本节以高管未发生变更的公司为样本，对战略差异与盈余管理的关系进行了进一步检验。检验结果见表3-7第（1）列。表3-7显示，即使在高管未发生变更的样本公司，战略差异与盈余管理依然在1%的水平显著正相关，表明战略差异与盈余管理之间的正相关关系不受高管是否变更的影响。

## 六、公司亏损的影响

已有研究认为，公司业绩会影响企业的战略。伯克尔（Boeker，1997）

研究了 67 个半导体生产商 14 年的战略情况，发现公司过去的业绩越优秀，越不会改变战略。在一个无线广播行业的研究中，格雷夫（Greve，1998）也有类似的发现，他发现随着公司业绩的上升，战略发生改变的概率下降。

表 3－4 显示，高战略差异样本组的亏损公司均值（0.166）显著高于低战略差异样本组（0.088），战略差异与盈余管理的正相关关系会不会是内生于公司的不良业绩？即公司由于亏损才采取异常战略而不是异常战略导致亏损从而引起盈余管理，导致盈余管理上升？尽管前述控制了亏损，为使结论可靠，需要进一步控制公司亏损的影响，为此，本节剔除了亏损公司，对前述结论重新进行了检验。检验结果见表 3－7 第（2）列。表 3－7，非亏损样本组 SD 的系数为 0.026，并且在 1% 的水平显著为正，表明战略差异对盈余管理的影响并非内生于公司亏损。

**表 3－7　内生性处理结果**

| 变量 | (1) | (2) |
|---|---|---|
| | DA95 | DA95 |
| SD | 0.029***<br>(8.32) | 0.026***<br>(7.28) |
| MB | 0.045***<br>(8.13) | 0.053***<br>(10.20) |
| SIZE | −0.010***<br>(−8.96) | −0.009***<br>(−9.29) |
| LEV | 0.028***<br>(4.43) | 0.028***<br>(4.73) |
| ROA | 0.280***<br>(12.31) | 0.390***<br>(17.44) |
| BIG4 | −0.005<br>(−1.61) | −0.008**<br>(−2.34) |
| AUDITOP | 0.034***<br>(5.49) | 0.017***<br>(2.74) |
| LOSS | 0.024***<br>(7.37) | |
| FINANCING | 0.027***<br>(15.49) | 0.031***<br>(19.18) |
| STATE | −0.007***<br>(−3.27) | −0.003<br>(−1.59) |
| TOP5 | 0.000<br>(1.30) | 0.000<br>(0.46) |
| Constant | 0.196***<br>(8.34) | 0.182***<br>(8.14) |

续表

| 变量 | (1) | (2) |
|---|---|---|
| | DA95 | DA95 |
| Industry | yes | yes |
| Year | yes | yes |
| sigma _cons | 0.083 *** (68.49) | 0.084 *** (73.65) |
| N | 11 235 | 12 513 |
| Log pseudolikelihood | 12 081.849 | 13 185.07 |

注：变量定义见表3-1。***、** 和 * 分别表示在1%、5%和10%水平显著；括号中是t值，标准误差经公司聚类和异方差调整。

前述分别采用基于琼斯模型的操控性应计利润和营运资本应计利润指标衡量盈余管理，为了研究结论的可靠性，下面采用盈余持续性和审计意见进一步验证前述的结论，并考察了分析师跟踪人数的影响，最后进行了一些稳健性检验。

## 七、盈余持续性

许多学者倾向于采用盈余持续性衡量盈余管理。所谓盈余持续性，是指盈余的时间序列相关性，即当期盈余持续到未来一期的程度（Sloan，1996；Richardson et al.，2005）。一般认为，盈余持续性越高，盈余质量越好，盈余管理的可能性较低。例如，理查森（Richardson，2003）认为，应计项目持续性越好，盈余质量越高。程等（Cheng et al.，1996）研究发现，盈余持续性越低的公司，其盈余的信息含量也越低。基于此，本节把盈余持续性作为衡量盈余质量的另一个指标。借鉴肖华和张国清（2013）的研究，本节采用模型（3-3）衡量盈余持续性。

$$Earn_{i,t+1} = \alpha_0 + \alpha_1 Earn_{i,t} + \alpha_2 Earn_{i,t} \times SD_{i,t} + \alpha_3 SD_{i,t} + Year + \varepsilon_{i,t} \quad (3-3)$$

其中，Earn 表示报告盈余。用两个会计指标衡量盈余，它们分别是主营盈余资产收益率（CROA=营业利润/期末总资产）、资产收益率（ROA=净利润/期末总资产）；SD 表示战略差异，具体衡量方法同上。为考察战略差异对盈余持续性的影响，采用交互项（$Earn_{i,t} \times SD_{i,t}$），根据 H3-1，预测战略差异更高的公司与较低的盈余持续性相联系，因此，预期 $\alpha_2$ 显著为负；Year 为控制时间固定效应的年度哑变量。回归结果见表3-10。

由表3-8第（1）列可知，当期的战略差异 SD 与盈余的交互项 $CROA_t \times SD_t$ 与下期盈余 $CROA_{t+1}$ 在1%的水平显著负相关；由表3-8的第

(2) 列可知，当期战略差异 SD 与当期盈余的交互项 $ROA_t \times SD_t$ 与未来期间的盈余 $ROA_{t+1}$ 也在 1% 水平显著负相关。这表明，公司的战略差异越大，盈余持续性就越低，支持了 H3-1。

**表 3-8　　战略差异与盈余持续性**

| 变量 | (1) | (2) |
|---|---|---|
| | $CROA_{t+1}$ | $ROA_{t+1}$ |
| $CROA_t$ | 0.734***<br>(26.88) | |
| $SD_t$ | -0.005**<br>(-2.01) | 0.005*<br>(1.66) |
| $CROA_t \times SD_t$ | -0.170***<br>(-4.42) | |
| $ROA_t$ | | 0.644***<br>(20.84) |
| $ROA_t \times SD_t$ | | -0.298***<br>(-7.12) |
| Constant | -0.007<br>(-0.86) | -0.010<br>(-1.05) |
| Industry | yes | yes |
| Year | yes | yes |
| N | 12 151 | 12 151 |
| Adj. $R^2$ | 0.401 | 0.229 |

注：变量定义见表 3-1。***、** 和 * 分别表示在 1%、5% 和 10% 水平显著；括号中是 t 值，标准误差经公司聚类和异方差调整。

## 八、战略差异与审计意见

已有文献发现，非标审计意见与上市公司的盈余管理显著正相关（Francis & Krishnan，1999；Chen et al.，2001）。基于此，本节采用审计意见（AUDITOP）作为盈余质量的另一个代理指标。如果上市公司被出具标准无保留审计意见，认为其盈余质量较高；否则，认为其存在盈余管理现象，盈余质量较低。此外，借鉴已有研究（吕敏康和刘拯，2015）本节还控制了应收账款占比（RCE，应收账款/期末总资产），存货占比（INV，存货/期末总资产），流动资产负债率（CR，流动资产/流动负债），规模（SIZE），盈利能力（ROA），财务杠杆（LEV），“四大”审计（BIG4），上期审计意见（LOP），当期是否亏损（LOSS）。具体见模型（3-4）。回归结果见表 3-9。

$$AUDITOP_{i,t} = a_0 + a_1 SD_{i,t} + a_2 SIZE_{i,t} + a_3 RCE_{i,t} + a_4 INV_{i,t} + a_5 LEV_{i,t} + a_6 CR_{i,t} + a_7 ROA_{i,t} + a_8 BIG4_{i,t} + a_9 Lop_{i,t} + a_{10} LOSS_{i,t} + Industry + Year + \varepsilon \quad (3-4)$$

由表3-9第（1）列可知，在没考虑其他因素，仅控制行业和年度的情况下，战略差异与非标审计意见显著正相关。表3-9第（2）列显示，在加入控制变量以后，战略差异SD的系数下降了，但是依然在1%水平与非标审计意见显著正相关。这表明战略差异越大的公司，其财务报告被出具非标意见的可能性越大。

**表3-9　　　　战略差异与审计意见**

| 变量 | (1) | (2) |
|---|---|---|
| | AUDITOP | AUDITOP |
| SD | 1.893 ***<br>(18.37) | 0.672 ***<br>(5.10) |
| BIG4 | | -0.507<br>(-1.08) |
| SIZE | | -0.476 ***<br>(-9.71) |
| LEV | | 2.093 ***<br>(7.55) |
| ROA | | -0.001<br>(-0.41) |
| L. AUDITOP | | 3.657 ***<br>(30.80) |
| CR | | 0.060 ***<br>(2.82) |
| INV | | -1.000 **<br>(-2.49) |
| REC | | -0.569<br>(-0.89) |
| LOSS | | 0.550 ***<br>(3.58) |
| Cons | -4.108 ***<br>(-41.71) | 5.646 ***<br>(4.98) |
| Industry | Yes | Yes |
| Year | Yes | Yes |
| N | 16 145 | 13 825 |
| Pseudo $R^2$ | 0.112 8 | 0.506 8 |

注：变量定义见表3-1。***、** 和 * 分别表示在1%、5%和10%水平显著；括号中是t值，标准误差经公司聚类和异方差调整。

# 第四节　进一步分析

## 一、战略差异、所有权性质与盈余管理

前述分析表明，融资需求、业绩平滑是企业从事盈余管理的主要动机，而战略差异导致企业融资需求和业绩平滑的动机增强。不同所有制形式的公司，其融资需求和业绩平滑的动机存在差异。就国有企业而言，其具有天然的优势，受到政府支持的力度相比民营企业要大，由于政府的隐性担保，国有企业相对民营企业具有债务融资的便利性（方军雄，2007）。同时，国有企业也更容易获取政府补贴、税收返还等各种形式的直接支持。因此，与民营企业相比，国有企业为了融资需求进行盈余管理的动机相对较弱。

另外，由于国有企业承担更多就业、社会稳定等社会责任，财务绩效在国企高管业绩考核中的重要性相对民营企业要差，因而国企高管出于薪酬或者职位安全考虑而从事盈余管理的动机较民营企业要弱。因此，我们预期战略差异对盈余管理的影响在国有企业要比在民营企业弱。表 3 – 10 第（1）列列示了所有权性质的调节效应。由表 3 – 10 可知，所有权性质与战略差异的交互项 STATE × SD 与 DA95 在 5% 的水平显著负相关，表明在国有企业中战略差异对盈余管理的促进作用减弱。

表 3 – 10　　所有权性质和机构投资者的调节效应

| 变量 | (1) | (2) |
|---|---|---|
| | DA95 | DA95 |
| SD | 0.036 ***<br>(7.42) | 0.034 ***<br>(8.22) |
| INST × SD | | 0.000 *<br>( –1.83) |
| STATE × SD | –0.012 **<br>( –1.98) | |
| INST | | 0.000 **<br>(2.06) |
| STATE | 0.001<br>(0.32) | –0.006 ***<br>( –3.00) |
| MB | 0.060 ***<br>(11.78) | 0.059 ***<br>(11.02) |

续表

| 变量 | (1) | (2) |
|---|---|---|
| | DA95 | DA95 |
| SIZE | −0.010 *** <br>( −10.53) | −0.010 *** <br>( −9.66) |
| LEV | 0.030 *** <br>(5.32) | 0.029 *** <br>(4.73) |
| ROA | 0.302 *** <br>(14.82) | 0.306 *** <br>(14.33) |
| BIG4 | −0.006 * <br>( −1.79) | −0.005 <br>( −1.62) |
| AUDITOP | 0.033 *** <br>(6.32) | 0.032 *** <br>(5.46) |
| LOSS | 0.027 *** <br>(8.77) | 0.025 *** <br>(7.86) |
| FINANCING | 0.030 *** <br>(18.13) | 0.031 *** <br>(18.32) |
| TOP5 | 0.000 * <br>(1.65) | 0.000 <br>(1.45) |
| INST | | 0.000 ** <br>(2.06) |
| Constant | 0.195 *** <br>(9.09) | 0.200 *** <br>(8.53) |
| Industry | yes | yes |
| Year | yes | yes |
| Sigma _Cons | 0.087 *** <br>(77.63) | 0.086 *** <br>(74.32) |
| N | 14 261 | 12 979 |
| Log pseudolikelihood | 14 666.247 | 13 475.104 |

注：变量定义见表 3 – 1。*** 、** 和 * 分别表示在 1% 、5% 和 10% 水平显著；括号中是 t 值，标准误差经公司聚类和异方差调整。

## 二、战略差异、机构投资者持股与盈余管理

机构投资者由于持股比例较高，并且拥有更专业的队伍，因此，他们有动机和能力监督企业，进而抑制企业的盈余管理活动。但是，随着持股比例的增加，或者由于与被投资单位存在商业联系，机构投资者也有可能放纵被投资单位管理层的机会主义行为，甚至与被投资单位管理层合谋掠夺企业财富，损坏小股东的利益（汪玉兰和易朝辉，2017）。因此，机构投资者对企业盈余管理行为可能存在正向或负向调节效应。表 3 – 10 第（2）列列示了机构投资者的调节效应。由表 3 – 10 可知，机构投资者持股

比例与战略差异的交互项 INST × SD 与 DA95 在 10% 的水平显著负相关，但是系数比较小，表明机构投资者能够在一定程度上发挥监督作用，抑制战略异常公司的盈余管理行为，但是影响比较微弱。

## 本章小结

本章以 2003 ~2017 年 A 股上市公司为样本，研究了战略差异对操控性应计利润的影响。研究发现，战略差异度与操控性应计利润显著正相关，与盈余持续性显著负相关。研究还发现，战略差异度越大的企业，获得非标意见的概率越大。本章的结论在考虑了内生性问题后依然成立。进一步的研究发现，战略差异度与盈余管理的这种正相关关系随着分析师跟踪人数的增加而有所下降。这一结果与信息不对称假说一致，表明战略差异度越大，公司的信息不对程度越强，从而盈余管理被发现的概率就越低，公司就更倾向于从事盈余管理。

本章有以下几点贡献：首先，建立了战略差异盈余质量之间的直接联系，表明公司与同行间的战略差异程度对公司的信息披露策略产生重大影响。其次，证明了信息不对称对盈余管理的促进作用，并把它延伸到战略差异方面。最后，本章的研究丰富了战略后果的文献。本章的发现拓展了宾利等（2013）关于公司战略模式影响盈余管理的研究，从一个全新的角度为迪切夫等（2013）的研究结论提供了经验证据。虽然与宾利等（2013）和孙健等（2016）的研究相关，但本章的研究与宾利等（2013）和孙健等（2016）的研究存在截然不同之处：首先，研究视角不同。尽管都是从差异角度考察公司战略对盈余质量的影响，但是宾利等（2013）和孙健等（2016）立足于企业自身的战略定位，侧重于公司在产品或服务方面与同业竞争对手的差异，本章则强调公司战略与行业常规模式的偏离程度，考察的是公司战略在行业内的定位。其次，指标计算方法不同。宾利等（2013）的战略指标参考的是迈尔斯和斯诺（1978）的研究，本章则依据格莱特克尼奇和汉布瑞克（1997）的研究，二者不仅在指标的选取上存在差异，在计算方法上也截然不同。本章通过证明公司的盈余管理程度取决于战略偏离行业常规模式的程度，补充了上述研究。

# 第四章
# 企业战略差异与盈余管理方式

第三章的研究表明，企业战略差异导致盈余管理的发生，即资源配置偏离行业常规模式幅度越大，企业从事盈余管理的概率越高。现有研究表明，企业可以通过应计项目盈余管理或真实活动盈余管理两种方式进行盈余管理，不同的盈余管理方式的隐蔽程度不同，对企业价值的不利影响程度也不同。那么，企业资源配置模式是否影响企业的盈余管理方式？怎样影响？现有研究没有给出答案，而对这些问题的回答不仅有助于丰富现有关于盈余管理方式的文献，也有利于实务界更好地监测企业盈余管理行为。为此，本章拟对这一问题进行探索。

## 第一节　理论分析与研究假设

本节基于信息不对称理论与成本收益理论分析战略差异对企业盈余管理行为方式的影响。限于数据的可得性，本章仅研究应计项目盈余管理与真实活动盈余管理。

### 一、战略差异与盈余管理行为选择

企业在进行盈余管理决策时会综合考虑各种盈余管理行为的成本和收益（Zang，2012）。根据前述文献回顾可知，与应计项目盈余管理相比，真实活动盈余管理对企业价值的损害更大，在不考虑其他因素的情况下，企业管理层应首选应计项目盈余管理行为。然而，真实活动盈余管理的优点是更为隐蔽，不易引起审计师和监管部门的监督和审查，毕竟外部投资者很难将真实活动盈余管理和企业正常的商业决策进行区分。例如，当企业为了操控盈余而削减广告费用时，投资者很难了解该决策究竟是出于盈余管理动机，还是因为外部竞争环境发生变化，从而需要削减广告费用。相比之下，应计项目盈余管理更容易被识别。因为应计项目盈余管理通常会引起经营活动现金流量与会计利润之间出现异常大的差异。当应计利润高的时候，会计利润往往会远高于经营活动现金流量，从而引起投资者、审计师和监管部门的注意和审查。一旦盈余管理被揭露，企业不仅会收到非标审计意见，而且可能受到证监会的处罚并引起投资者的不满，愤怒的投资者不仅会“用脚投票”，甚至会起诉公司管理层。哈札里卡等（Hazarika et al.，2012）的研究表明，盈余管理增大了CEO被迫离职的概率。丑闻曝光对企业以及管理层的打击巨大甚至是致命的。因此，尽管应计项目盈余管理对企业价值的不利影响较小，理性的企业管理层也会基于其被发现的可能性，在真实活动盈余管理的不利后果与应计项目盈余管理处罚成本期望值之间进行权衡，审慎地选择盈余管理方式。

现有研究表明，随着会计监管和处罚力度的加大，企业管理层更加注重盈余管理行为的隐蔽性（Ewert & Wagenhofer，2005；Cohen et al.，2008）。因此，在盈余管理被发现的概率较高时，企业管理层倾向于选择比较隐蔽的盈余管理行为——真实活动盈余管理；而在盈余管理被发现的概率较低时，企业管理层则可能选择对企业价值不利影响较小的应计项目盈余管理。信息不对称程度越高，企业从事盈余管理越不容易被发现。因此，当信息不对称程度较高时，企业更有可能选择低成本的应计项目盈余管理；当信息不对称程度较低时，企业则倾向于选择高成本、但更为隐秘的真实活动盈余管理。

根据第三章的分析，我们知道，当公司战略偏离行业常规模式时，一方面会导致企业业绩偏离行业平均水平（Tang et al.，2011），另一方面会导致利益相关者难以理解和评估企业经营决策模式，从而不能依据经验或常识对企业的经营活动和绩效做出正确的评判（Carpenter，2000）。这意味着当企业资源配置模式偏离行业常规时，加剧了企业与外部利益相关者的信息不对称。因此，当企业战略差异越大时，企业通过应计项目操控盈余被发现的可能性越低，企业更有可能借助应计项目来操控盈余，相应地，较少采用高成本的真实活动来操纵盈余。基于以上分析，本章提出研究假说如下。

H4－1a：其他条件不变，相对于战略差异较小的公司，战略差异较大的公司更有可能采取应计项目盈余管理。

H4－1b：其他条件不变，相对于战略差异较小的公司，战略差异较大的公司更少采取真实活动盈余管理。

### 二、“四大”审计、战略差异与盈余管理

大量的文献表明，高质量审计能够缓解客户公司与外部利益相关者之间的信息不对称。例如，经“六大”审计的公司，具有较低的操控应计利润（Becker et al.，1998；Francis et al.，1999；Krishnan，2003）；雷诺斯和皮特曼（Lennox & Pittman，2010）发现，聘请“五大”进行审计的公司，较少发生会计欺诈和违规；金姆等（2003）发现，经“六大”审计的公司，财务报告比较稳健，倾向于更及时地披露业绩不良的信息；邓恩和梅休（Dunn & Mayhew，2004）发现，审计师行业专长与客户的信息披露质量显著正相关；贝恩等（Behn et al.，2008）发现，经具有行业专长的审计师审计的公司，其分析师盈余预测准确性更高。由于高质量审计降低了信息不对称，此时企业的应计项目盈余管理更容易被发现，因此，在国际“四大”审计的企业中，应计项目盈余管理程度将减少。基于此，本章预期国际“四大”事务所审计能够缓解战略差异对信息不对称问题的不利影响，从而战略差异对应计项目盈余管理的促进作用将得到抑制。由此，本章提出研究假说如下。

H4－2：相对于非国际“四大”审计的公司，在国际“四大”审计的公司中，战略差异与应计项目盈余管理之间的相关关系将减弱。

## 第二节　战略差异与盈余管理方式研究设计

前述的推论认为，战略差异可能导致应计项目盈余管理上升，真实活动盈余管理下降。具体实际情况是否如此，还需要经验证据。为此，本章采用我国上市公司的数据对这一假说进行检验。本节主要包括变量说明、模型设计以及样本选择及描述性统计。

### 一、变量说明

#### （一）应计项目盈余管理的测算

为了测算操控性应计盈余，先计算出各企业每年的总应计盈余，然后

基于修正的Jones模型估计出非操控性应计盈余，总应计盈余与非操控性应计盈余的差额，即为操控性应计盈余。

本节基于资产负债表法计算总应计盈余，具体计算公式如下：

$$CACC_{i,t} = (\Delta CA_{i,t} - \Delta CASH_{i,t}) - (\Delta CL_{i,t} - \Delta CLD_{i,t}) - \Delta DEP_{i,t} \quad (4-1)$$

其中，CACC为总应计盈余，ΔCA为流动资产年度变化额，ΔCASH为现金及现金等价物年度变化额，ΔCL为流动负债年度变化额，ΔCLD为一年内到期的长期负债年度变化额，ΔDEP为当年计提的折旧和摊销。

永（Young，1999）和德乔等（1995）的研究证明，基于行业分类的横截面修正琼斯模型估计操控性应计盈余准确性较高。因此，本节也采用横截面修正的琼斯模型分行业回归估计操控性应计盈余。模型如下：

$$\frac{CACC_t}{TA_{t-1}} = \alpha_0 \frac{1}{TA_{t-1}} + \alpha_1 \frac{\Delta SALES_t - \Delta AR_t}{TA_{t-1}} + \beta_0 \frac{PPE_t}{TA_{t-1}} + \zeta_t \quad (4-2)$$

其中，ΔSALES为营业收入的年度变化额；TA为企业期初总资产；PPE为固定资产原值；ΔAR为应收账款变化额。本章分年度分行业估计模型（4-2），模型的拟合值即为非操控性应计盈余NDA，其残差 $\zeta_t$ 即为操控性应计盈余。

$$NDA_t = \alpha_0 \frac{1}{TA_{t-1}} + \alpha_1 \frac{\Delta SALES_t - \Delta AR_t}{TA_{t-1}} + \beta_0 \frac{PPE_t}{TA_{t-1}} \quad (4-3)$$

相应地，操控性应计盈余（DA）可通过下式获得：

$$DA_t = \frac{CACC_t}{TA_{t-1}} - NDA_t \quad (4-4)$$

### （二）真实活动盈余管理的测算

借鉴罗伊乔杜里（2006）的做法，本章从三个维度衡量企业的真实活动盈余管理：销售操控，生产操控和酌量性费用操控。销售操控是通过加大价格折扣或更宽松的信用条件来增加当期销售收入。生产操控是通过增加产量，降低单位产量固定成本，进而导致单位销货成本下降和报表中的营业毛利上升。酌量性费用操控是通过削减广告费用、研发费用和一般性管理费来减少费用。

（1）销售操控估计模型。正常的经营活动现金流量是当期销售收入和收入变化的线性函数；而价格折扣或更宽松的信用条款会提高当期销售收入，但是并不会增加当期的经营活动现金流量，从而导致当期的实际现金流量低于按照当期销售收入估算出来的预计现金流量。为此，本章分年度分行业按照模型4-5进行回归并求出其残差，记为EM_CFO。该残差越小，意味着当期实际现金流量低于预计现金流的幅度越大，从而越有可能存在正向的销售操控。

$$\frac{CFO_{i,t}}{TA_{i,t-1}}=\alpha_0+\alpha_1\frac{1}{TA_{i,t-1}}+\alpha_2\frac{SALES_{i,t}}{TA_{i,t-1}}+\alpha_3\frac{\Delta SALES_{i,t}}{TA_{i,t-1}}+\zeta_{i,t}\quad(4-5)$$

其中，CFO为企业经营活动产生的现金流量；SALES为销售收入；ΔSALES为销售收入变化额；TA为资产总额。

（2）生产性成本估计模型。生产成本是销售成本与当期存货变化之和。假设销售成本与同期销售收入存在如下线性函数关系：

$$\frac{COGS_{i,t}}{TA_{i,t-1}}=\alpha_0+\alpha_1\frac{1}{TA_{i,t-1}}+\alpha_2\frac{SALES_{i,t}}{TA_{i,t-1}}+\zeta_{i,t}\quad(4-6)$$

并假设存货增长与销售收入变化之间存在如下线性函数关系：

$$\frac{\Delta INV_{i,t}}{TA_{i,t-1}}=\alpha_0+\alpha_1\frac{1}{TA_{i,t-1}}+\alpha_2\frac{\Delta SALES_{i,t}}{TA_{i,t-1}}+\alpha_3\frac{\Delta SALES_{i,t-1}}{TA_{i,t-1}}+\zeta_{i,t}\quad(4-7)$$

综合模型（4-6）和模型（4-7），可以得到生产成本估计模型4-8，该模型的残差即为操控性生产成本，记为EM_PROD，该值越大，表示企业的生产操控越严重。

$$\frac{PROD_{i,t}}{TA_{i,t-1}}=\alpha_0+\alpha_1\frac{1}{TA_{i,t-1}}+\alpha_2\frac{SALES_{i,t}}{TA_{i,t-1}}+\alpha_3\frac{\Delta SALES_{i,t}}{TA_{i,t-1}}+\alpha_4\frac{\Delta SALES_{i,t-1}}{TA_{i,t-1}}+\zeta_{i,t}\quad(4-8)$$

其中，PROD为生产成本；COGS为销售成本；ΔINV为企业i第t年的存货变化额；ΔSALES为销售收入变化额。

（3）酌量性费用估计模型。酌量性费用是指管理层短期内可以调整的费用，包括广告费用、研发费用和销售管理费用等。鉴于广告费用和研发费用并未在我国上市公司年报中单独披露，而是汇总在销售费用与管理费用之中，本章借鉴已有研究（程小可等，2013），采用销售费用与管理费用之和来衡量酌量性费用。通过构建酌量性费用与上期销售收入的线性函数，分年度分行业回归计算出残差，即为操控性酌量费用，记为EM_EXP。该残差越小，意味着企业存在下调费用以增加利润倾向。

$$\frac{DISEXP_{i,t}}{TA_{i,t-1}}=\alpha_0+\alpha_1\frac{1}{TA_{i,t-1}}+\alpha_2\frac{SALES_{i,t-1}}{TA_{i,t-1}}+\zeta_{i,t} \qquad (4-9)$$

其中，DISEXP 为酌量性费用；SALES 为销售收入；TA 为资产总额。

（4）真实活动盈余管理总体衡量。借鉴李增福等（2011），本章采用式（4－10）衡量真实活动盈余管理总体水平。

$$REM_{i,t}=EM\_PROD_{i,t}-EM\_CFO_{i,t}-EM\_EXP_{i,,t} \qquad (4-10)$$

显然，该指标越大，企业越有可能向上操控利润。

**（三）战略差异的计算**

企业的战略差异最终体现在企业的资源配置结构差异（Mintzberg，1978；Tang et al.，2011）。为此，借鉴管理学文献（Mintzberg，1978；Tang et al.，2011），本章依据如下六个指标来反映企业的资源配置结构：（1）广告强度（广告费用/营业收入）；（2）研发强度（研发支出/收入）；（3）资本密集度（固定资产/雇员人数）；（4）固定资产更新度（固定资产净值/固定资产原值）；（5）期间费用投入（管理费用/营业收入）；（6）企业财务杠杆［（短期借款＋长期借款＋应付债券）/净资产］。其中，广告强度、研发强度、资本密集度和固定资产更新度代表企业在营销、创新和生产能力扩张方面的举措。期间费用投入反映企业的费用结构，财务杠杆则反映企业的资本运营方式（Geletkanycz & Hambrick，1997）。由于我国上市公司并未单独披露广告费用（计入销售费用）和研发支出（部分计入无形资产），故本章分别采用销售费用和无形资产净值近似替代广告费用和研发费用。

根据上述六个指标，本章按照如下步骤计算战略差异。首先，按照年度和行业对这些指标进行标准化处理，即每个指标减去其年度行业平均值并除以年度行业标准差，然后取绝对值。由此，得到每个企业在各个战略维度上偏离行业平均水平的程度。其次，把各企业标准化后的六个指标加总，然后求平均值，得到战略差异指标 SD。该指标越大，表示企业与同年度同行业其他企业的战略差异越大。

## 二、战略差异与盈余管理模型设计

为检验战略差异对企业盈余管理方式的影响，本章借鉴李增福等（2011）和 Cohen 等（2010）的研究方法，设定了如下两个回归模型。

$$ABDA_{i,t} = \beta_0 + \beta_1 SD_{i,t} + \beta_2 Size_{i,t} + \beta_3 Lev_{i,t} + \beta_4 Big4_{i,t} + \beta_5 ROA_{i,t} + \beta_6 BM_{i,t} + \beta_7 Mansh_{i,t} + \beta_8 Turn_{i,t} + \beta_9 Excp_{i,t} + \beta_{10} Smth_{i,t} + \beta_{11} State_{i,t+} + \beta_{12} REM_{i,t} + Industry + Year + \tau_{i,t} \quad (4-11)$$

$$REM_{i,t} = \gamma_0 + \gamma_1 SD_{i,t} + \gamma_2 Size_{i,t} + \gamma_3 Lev_{i,t} + \gamma_4 Big4_{i,t} + \gamma_5 ROA_{i,t} + \gamma_6 BM_{i,t} + \gamma_7 Mansh_{i,t} + \gamma_8 Turn_{i,t} + \gamma_9 Excp_{i,t} + \gamma_{10} Smth_{i,t} + \gamma_{11} State_{i,t} + Industry + Year + \varepsilon_{i,t} \quad (4-12)$$

其中，ABDA 为操控性应计盈余的绝对值。由于无论是向上还是向下的应计项目操纵都代表了更高的应计项目盈余管理（Bergstresser & Philippon，2006），本章采用操控性应计利润的绝对值反映应计项目盈余管理程度。同时，也区分应计项目盈余管理方向并进行了检验。SD 表示战略差异，REM 表示真实活动盈余管理总体水平。模型（4－11）包括 REM，而模型（4－12）并不包括 ABDA，是因为企业往往先确定 REM，然后再确定 ABDA，从而 REM 影响 ABDA，但 ABDA 并不影响 REM。模型（4－11）的估计系数 $\beta_1$ 表示战略差异程度与应计项目盈余管理水平之间的关系，根据 H4－1a，预测 $\beta_1$ 为正。模型（4－12）的估计系数 $\gamma_1$ 表示战略差异程度与真实活动盈余管理水平之间的关系，根据 H4－1b，预测 $\gamma_1$ 为负。

为克服遗漏变量偏误，本章还控制了对盈余管理行为具有重要影响的控制变量（CONTROLLS）。具体说明如下：Size 为公司规模，等于公司年末总资产的自然对数。政治成本假说认为，为降低政治成本，大公司盈余管理的动机较强（Watts & Zimmerman，1990）。然而，公司规模越大，受到的外部监督越多，这又会抑制其盈余管理行为。总之，规模对盈余管理的影响并不确定。ROA 衡量公司的盈利能力，等于公司当年净利润除以年末总资产。茅茨摩多（Matsumoto，2002）指出，公司管理者可能为了避免当期盈余过高而向下调整盈余。Lev 代表公司的资产负债率，等于年末总负债除以年末总资产。资产负债率越高，公司债务违约的概率越大。弗朗兹等（2014）发现，接近债务违约的公司更可能从事盈余管理。BM 代表公司的成长性，账市比，资产总计/市值 A，具体定义参见 CSMA 数据库。科赫（2007）发现，为了达到预期盈余目标，高成长性的公司更有可向上操控盈余。State 是最终控制人性质虚拟变量，如果是国有控股公司，则 State 取值为 1，否则为 0。薄仙慧等（2009）发现，与非国有公司相比，国有控股公司的盈余管理水平较低。Big4 为审计质量虚拟变量，如果企业年度审计报告为国际“四大”事务所出具，则 Big4 取值为 1，否则为 0。已有文献发现，审计师事务所规模与客户的应计项目盈余管理负相关（Francis & Yu，2009；Choi et al.，2010）。Smth 衡量利润平滑度，定义为每股收益变动/年初股票开盘价，每股收益变化越大的公司平滑利润的动机较强。

此外，借鉴李增福等（2001）的研究，本章还控制了资产周转率（Turn）、管理层持股比例（Mansh）和高管年薪（Excp）等因素。其中，Turn 等于主营业务收入除以平均总资产；Mansh 等于高管持股数除以股本；Excp 等于前 3 名高管薪酬总额的自然对数。具体变量定义见表 4－1。

**表 4－1　　变量定义**

| | 变量名称 | 变量代码 | 变量定义 |
|---|---|---|---|
| 因变量 | 应计项目盈余管理 | DAC95 | 基于修正 Jones 模型测算的应计项目盈余管理的原始值 |
| | 应计项目盈余管理 | ABDA | 基于修正 Jones 模型测算的应计项目盈余管理的绝对值 |
| | 正应计项目盈余管理 | DA＋ | 基于修正 Jones 模型测算的应计项目盈余管理 >0 的部分 |
| | 负应计项目盈余管理 | DA－ | 基于调整 Jones 模型测算的应计项目盈余管理 <0 的部分 |
| | 异常经营现金净流量 | EM_CFO | 反映销售操控程度，具体参见式（4－5） |
| | 异常生产成本 | EM_PROD | 反映生产操控程度，具体参见式（4－8） |
| | 异常酌量性费用 | EM_EXP | 反映费用操控程度，具体参见式（4－9） |
| | 真实盈余管理水平 | REM | 衡量真实活动盈余管理的总体程度，具体参见式（4－10） |
| 自变量 | 战略差异 | SD | 企业战略偏离行业平均水平的程度，参见 Tang 等（2011） |
| 其他变量 | 实际控制人类型 | State | 若为国有企业最终控股，则取值为 1，否则为 0 |
| | 企业规模 | Size | 年末总资产的自然对数 |
| | 财务杠杆 | Lev | 年末总负债/年末总资产 |
| | 高管年薪 | Excp | 前三名高管薪酬总额的自然对数 |
| | 四大审计 | Big4 | 若年报为国际四大事务所审计，则取值为 1，否则为 0 |
| | 资产收益率 | ROA | 净利润/期末总资产 |
| | 成长性 | BM | 账市比，资产总计/市值 A，具体定义参见 CSMA 数据库 |

续表

| | 变量名称 | 变量代码 | 变量定义 |
|---|---|---|---|
| 其他变量 | 高管持股比例 | Mansh | 高管持股数/股本 |
| | 资产周转率 | Turn | 主营业务收入/平均总资产 |
| | 利润平滑量 | Smth | 每股盈余变动/年初股票开盘价 |
| | 分析师跟踪人数 | Analysts | 分析师跟踪人数 |
| | 分析师预测偏差 | Bias | 分析师预测的每股盈余 - 每股盈余实际值，然后取绝对值 |
| | 机构投资者持股比例 | INS | 机构投资者持股数/总股数 |
| | 外资股持股比例 | Forshare | 外资股持股数/总股数 |
| | 第一大股东持股比例 | TOP1 | 第一大股东持股数/总股数 |
| | 两职合一 | CEOdual | 如果 CEO 兼任董事长取值为 1，否则为 0 |

## 三、样本选择与描述性统计

### （一）样本选择

本章以 2003～2017 年在沪深两市上市的企业为初始研究样本，并按照如下原则对样本进行筛选：（1）剔除金融保险行业上市企业，因为同其他行业相比，金融保险行业的会计报表具有特殊性；（2）因为需要分年度估计盈余管理指标，借鉴罗伊乔杜里（Roychowdhury，2006）的研究，剔除年度行业样本数不足 15 的样本①，最终得到 15 942 个企业—年度观测值。本章所使用的样本数据均来自国泰安数据库（CSMAR），数据处理和统计分析采用 Stata 12.0 统计分析软件。同时，为了剔除异常值的影响，对所有连续变量进行了 1% 和 99% 的缩尾处理。

### （二）描述性统计

表 4 - 2 报告了变量的描述性统计结果。从描述性统计来看，应计项目盈余管理（DAC95）平均值为 0.000，最小值为 - 0.690，最大值为 0.800。真实活动盈余管理（REM）的最小值为 - 0.790，最大值为 0.620，平均值为 0.000。这表明，不同的企业盈余管理程度存在较大差

① 为避免行业代码前两位字母为 C2 和 C9 的行业因观测值偏少而被剔除，本章参考黄梅和夏新平（2009）的做法，将行业 C2 并入行业 C9。

异。战略差异（SD）的最小值和最大值分别为0.160和1.970，说明各企业战略偏离行业常规的程度存在较大差异。“四大”审计（Big4）的均值只有0.050，表明平均只有5%的企业聘请了国际“四大”会计师事务所进行审计。

表4-2 变量描述性统计

| 变量 | N | 均值 | 中位数 | 标准差 | 最小值 | 最大值 |
|---|---|---|---|---|---|---|
| DAC95 | 15 942 | 0.000 | 0.000 | 0.130 | -0.690 | 0.800 |
| DA | 15 942 | 0.090 | 0.060 | 0.100 | 0.000 | 0.800 |
| REM | 15 942 | 0.000 | 0.020 | 0.230 | -0.790 | 0.620 |
| SD | 15 942 | 0.560 | 0.480 | 0.320 | 0.160 | 1.970 |
| Size | 15 942 | 22.050 | 21.910 | 1.310 | 12.310 | 28.510 |
| Lev | 15 942 | 0.480 | 0.480 | 0.220 | 0.050 | 1.330 |
| Big4 | 15 942 | 0.050 | 0.000 | 0.230 | 0.000 | 1.000 |
| ROA | 15 942 | 0.030 | 0.030 | 0.060 | -0.360 | 0.200 |
| MB | 15 942 | 0.000 | 0.000 | 0.000 | 0.000 | 0.030 |
| Mansh | 15 942 | 0.030 | 0.000 | 0.100 | 0.000 | 0.580 |
| Turn | 15 942 | 0.690 | 0.580 | 0.490 | 0.040 | 2.730 |
| Excp | 15 942 | 14.020 | 14.060 | 0.940 | 0.000 | 17.410 |
| Smth | 15 942 | 0.000 | 0.000 | 0.050 | -0.230 | 0.280 |
| State | 15 942 | 0.460 | 0.000 | 0.500 | 0.000 | 1.000 |

注：变量定义见表4-1。

表4-3报告了变量之间的相关性。其中，SD与DA显著正相关，表明上市公司的战略差异导致应计项目盈余管理上升。DA与REM显著正相关，表明一般而言，上市公司同时采用两种盈余管理方式操控盈余。Mansh与REM显著负相关，表明股权激励抑制了经理人的真实活动盈余管理行为。Big4与DA和REM显著负相关，表明高质量审计确实能够降低盈余管理行为。有趣的是，State与REM显著正相关，与DA显著负相关，表明国有企业倾向于采用真实活动盈余管理替代应计项目盈余管理来操纵盈余。至于SD与DA以及REM的关系，在控制其他条件的情况下是否真的如此，还需要进一步检验。

表 4 - 3　　相关分析

| 变量 | DAC95 | DA | REM | SD1 | Size | Lev | Big4 | ROA | MB | Mansh | Turn | Excp | Smth |
|---|---|---|---|---|---|---|---|---|---|---|---|---|---|
| DAC95 | 1 | | | | | | | | | | | | |
| DA | 0. 161Δ | 1 | | | | | | | | | | | |
| REM | 0. 114Δ | 0. 014 * | 1 | | | | | | | | | | |
| SD | -0. 077Δ | 0. 127Δ | 0. 029Δ | 1 | | | | | | | | | |
| Size | 0. 052Δ | -0. 083Δ | 0. 084Δ | -0. 089Δ | 1 | | | | | | | | |
| Lev | -0. 114Δ | 0. 041Δ | 0. 317Δ | 0. 182Δ | 0. 276Δ | 1 | | | | | | | |
| Big4 | -0. 015 * | -0. 061Δ | -0. 037Δ | 0. 030Δ | 0. 335Δ | 0. 055Δ | 1 | | | | | | |
| ROA | 0. 195Δ | -0. 034Δ | -0. 385Δ | -0. 227Δ | 0. 115Δ | -0. 393Δ | 0. 054Δ | 1 | | | | | |
| MB | -0. 041Δ | 0. 142Δ | -0. 103Δ | 0. 197Δ | -0. 351Δ | 0. 007 | -0. 090Δ | 0. 006 | 1 | | | | |
| Mansh | -0. 005 | 0. 032Δ | -0. 107Δ | -0. 065Δ | -0. 104Δ | -0. 200Δ | -0. 060Δ | 0. 098Δ | 0. 049Δ | 1 | | | |
| Turn | -0. 026Δ | -0. 045Δ | -0. 01 | -0. 095Δ | 0. 052Δ | 0. 082Δ | 0. 038Δ | 0. 188Δ | 0. 006 | -0. 014 * | 1 | | |
| Excp | 0. 024Δ | -0. 059Δ | -0. 140Δ | -0. 102Δ | 0. 454Δ | -0. 041Δ | 0. 181Δ | 0. 236Δ | -0. 089Δ | 0. 066Δ | 0. 094Δ | 1 | |
| Smth | 0. 113Δ | 0. 059Δ | -0. 082Δ | 0. 004 | -0. 004 | 0. 030Δ | 0. 008 | 0. 374Δ | 0. 036Δ | -0. 031Δ | 0. 053Δ | -0. 027Δ | 1 |
| State | 0. 009 | -0. 094Δ | 0. 113Δ | -0. 006 | 0. 252Δ | 0. 200Δ | 0. 102Δ | -0. 072Δ | -0. 129Δ | -0. 307Δ | 0. 073Δ | -0. 005 | 0. 023Δ |

注：变量定义见表 4 - 1。** 表示在 5% 水平显著，Δ 表示在 1% 水平显著。

# 第三节　战略差异与盈余管理实证结果

本节主要包括假说检验结果、内生性问题的讨论。主要采用的是 Tobit 回归和最小二乘法（OLS）回归分析。

## 一、战略差异对盈余管理的影响实证结果

本章检验战略差异与盈余管理方式之间的关系。为避免多重共线性，先进行了多重共线性检验，结果见表 4 - 4，所有变量的方差膨胀因子都小于 10，说明变量不存在多重共线性，但是表 4 - 5 显示，在控制了年度和行业以后，年度变量的方差膨胀因子大于 10，为了避免多重共线性对回归结果的不利影响，之后的回归不再控制年度变量。

**表 4 - 4　　多重共线性检验 2**

| Variable | VIF | 1/VIF |
|---|---|---|
| Year_2017 | 17. 3 | 0. 057 809 |
| Year_2016 | 16. 85 | 0. 059 331 |
| Year_2015 | 16. 49 | 0. 060 661 |
| Industry_5 | 15. 3 | 0. 065 368 |
| Year_2014 | 13. 13 | 0. 076 165 |
| Year_2013 | 13 | 0. 076 894 |
| Year_2012 | 12. 59 | 0. 079 457 |
| Industry_4 | 10. 79 | 0. 092 644 |
| Year_2011 | 10. 75 | 0. 093 007 |
| Year_2010 | 9. 64 | 0. 103 729 |
| Year_2009 | 9. 16 | 0. 109 128 |
| Year_2008 | 8. 37 | 0. 119 545 |
| Year_2007 | 8. 03 | 0. 124 512 |
| Year_2006 | 8. 02 | 0. 124 75 |
| Year_2005 | 2. 02 | 0. 494 852 |
| Year_2004 | 2. 01 | 0. 496 369 |
| Industry_3 | 5. 51 | 0. 181 468 |
| Industry_9 | 5. 02 | 0. 199 095 |
| Industry ~ 12 | 4. 97 | 0. 201 253 |
| Industry_7 | 3. 78 | 0. 264 475 |
| Industry ~ 11 | 3. 63 | 0. 275 273 |
| Industry ~ 10 | 3. 14 | 0. 318 932 |
| Industry_2 | 2. 83 | 0. 353 316 |

续表

| Variable | VIF | 1/VIF |
|---|---|---|
| Industry_8 | 2. 82 | 0. 354 644 |
| Industry ~ 13 | 2. 03 | 0. 493 091 |
| Industry ~ 15 | 1. 86 | 0. 536 579 |
| Industry ~ 16 | 1. 79 | 0. 560 021 |
| Industry ~ 17 | 1. 69 | 0. 590 903 |
| Industry_6 | 1. 47 | 0. 679 818 |
| Industry ~ 14 | 1. 17 | 0. 855 491 |
| Size | 2. 36 | 0. 423 284 |
| ROA | 2. 06 | 0. 484 651 |
| Lev | 1. 83 | 0. 545 195 |
| Excp | 1. 62 | 0. 616 926 |
| MB | 1. 47 | 0. 678 66 |
| REM | 1. 39 | 0. 719 219 |
| Turn | 1. 36 | 0. 734 507 |
| Smth | 1. 31 | 0. 765 612 |
| State | 1. 26 | 0. 793 12 |
| SD1 | 1. 23 | 0. 815 061 |
| Big4 | 1. 18 | 0. 846 905 |
| Manshare | 1. 17 | 0. 855 889 |
| Mean Vif | 5. 56 | |

**表 4 - 5　　H4 - 1 的检验结果**

| 变量 | (1) | (2) | (3) | (4) |
|---|---|---|---|---|
| | REM | ABDA | DA + | DA - |
| SD | -0. 039 *** | 0. 028 *** | 0. 026 *** | -0. 029 *** |
| | ( -3. 49) | (8. 55) | (4. 66) | ( -7. 55) |
| Size | 0. 018 *** | -0. 000 | 0. 004 ** | 0. 003 ** |
| | (5. 28) | ( -0. 15) | (2. 42) | (2. 54) |
| Lev | 0. 084 *** | 0. 005 | -0. 045 *** | -0. 044 *** |
| | (4. 98) | (0. 76) | ( -3. 93) | ( -6. 38) |
| Big4 | -0. 052 *** | -0. 017 *** | -0. 023 *** | 0. 011 *** |
| | ( -3. 21) | ( -5. 67) | ( -5. 33) | (3. 01) |
| ROA | -1. 242 *** | -0. 045 ** | 0. 193 *** | 0. 167 *** |
| | ( -17. 87) | ( -2. 23) | (4. 90) | (6. 85) |
| MB | -3. 226 *** | 2. 738 *** | 3. 401 *** | -2. 168 *** |
| | ( -3. 99) | (8. 42) | (6. 59) | ( -5. 42) |
| Mansh | -0. 031 | 0. 025 ** | 0. 013 | -0. 036 *** |
| | ( -0. 99) | (2. 53) | (0. 90) | ( -3. 21) |
| Turn | 0. 037 *** | 0. 001 | -0. 006 * | -0. 006 ** |
| | (3. 51) | (0. 38) | ( -1. 88) | ( -2. 57) |
| Excp | -0. 033 *** | -0. 004 *** | -0. 006 *** | 0. 003 * |
| | ( -7. 16) | ( -3. 37) | ( -3. 29) | (1. 92) |

续表

| 变量 | (1) | (2) | (3) | (4) |
|---|---|---|---|---|
| | REM | ABDA | DA + | DA - |
| Smth | 0.156 ***<br>(3.71) | 0.104 ***<br>(5.69) | 0.207 ***<br>(6.57) | -0.049 **<br>(-2.24) |
| State | 0.008<br>(1.04) | -0.014 ***<br>(-7.40) | -0.013 ***<br>(-4.59) | 0.014 ***<br>(6.41) |
| REM | | -0.005<br>(-0.86) | 0.055 ***<br>(5.64) | 0.060 ***<br>(8.88) |
| 常数项 | 0.114 *<br>(1.69) | 0.122 ***<br>(5.80) | 0.058 *<br>(1.78) | -0.168 ***<br>(-6.70) |
| Industry | yes | yes | yes | yes |
| N | 15 942 | 15 942 | 7 805 | 8 137 |
| Adj. $R^2$ | 0.274 | 0.062 | 0.078 | 0.113 |
| F | 40.167 | 22.966 | 14.022 | 18.277 |

注：变量定义见表4-1。***、**和*分别表示在1%、5%和10%水平显著；括号中是t值，标准误差经公司聚类和异方差调整。

表4-5回归（2）结果显示，SD与应计项目盈余管理的绝对值ABDA在1%水平显著正相关。SD的系数为0.028，这表明战略差异平均每增加一个标准差，应计项目盈余管理占总资产比例上升0.896个百分点（0.028×0.320）。表4-5第（3）列和第（4）列进一步区分应计项目盈余管理的方向，即按照应计项目盈余管理大于0（DA+）和小于0（DA-）分别进行回归。结果发现，战略差异与正向盈余管理显著正相关，与负向盈余管理显著负相关。这表明，战略差异大的公司，不仅向上应计盈余管理更多，而且向下应计盈余管理（洗大澡）也更多，这些结果都进一步支持了H4-1a。表4-5回归（1）检验了战略差异和真实活动盈余管理的相关关系，发现SD系数在1%的水平显著负相关，估计系数为-0.039。这表明，战略差异每增加一个标准差，真实活动盈余管理占总资产比例下降大约1.24个百分点（0.039×0.320）。这支持了H4-1b。

表4-5的回归结果还显示，公司规模与真实活动盈余管理在1%的水平显著正相关，分样本回归结果显示，公司规模与正向和负向盈余管理显著正相关。这表明，规模越大的公司越倾向于盈余管理，并且可能同时采用真实盈余管理和应计项目盈余管理。这可能是因为规模越大，公司受到的关注越多，公司更重视自身在资本市场上的形象，为了塑造或维护公司业绩优良的形象，公司管理层有更强的动机进行向上的盈余管理，同时，在公司业绩较差的情况下，公司也有可能借助负向盈余管理进行“洗大

澡”，并且公司规模越大，信息不对称程度越高，公司从事盈余管理被发现的概率越低。资产负债率与真实活动盈余管理正相关，分样本回归结果显示，公司资产负债率越高，正向盈余管理的概率越低，更倾向于向下调整盈余。Big4 与正向应计项目盈余管理以及真实活动盈余管理显著负相关，与负向应计项目盈余管理正相关，表明“四大”审计能够抑制正向盈余管理和真实活动盈余管理。REM 与 DA + 以及 DA - 显著正相关，表明一般而言，企业会同时采用这两种盈余管理方式来操控盈余。State 与应计项目盈余管理显著负相关，与真实活动盈余管理相关关系不显著，表明相比民营企业，国有企业更倾向于采用应计项目进行负向的盈余管理。ROA 与真实活动盈余管理负相关，与应计盈余管理正相关。

## 二、内生性问题讨论

### （一）遗漏变量偏误

本书的研究结论可能受到内生性问题的干扰。例如，企业战略和盈余管理决策都可能受到一些遗漏的公司特征因素的影响。为此，本书采用固定效应模型来缓解可能的内生性问题。固定效应模型可以过滤掉公司固有特征因素所导致的回归偏误问题。表 4 - 6 报告了固定效应回归结果。在固定效应回归模型中，SD 的系数相对于 OLS 回归结果有所下降，这表明，战略差异和盈余管理的相关关系，部分源于企业固有特征的影响。值得注意的是，分样本检验在负向盈余管理的样本组，战略差异与应计项目盈余管理显著正相关，表明某些公司的固定特征影响了战略差异与负向盈余管理的关系。虽然固定效应回归结果与 OLS 回归存在差异，但是总体而言，SD 的回归系数在所有回归中仍都至少在 1% 的置信水平显著。这表明，在控制了遗漏的公司固有特征因素之后，战略差异仍与应计项目盈余管理的绝对值在 1% 水平显著正相关，与真实活动盈余管理在 1% 水平显著负相关，表明 H4 - 1 仍然成立。

表 4 - 6　　固定效应模型回归结果

| 变量 | (1) | (2) | (3) | (4) |
|---|---|---|---|---|
| | ABDA | DA + | DA - | REM |
| SD | 0.016***<br>(4.82) | 0.012**<br>(2.05) | 0.014***<br>(3.19) | -0.027***<br>(-4.79) |

续表

| 变量 | (1) | (2) | (3) | (4) |
|---|---|---|---|---|
| | ABDA | DA + | DA - | REM |
| Size | 0.009 *** | 0.014 *** | 0.004 ** | 0.009 *** |
| | (6.46) | (6.54) | (2.01) | (3.99) |
| Lev | -0.001 | -0.097 *** | 0.094 *** | 0.096 *** |
| | (-0.07) | (-8.70) | (10.25) | (8.68) |
| Big4 | -0.010 | -0.023 ** | 0.011 | 0.011 |
| | (-1.39) | (-2.06) | (1.25) | (0.99) |
| ROA | -0.069 *** | 0.147 *** | -0.170 *** | -0.472 *** |
| | (-3.77) | (4.20) | (-7.42) | (-15.72) |
| MB | 1.756 *** | 1.670 *** | 1.495 *** | -2.518 *** |
| | (7.01) | (3.70) | (4.83) | (-6.09) |
| Mansh | 0.050 *** | 0.069 ** | 0.028 | -0.103 *** |
| | (2.96) | (2.45) | (1.15) | (-3.68) |
| Turn | 0.020 *** | 0.018 *** | 0.021 *** | -0.012 ** |
| | (6.13) | (3.42) | (5.01) | (-2.35) |
| Excp | -0.005 *** | -0.006 *** | -0.002 | -0.012 *** |
| | (-3.59) | (-3.10) | (-1.37) | (-5.58) |
| Smth | 0.104 *** | 0.194 *** | 0.028 | -0.157 *** |
| | (6.74) | (7.43) | (1.42) | (-6.21) |
| State | -0.014 *** | -0.026 *** | -0.007 | 0.022 *** |
| | (-3.28) | (-3.83) | (-1.34) | (3.29) |
| REM | -0.028 *** | 0.059 *** | -0.123 *** | |
| | (-5.38) | (7.08) | (-16.41) | |
| 常数项 | -0.062 ** | -0.109 *** | -0.036 | -0.039 |
| | (-2.41) | (-2.67) | (-1.01) | (-0.90) |
| Industry | yes | yes | yes | yes |
| N | 15 942 | 7 805 | 8 137 | 15 942 |
| Adj. $R^2$ | -0.140 | -0.275 | -0.228 | -0.074 |
| F | 20.478 | 26.184 | 47.416 | 99.561 |

注：变量定义见表4-1。***、**和*分别表示在1%、5%和10%水平显著；括号中是t值，标准误差经公司聚类和异方差调整。

### （二）自选择

自选择也是产生内生性问题的重要因素之一。例如，有可能偏好应计项目盈余管理的公司更倾向于采取异常资源配置模式。为此，本书做了Heckman两阶段检验。在第一阶段以SD是否大于中位数设置哑变量（SD-dumy），当SD大于中位数时取值为1，否则为0。选取劳动密集度（EMPS = 员工人数×1 000 000/营业收入）作为战略差异的工具变量，原因是资本密集型企业有大量的固定资产，这些固定资产尤其是专有资产具有较高的转换成本，它们在一定程度上限制了企业的战略转型；而劳动密集型企业则比较容易改变战略模式。因此，本书认为，劳动密集程度与战略差异正相关。此外，由于无论企业是劳动密集型还是资本密集型都不影响企业的盈余管理决策，因而劳动密集度符合本书工具变量的条件。具体模型如下。

第一阶段的选择模型：

$$SDdumy_{i,t} = \alpha_0 + \alpha_1 EMPS_{i,t} + \alpha_2 SD_{i,t} + \alpha_3 Size_{i,t} + \alpha_4 Lev_{i,t} + \alpha_5 Big4_{i,t} + \alpha_6 ROA_{i,t} + \alpha_7 MB_{i,t} + \alpha_8 Mansh_{i,t} + \alpha_9 Turn_{i,t} + \alpha_{10} Excp_{i,t} + \alpha_{11} Smth_{i,t} + \alpha_{12} State_{i,t} + \alpha_{13} REM_{i,t} + Industry + Year + \tau_{i,t} \tag{4-13}$$

第二阶段控制自选择后的回归模型：

$$ABDA_{i,t} = \beta_0 + \beta_1 SD_{i,t} + \beta_2 Size_{i,t} + \beta_3 Lev_{i,t} + \beta_4 Big4_{i,t} + \beta_5 ROA_{i,t} + \beta_6 MB_{i,t} + \beta_7 Mansh_{i,t} + \beta_8 Turn_{i,t} + \beta_9 Excp_{i,t} + \beta_{10} Smth_{i,t} + \beta_{11} State_{i,t} + \beta_{12} REM_{i,t} + \beta_{13} lambda_{i,t} + Industry + Year + \tau_{i,t} \tag{4-14}$$

$$REM_{i,t} = \gamma_0 + \gamma_1 SD_{i,t} + \gamma_2 Size_{i,t} + \gamma_3 Lev_{i,t} + \gamma_4 Big4_{i,t} + \gamma_5 ROA_{i,t} + \gamma_6 MB_{i,t} + \gamma_7 Mansh_{i,t} + \gamma_8 Turn_{i,t} + \gamma_9 Excp_{i,t} + \gamma_{10} Smth_{i,t} + \gamma_{11} State_{i,t} + \gamma_{12} lambda_{i,t} + Industry + Year + \varepsilon_{i,t} \tag{4-15}$$

其中，lambda 是逆米尔斯比，基于第一阶段拟合值计算，用于控制自选择偏差问题。表 4－7 报告了 Heckman 两阶段的回归结果。表 4－7 第一阶段回归结果显示，SDDUM 和 EMPS 显著正相关，表明劳动密集型企业的战略差异更大。更重要的是，在控制了战略选择偏差之后，在第二阶段的回归模型中，SD 的回归系数仍在 1% 水平显著，且系数方向和大小都与 OLS 回归结果差异不大。这表明，在考虑样本选择偏差之后，本书的结论仍然成立。

**表 4－7　　Heckman 自选择模型**

| 变量 | (1) | (2) | (3) | (4) | (5) |
|---|---|---|---|---|---|
| | SDDUM | ABDA95 | DA + | DA − | REM |
| EMPS | 0.056***<br>(3.41) | | | | |
| SD | | 0.028***<br>(6.40) | 0.025***<br>(3.27) | 0.029***<br>(5.48) | −0.028**<br>(−2.12) |
| Size | 0.053*<br>(1.65) | −0.000<br>(−0.15) | 0.004**<br>(2.41) | −0.003**<br>(−2.54) | 0.018***<br>(5.29) |

续表

| 变量 | (1) | (2) | (3) | (4) | (5) |
|---|---|---|---|---|---|
| | SDDUM | ABDA95 | DA + | DA - | REM |
| Lev | 0. 343 ** | 0. 005 | -0. 045 *** | 0. 044 *** | 0. 082 *** |
| | (1. 96) | (0. 74) | ( -3. 88) | (6. 39) | (4. 84) |
| Big4 | 0. 442 *** | -0. 017 *** | -0. 023 *** | -0. 011 *** | -0. 054 *** |
| | (3. 12) | ( -5. 70) | ( -5. 26) | ( -2. 99) | ( -3. 29) |
| ROA | -4. 218 *** | -0. 045 ** | 0. 193 *** | -0. 167 *** | -1. 227 *** |
| | ( -7. 60) | ( -2. 20) | (4. 81) | ( -6. 76) | ( -17. 81) |
| MB | 76. 064 *** | 2. 730 *** | 3. 413 *** | 2. 168 *** | -3. 445 *** |
| | (10. 32) | (8. 22) | (6. 51) | (5. 31) | ( -4. 19) |
| Mansh | -0. 287 | 0. 025 ** | 0. 013 | 0. 036 *** | -0. 030 |
| | ( -0. 96) | (2. 53) | (0. 89) | (3. 21) | ( -0. 94) |
| Turn | 0. 055 | 0. 001 | -0. 006 * | 0. 006 ** | 0. 038 *** |
| | (0. 73) | (0. 39) | ( -1. 89) | (2. 57) | (3. 58) |
| Excp | 0. 007 | -0. 004 *** | -0. 006 *** | -0. 003 * | -0. 033 *** |
| | (0. 20) | ( -3. 37) | ( -3. 29) | ( -1. 92) | ( -7. 15) |
| Smth | 1. 762 *** | 0. 104 *** | 0. 207 *** | 0. 049 ** | 0. 149 *** |
| | (4. 93) | (5. 67) | (6. 59) | (2. 23) | (3. 58) |
| State | -0. 050 | -0. 014 *** | -0. 013 *** | -0. 014 *** | 0. 008 |
| | ( -0. 73) | ( -7. 40) | ( -4. 59) | ( -6. 41) | (1. 08) |
| REM | | -0. 005 | 0. 055 *** | -0. 060 *** | |
| | | ( -0. 86) | (5. 65) | ( -8. 87) | |
| Lamb | | -0. 000 | 0. 000 | 0. 000 | -0. 006 |
| | | ( -0. 16) | (0. 15) | (0. 00) | ( -1. 57) |
| 常数项 | -0. 304 | 0. 122 *** | 0. 059 * | 0. 168 *** | 0. 104 |
| | ( -0. 42) | (5. 79) | (1. 77) | (6. 69) | (1. 54) |
| Industry | yes | yes | yes | yes | yes |
| N | 15 942 | 15 942 | 7 805 | 8 137 | 15 942 |
| Adj. $R^2$ | | 0. 062 | 0. 078 | 0. 113 | 0. 274 |
| F | | 22. 267 | 13. 722 | 17. 949 | 39. 036 |

注：EMPS = 员工人数 ×1 000 000/营业收入。其他变量定义见表 4 - 1。*** 、** 和 * 分别表示在 1% 、5% 和 10% 水平显著；括号中是 t 值，标准误差经公司聚类和异方差调整。

## 三、研究 H4 -2 的实证检验

表 4 -8 报告了不同审计质量下战略差异对应计项目盈余管理的影响。由表 4 -8 第（1）列和第（2）列可见，在“四大”审计样本组，SD 的系数不显著；在非“四大”审计样本组，SD 的系数在 1% 的水平与 DA 显著正相关。这表明，相对于非“四大”审计的公司，经国际“四大”审计的公司，战略差异对操控性应计项目盈余管理的促进作用有所减弱。由表 4 -8 第（3）列和第（4）列可见，在“四大”审计样本组，SD 的系数不显著；

在非“四大”审计样本组，SD 的系数在 1% 的水平与 REM 显著负相关。这表明，相对于非“四大”审计的公司，经国际“四大”审计的公司，战略差异对真实盈余管理的抑制作用有所减弱。因此，战略差异对盈余管理方式的影响仅在非四大审计的公司显著。这一结果基本支持了 H4－2。

**表 4－8　　H4－2 的检验结果**

| 变量 | (1) | (2) | (3) | (4) |
|---|---|---|---|---|
| | 四大审计 | 非四大审计 | 四大审计 | 非四大审计 |
| | DA | DA | REM | REM |
| SD | －0.004<br>(－0.55) | 0.031***<br>(8.59) | －0.036<br>(－1.37) | －0.036***<br>(－3.14) |
| Size | －0.003<br>(－1.21) | 0.000<br>(0.20) | －0.014<br>(－1.60) | 0.019***<br>(5.41) |
| Lev | 0.020<br>(0.98) | 0.004<br>(0.51) | 0.174**<br>(2.15) | 0.083***<br>(4.88) |
| ROA | －0.036<br>(－0.45) | －0.042*<br>(－1.89) | －1.544***<br>(－5.69) | －1.215***<br>(－17.22) |
| MB | 2.919**<br>(2.18) | 2.793***<br>(7.91) | －17.564***<br>(－4.54) | －2.807***<br>(－3.45) |
| Mansh | －0.010<br>(－0.25) | 0.025**<br>(2.45) | 0.409**<br>(1.99) | －0.046<br>(－1.44) |
| Turn | 0.011<br>(1.19) | －0.000<br>(－0.01) | 0.025<br>(0.68) | 0.039***<br>(3.53) |
| Excp | －0.007***<br>(－3.05) | －0.004***<br>(－2.90) | －0.023*<br>(－1.74) | －0.033***<br>(－6.83) |
| Smth | 0.089<br>(1.45) | 0.116***<br>(5.68) | 0.175<br>(1.12) | 0.152***<br>(3.49) |
| State | －0.008<br>(－1.13) | －0.014***<br>(－7.12) | 0.110***<br>(3.20) | 0.002<br>(0.33) |
| REM | －0.017<br>(－0.70) | －0.004<br>(－0.57) | | |
| 常数项 | 0.177***<br>(4.20) | 0.113***<br>(4.74) | 0.467***<br>(2.63) | 0.076<br>(1.07) |
| Industry | yes | yes | yes | yes |
| N | 871 | 15 071 | 871 | 15 071 |
| Adj. $R^2$ | 0.051 | 0.057 | 0.554 | 0.263 |
| F | . | 19.543 | . | 39.441 |
| 系数差异显著性检验 | $chi^2$ (1) ＝17.59<br>Prob ＞ $chi^2$ ＝0.0000 | | $chi^2$ (1) ＝0.08<br>Prob ＞ $chi^2$ ＝0.7743 | |

注：变量定义见表 4－1。***、** 和 * 分别表示在 1%、5% 和 10% 水平显著；括号中是 t 值，标准误差经公司聚类和异方差调整。

## 第四节　进一步研究与稳健性测试

本节主要对战略差异与信息不对称进行实证检验，以加强理论分析的可靠性，并进行一系列稳健性检验，以进一步验证前述结论。

### 一、进一步研究

#### （一）战略差异与信息不对称

尽管卡朋特（2000）从理论上论证了战略差异会加剧信息不对称，但该论断尚缺乏实证证据。为增强论证的可靠性，本书以分析师预测偏差 Bias 和分析师跟踪人数 Analysts 作为信息不对称的替代变量，检验战略差异对信息不对称的影响。分析师预测偏差是指分析师对公司 EPS 的预测值偏离公司每股盈余 EPS 实际值的程度，等于 EPS 预测值减去 EPS 实际值然后取绝对值。选择这两个指标的理由如下：首先，弗兰纳里等（Flannery et al.，2004）认为，当公司的信息不对程度较高时，分析师的盈余预测准确性会下降，因而可以采用盈利预测误差作为企业信息不对称程度的替代变量。方军雄（2007）基于中国的数据也发现分析师预测偏差与信息不对称程度显著正相关。其次，已有研究发现，分析师具有信息发掘功能，分析师跟踪能够降低公司与外部利益相关者的信息不对称程度（Kim & Schroeder，1990；Francis & Soffer，1997）。借鉴已有研究（Shroff et al.，2013），本书在回归中控制了影响信息不对称程度和分析师预测偏差的有关变量，包括公司规模 Size、资产负债率 Lev、盈利能力 ROA、成长性 BM、第一大股东持股比例 TOP1、CEO 董事长两职合一 CEODUAL、机构投资者持股比例 INS 以及行业、年度哑变量。表 4 -9 是信息不对称指标对战略差异的回归结果。回归结果表明，SD 和分析师预测偏差显著正相关，和分析师跟踪人数显著负相关。这表明，战略差异大的公司盈余更难预测，并且愿意跟踪该公司的分析师会更少，表明战略差异大的公司面临的信息不对称程度更高，支持了本书的假说。

表 4-9 战略差异与信息不对称

| 变量 | (1) | (2) |
|---|---|---|
| | Bias | Analysts |
| SD1 | 0.376 **<br>(2.36) | -0.136 ***<br>(-3.57) |
| Size | -0.149 ***<br>(-3.54) | 0.377 ***<br>(34.62) |
| Lev | -0.965 ***<br>(-3.36) | -0.867 ***<br>(-12.81) |
| ROA | -28.555 ***<br>(-30.36) | 4.816 ***<br>(24.49) |
| TOP1 | -0.792 ***<br>(-2.92) | -0.005<br>(-0.06) |
| CEODUAL | 0.021<br>(0.23) | 0.158 ***<br>(7.21) |
| INST | -0.013 ***<br>(-4.75) | 0.018 ***<br>(23.10) |
| 常数项 | 7.533 ***<br>(7.85) | -7.141 ***<br>(-29.49) |
| Industry | yes | yes |
| Year | yes | yes |
| N | 20 515 | 21 956 |
| Adj. $R^2$ | 0.104 | 0.404 |

注：变量定义见表4-1。***、** 和 * 分别表示在1%、5%和10%水平显著；括号中是t值，标准误差经公司聚类和异方差调整。

### （二）盈余管理动机的影响

在之前的研究中，本书没有考虑盈余管理动机的影响。在此，本书进一步考察不同盈余管理动机环境下，战略差异对盈余管理行为的影响。主要考虑如下三类盈余管理动机：（1）避免亏损动机；（2）避免特殊处理（ST）动机；（3）“洗大澡”动机。

为了验证避免亏损动机的影响，我们构造了盈余管理前的公司盈余指标（TROA），TROA = ROA - DA，其中，ROA 是总资产收益率，DA 是基于修正琼斯模型的操控性应计利润的原始值。如果 TROA <0，表明公司若不进行向上应计盈余管理，其很可能当年报告亏损。为了避免亏损，这些公司很有可能向上操控盈余。表 4-10 第（1）列回归结果显示，在 TROA <0 的子样本里，战略差异和应计盈余管理显著正相关，表明此时公司很有可能向上操纵利润，支持了避免亏损动机。

为了验证避免 ST 动机的影响，本书构造了上期亏损指标（NROA），

NROA 是个虚拟变量，如果该公司上年亏损，那么 NROA =1，否则为 0。预计当该公司上年亏损同时本年 TROA <0 情况下，为了避免连续亏损，该公司更有动机向上操控应计盈余。为此，将战略差异和上年亏损的交互指标（SD × NROA）加入回归模型，并采用 TROA <0 的子样本进行回归。表 4 -9 第（2）列回归结果表明，SD × NROA 的回归系数显著为正，表明当企业上年亏损，同时本年盈余管理前的利润也亏损的时候，公司更有可能向上操纵盈余，以避免连续两年亏损，支持了避免 ST 动机。

为了验证“洗大澡”动机，我们构造了“洗大澡”动机指标（BIGBATH）。当操控性应计盈余 DA <0，并且 DA 小于全部负 DA 的样本中位数时，表明该公司在巨额向下操纵应计盈余，体现出“洗大澡”行为，此时令 BIGBATH =1；否则，BIGBATH =0。然后采用 BIGBATH =1 的子样本进行回归。表 4 -10 第（3）列的回归结果显示，此时 SD 的回归系数显著为负，表明当公司存在“洗大澡”动机时，战略差异和公司向下盈余管理高度相关，支持了“洗大澡”动机。

**表 4 -10　　盈余管理动机、战略差异与盈余管理行为选择**

| 变量 | (1) | (2) | (3) |
|---|---|---|---|
| | TROA <0 | TROA <0 | BIGBATH =1 |
| | DA | DA | DA |
| SD | 0.028 ***<br>(4.71) | 0.019 ***<br>(2.84) | 0.022 ***<br>(4.44) |
| Size | 0.000<br>(0.23) | 0.001<br>(0.44) | -0.003 *<br>(-1.76) |
| Lev | -0.047 ***<br>(-3.74) | -0.051 ***<br>(-4.03) | 0.059 ***<br>(7.12) |
| Big4 | -0.019 ***<br>(-2.72) | -0.020 ***<br>(-2.79) | -0.009<br>(-1.30) |
| ROA | 0.311 ***<br>(9.16) | 0.336 ***<br>(8.70) | -0.084 ***<br>(-2.85) |
| MB | 2.851 ***<br>(5.54) | 2.774 ***<br>(5.46) | 2.283 ***<br>(4.69) |
| Manshare | 0.042 *<br>(1.94) | 0.042 *<br>(1.94) | 0.026 *<br>(1.71) |
| Turn | 0.006<br>(1.46) | 0.007 *<br>(1.65) | 0.005<br>(1.47) |
| Excp | -0.002<br>(-0.80) | -0.002<br>(-0.78) | -0.000<br>(-0.11) |
| Smth | 0.127 ***<br>(4.14) | 0.087 **<br>(2.32) | 0.016<br>(0.55) |

续表

| 变量 | (1) | (2) | (3) |
|---|---|---|---|
| | TROA <0 | TROA <0 | BIGBATH =1 |
| | DA | DA | DA |
| State | −0.016 ***<br>(−4.53) | −0.016 ***<br>(−4.64) | −0.019 ***<br>(−5.82) |
| REM | 0.012<br>(0.93) | 0.013<br>(1.00) | −0.060 ***<br>(−6.36) |
| SD × NROA | | 0.029 **<br>(2.49) | |
| NROA | | −0.007<br>(−0.78) | |
| 常数项 | 0.115 ***<br>(2.83) | 0.110 ***<br>(2.70) | 0.174 ***<br>(4.83) |
| Industry | yes | yes | yes |
| N | 5 526 | 5 526 | 3 758 |
| Adj. $R^2$ | 0.112 | 0.114 | 0.103 |
| F | 17.300 | 16.284 | 9.995 |

注：DA 表示应计项目盈余管理的原始值。TROA = ROA − DA。NROA =1，如果上年亏损；否则 NROA =0。BIGBATH =1，如果 DA <0，并且 DA 小于负 DA 公司的样本中位数；否则 BIGBATH =0。其他变量定义见表 4 − 1。*** 、** 和 * 分别表示在 1% 、5% 和 10% 水平显著；括号中是 t 值，标准误差经公司聚类和异方差调整。

## 二、稳健性测试

为了研究结论的稳健性，本书还进行了如下敏感性测试：首先，皮得森（Petersen，2009）指出，混合界面数据可能导致回归模型残差自相关，因此，OLS 估计得到的标准误差可能是有偏的，而将个体和时间双重聚类，可以有效解决该问题。为此，按照公司和年度进行双重聚类，表 4 − 11 报告了该回归结果。由表 4 − 11 可知，回归结果仍然支持战略差异与应计项目盈余管理显著正相关与真实活动盈余管理显著负相关的结论。其次，本书用琼斯模型估计的操控性应计盈余 DA91 取代修正琼斯模型估计的操控性应计盈余 DA，重新检验模型，回归结果见表 4 − 12 第（1）列；用基于研发投入占营业收入比替代无形资产占比，重新计算战略差异 SD1，回归结果见表 4 − 12 第（2）列和（3）列。由表 4 − 12 可知，本书的上述结论仍然成立。

表 4-11 双重聚类

| 变量 | (1) | (2) |
|---|---|---|
| | DA | REM |
| SD | 0.028***<br>(11.28) | -0.044***<br>(-4.27) |
| Size | -0.000<br>(-0.01) | 0.020***<br>(4.74) |
| Lev | 0.016**<br>(1.99) | 0.157***<br>(7.04) |
| Big4 | -0.017***<br>(-3.44) | -0.055***<br>(-3.00) |
| ROA | -0.019<br>(-0.90) | -1.234***<br>(-11.45) |
| MB | 2.671***<br>(7.34) | -3.916***<br>(-3.73) |
| Mansh | 0.019**<br>(2.27) | -0.054<br>(-1.47) |
| Turn | -0.006***<br>(-2.71) | 0.019<br>(1.55) |
| Excp | -0.002*<br>(-1.71) | -0.027***<br>(-5.92) |
| Smth | 0.101***<br>(3.77) | 0.169***<br>(3.06) |
| State | -0.015***<br>(-6.43) | 0.007<br>(0.92) |
| REM | 0.006<br>(0.76) | |
| 常数项 | 0.099***<br>(3.78) | -0.082<br>(-0.92) |
| Industry | yes | yes |
| N | 15 942 | 15 942 |
| Adj. $R^2$ | 0.047 | 0.211 |
| Pseudo $R^2$ | | |
| F | 46.886 | 217.146 |

注：变量定义见表4-1。***、**和*分别表示在1%、5%和10%水平显著；括号中是t值，标准误差经公司聚类和异方差调整。

表 4-12 稳健性检验

| 变量 | (1) | (2) | (3) |
|---|---|---|---|
| | DAC91 | DA | REM |
| SD | 0.027***<br>(8.60) | | |
| SD1 | | 0.017***<br>(3.56) | -0.080***<br>(-4.82) |

续表

| 变量 | (1) | (2) | (3) |
|---|---|---|---|
| | DAC91 | DA | REM |
| Size | -0.000<br>(-0.30) | 0.005***<br>(3.57) | 0.016***<br>(3.66) |
| Lev | 0.006<br>(0.97) | -0.025***<br>(-2.91) | 0.065***<br>(2.81) |
| Big4 | -0.016***<br>(-5.58) | -0.021***<br>(-5.35) | -0.046**<br>(-2.45) |
| ROA | -0.037*<br>(-1.87) | -0.105***<br>(-3.65) | -1.693***<br>(-18.38) |
| MB | 2.637***<br>(8.22) | 3.531***<br>(7.25) | -6.487***<br>(-5.06) |
| Manshare | 0.024**<br>(2.42) | 0.027**<br>(2.55) | 0.009<br>(0.29) |
| Turn | 0.001<br>(0.52) | 0.003<br>(1.07) | 0.062***<br>(4.95) |
| Excp | -0.003***<br>(-3.06) | -0.006***<br>(-2.86) | -0.050***<br>(-7.31) |
| Smth | 0.099***<br>(5.53) | 0.142***<br>(4.52) | 0.264***<br>(4.29) |
| State | -0.014***<br>(-7.40) | -0.014***<br>(-6.13) | 0.011<br>(1.24) |
| REM | -0.003<br>(-0.46) | -0.021***<br>(-2.67) | |
| 常数项 | 0.119***<br>(5.73) | 0.054*<br>(1.71) | 0.430***<br>(4.34) |
| Industry | yes | yes | yes |
| n | 15 942 | 8 158 | 8 158 |
| Adj. $R^2$ | 0.060 | 0.043 | 0.369 |
| F | 21.529 | 10.436 | 41.539 |

注：变量定义见表4-1。***、**和*分别表示在1%、5%和10%水平显著；括号中是t值，标准误差经公司聚类和异方差调整。

## 本章小结

企业资源配置模式对会计信息披露和盈余质量有着重要影响（Bentley et al.，2013），本章进一步拓展了资源配置模式对企业盈余管理行为影响的研究。以1999~2014年我国A股上市企业为研究对象，发现：（1）战略差异显著提高了企业应计项目的盈余管理并减少了真实活动盈余管理。

平均而言，战略差异每上升一个标准差，真实活动盈余管理下降 1.24 个百分点，同时，应计项目盈余管理上升 0.896 个百分点。（2）战略差异与应计项目盈余管理的相关关系在经“四大”审计的公司中不再显著。这表明战略差异对应计项目盈余管理的影响部分取决于公司信息不对称程度。

与已有文献相比，本章有以下三点贡献：（1）有助于丰富盈余管理行为选择的研究文献。现有文献或者从外部环境（李增福等，2011；Cohen et al.，2008），或者从企业或管理层利益需求角度（Cohen & Zarowin，2010；程小可等，2013）研究企业盈余管理行为选择的机理。本章从战略差异视角分析了企业在应计项目盈余管理与真实活动盈余管理之间的权衡，从而丰富了有关企业盈余管理行为选择的文献。（2）有助于拓展企业战略后果方面的研究。迪普豪斯（1996）指出，企业战略差异或者战略同质的经济后果值得研究。但迄今为止关于战略后果的实证研究极为缺乏，并且局限于战略差异对财务绩效（Tang et al.，2011）和企业地位合法性（Deephouse，1996）的影响方面。本章从战略差异视角分析了企业战略如何影响企业盈余管理行为，拓展了现有的分析框架。（3）本章研究发现，战略差异对盈余管理方式的影响随着审计质量的变化而不同。国际“四大”会降低战略差异对应计项目盈余管理的影响。可能的原因是，“四大”能够提供高质量的审计，容易发现被审计单位的应计项目盈余管理，相对于其他公司，“四大”审计的客户其战略差异所带来的信息不对称对应计项目盈余管理的掩护作用有限，因而“四大”审计降低了战略差异对应计项目盈余管理的促进作用。这一发现对上市公司的监管和审计有一定的政策和实践意义。

# 第五章

# 企业战略差异与盈余管理的价值相关性

盈余管理在世界范围内是一种普遍存在的经济现象。格雷厄姆等（2005）对401位首席财务官的调研发现，超过3/4的受访高管愿意放弃经济价值，以换取稳定的收入。尽管监管部门出台各种政策试图遏制盈余管理，对恶性盈余管理的处罚也越发严重，但是盈余管理却屡禁不止。因此，企业进行盈余管理的动机也吸引了各国学者们对此开展广泛的研究。

关于盈余管理，会计文献中有三种观点影响深远，每一种观点对盈余预测未来公司经营现金流的能力都有不同的影响（Holthausen，1990；Healy & Wahlen，1999；Beneish，2001）。这三种观点分别是机会主义盈余管理观、信号传递观和噪音观。其中，机会主义盈余管理观认为，管理者做出自由选择（尤其是任意应计项目选择），以掩盖公司真实的潜在经济绩效，旨在牺牲投资者的利益来提高管理者的福利（Jensen，2005；Teoh et al.，1998a，1998b；Dechow & Skinner，2000；Beneish，2001；Nelson et al.，2002；Hribar & Jenkins，2004；Revsine et al.，2005；Badertscher，2011）。信号传递观认为，报告的自由裁量权使得管理者能够通过应计项目释放公司未来业绩的信号（Watts & Zimmerman，1986；Subramanyam，1996；Guay et al.，1996；Demski，1998；Arya et al.，2003；Louis & Robinson，2005；Badertscher et al.，2012）。噪声观认为，任意应计项目是盈余噪声。可见，盈余管理的后果取决于管理者从事盈余管理的动机。

企业的战略确立企业的长期目标，并决定了企业为实现目标所采取的行为模式和资源配置方式（Chandler，1962）。当企业的未来发展战略偏离行业常规时，企业的财务行为也会表现出不同。前述的研究也发现，公司战略偏离行业程度与盈余管理程度正相关，由此产生了一个有趣而重要的问题——公司战略是否以及如何影响企业信息披露的动机？可以说，上述疑问已经成为理论界和实务界亟待解决的问题。

纵览文献，关于盈余管理的利弊，学者们众说纷纭，意见不一。但由于盈余管理在现实生活中屡遭非议，大多数学者对盈余管理持否定态度，因此，多数研究聚焦于盈余管理的负面。例如，希珀（1989）认为盈余管理是公司管理层为了谋取自身利益，故意操纵财务报告盈余信息的行为。与此同时，也有少数研究对盈余管理的其他作用进行了考察。例如：盈余管理能提供关于公司管理者能力或公司未来业绩的信息（Bartov et al.，2002；Lev，2003）。管理者可以通过实现盈利预期，提高公司在利益相关者中的声誉（Bartov et al.，2002；Burgstahler & Dichev，1997），而良好的声誉使得公司与客户、供应商或债权人之间的关系更为密切，进而使公司在未来表现更好（Gunny，2010）。格雷厄姆等（2005）发现，86.3%的高管认为达到盈余基准可以在资本市场建立信誉。

值得注意的是，尽管上述文献围绕盈余管理展开了许多有益的探索，但也存在一些明显的不足。其中一个关键问题在于，公司从事某种活动都是服务于公司战略，但大部分研究都忽视了公司战略在实施过程中对经理人盈余管理动机的影响，将研究目光局限于代理成本。这可能导致研究结论有失偏颇，也难以深刻揭示盈余管理背后深层次的原因，不利于深刻揭示盈余管理影响公司价值的作用机制。本书以中国沪深两市上市公司为样本，同时基于公司战略视角，系统地考察公司战略对上市公司从事盈余管理动机的影响及其作用机制，以弥补现有文献的研究缺憾，也为更好地理解中国上市公司的盈余管理行为提供经验证据。

相比已有文献，本书的研究贡献如下。第一，对盈余管理领域的有关文献是一个有益的补充：一方面，不仅回答了盈余管理究竟是创造价值还是毁灭价值的问题，更重要的是，进一步厘清了其作用机制，即揭开了盈余管理影响公司价值的“黑箱”。另一方面，新增了现有盈余管理研究文献还甚少触及的关于上市公司在异常战略情境下盈余管理动机的经验证据，为认识和理解盈余管理动机提供了新的视角。第二，同样也能为监管机构提供一些启示。库恩斯等（Koonce et al.，2010）建议，未来的研究应该考察当财务信息被错误报告时，投资者需要哪些支持性信息来确定管理者的意图。本书会同已有文献的研究成果，揭示了公司战略偏离行业常规对上市公司从事机会主义盈余管理动机的影响，为提高对上市公司机会主义盈余管理的监管效果，监管机构需重视异常战略公司的机会主义盈余管理问题，并采取相应的针对措施。

## 第一节　文献回顾与研究假设

本节主要从盈余管理动机、信号传递理论以及盈余管理的价值相关性角度进行假说的推理论证。概括地说，根据已有文献，如果企业的盈余管理与价值相关，则可以认为是信号传递型盈余管理，否则属于机会主义盈余管理。由于战略差异一方面为企业机会主义盈余管理提供了便利，另一方面也可能诱发信号传递型盈余管理。因此，本节提出两个竞争性假说：机会主义盈余管理和信号传递型盈余管理。

### 一、战略差异与信号传递动机

#### （一）信号传递理论

信号传递理论是指，由于信息不对称，在委托代理关系中，委托人不清楚代理人的类型，代理人为使委托人识别自己的类型，就会主动释放某种信号，以利于双方的契约签订。信号传递理论发端于林特纳（Lintner，1956）关于股利政策的研究，由莫迪利安尼和米勒（Modigliani & Miller）于 1961 年提出，经过 10 多年的发展，信号传递模型确立。斯宾塞（Spence）于 1974 年率先将该理论引入经济学，提出了市场信号概念，并指出在某些市场上，由于信息不对称的存在，卖方主动向买方发出传递产品质量信息的信号。显然，如果处于信息优势的一方有能力将私有信息传递给处于信息劣势的一方，则可以实现交易的帕累托改进。斯宾塞在其经典著作《市场信号：雇佣过程中的信号传递》中，用教育水平解释信号传递理论。他认为，人们接受教育可能是为了提高自身能力和劳动生产率，但是，即便教育并不能提高接受教育者的能力，人们仍然有必要接受教育，因为教育能够传递受教育者的能力信号，从而使受教育者在劳动力市场上区别于其他人。信号传递理论的基本思想是：发送市场信号是市场参与者降低“逆向选择”的重要方式之一。

信号传递理论在财务学领域得到了诸多应用。罗斯（Ross，1977）研究发现，那些价值较低的企业通常负债水平较低，投资者可以依据资产负债率区分不同价值的企业。利兰和派尔（Leland & Pyle，1977）认为，如果企业家对一个项目进行投资，就会向外界传递一个好消息，投资者就可以依据企业家的投资比例评估项目的价值。巴塔查理亚（Bhattacharya，1979）开创了股利信号模型，认为如果企业对投资者派发现金股利，则预示着未来会盈利。信号传递学派假定外部投资者与企业管理层之间存在信息不对称，管理层则拥有企业的所有信息，信息不对称导致交易双方难以达成帕累托最优。该理论解释了上市公司为了引起投资者的青睐，有动机自愿披露私有信息。根据信息披露原则，如果上市公司没有及时披露某项信息，投资者一般把它视为坏消息，因此，为了避免被市场误解，公司的业绩越好，其管理层及时披露信息以传递好公司信号的动机越强。迈耶斯和迈基里夫（Mayers & Majluf，1984）认为，一般而言，企业管理层比外部投资者拥有更多的内部信息，如果信息不对称问题得不到解决，则企业通过公开发行股票或者债券进行筹资的成本就会比较高。张宗新等（2007）认为，如果公司在公开融资前，就加强与外部投资者的信息沟通，并且积极披露有关其财务状况和发展前景的信息，就会释放好公司的信号，有利于其再融资行为。巴尼奥利等（Bagnoli et al.，2005）认为，通用会计准则给了企业管理者较高的自由裁量权，管理者通过会计政策选择达到自身利益最大化。

### （二）信号传递与盈余管理

关于应计项目盈余管理，学界并非总是否定态度。特鲁曼和迪特曼（Trueman & Titman，1988）认为，操控性应计项目是经理人传递他们关于公司未来前景的私有信息的手段。德乔（1994）认为，操控性应计项目缓解了现金流的时间和匹配问题。沙布拉曼亚姆（1996）发现，操控性应计项目能够预测未来盈利能力和红利的变化，传递价值相关信息。路易斯和罗宾逊（2005）发现，公司经理人会同时利用操控性应计项目和股票分割来传递企业业绩优良的信号。阿吉尔等（Aguir et al.，2019）发现，操控性应计水平较高的公司选择行业专长审计师以便传递他们应计项目的质量并且使他们的财务报告获得更多的可信性。总之，这种观点认为，自由裁量会计选择是为了揭示管理者关于公司未来前景的私人信息，从而提供应计成分，更好地预测公司未来的现金流，是自由裁量会计选择的“信息视角”（Badertscher et al.，2012）。

### （三）战略差异与信息传递动机

已有研究表明，公司的资源配置战略偏离行业常规模式的程度越大，其与外部利益相关者的信息不对称程度越高（Carpenter，2000）。原因在于：一方面，偏离行业常规的资源配置通常会导致公司的经营模式不为利益相关者所熟悉；另一方面，研究表明，分析师跟踪通常能够降低信息不对称程度。然而，资源配置偏离行业常规模式，导致分析师不能依据行业层面信息对公司业绩进行预测，这意味着分析师需要付出额外的努力来挖掘此类企业的公司层面信息，以减小预测误差。基于成本效益权衡，分析师有可能不愿意跟踪战略差异较大的公司，从而战略差异加剧信息不对称。大量的研究表明，信息不对称会导致融资成本较高。因此，采取异常资源配置模式的公司，其管理者有动机通过信息披露传递公司发展的私有信息，以缓解信息不对称。尽管传递私有信息有多种渠道，但是已有研究表明，由于代理成本（Skinner，1997；Baginski et al.，2002）、诉讼风险（Skinner，1997；Baginski et al.，2002）或者专有成本（Verrecchia，1983；Berger & Hann，2007）等原因，管理者不愿意通过新闻媒体、电话会议等比较直接明确的方式来传递管理层关于公司前景的乐观信息，相反，他们更倾向于采用一种比较含蓄的方式，向外部利益相关者传达他们对公司发展前景的乐观判断或公司发展迹象等私有信息。公司的盈利能力指标（如净利润）通常被用来向投资者等利益相关者传递公司的运营状况以及发展前景。净利润由经营活动现金流和应计利润项目两部分构成。德乔（1994）指出，公司经营不稳定是一种常态，现金流有时间问题，应计利润项目有较高的潜能来传递业绩信号。后续的研究也支持操控性应计利润具有价值相关性（Beaver & Engel，1996；Louis & Robinson，2005）。因此，本书预期，给定公司治理较好的情况下，高战略差异的公司仍然有动机从事盈余管理，这种盈余管理旨在传递私有信息。鉴于信息驱动型盈余管理具有价值相关性，本章提出如下假说。

H5 - 1a：战略差异越大公司，操控性应计利润与市场价值的相关性越高。

## 二、战略差异与机会主义盈余管理动机

会计选择文献中的第二种观点认为，某些自利的管理者为了提高自己

的福利，不惜牺牲投资者的利益，并任意选择会计政策，以掩盖企业真实的业绩（Jenson，2005；Badertscher，2011）。

战略差异不仅导致公司管理者有信息传递动机，而且也可能导致其有机会主义盈余管理动机。所谓机会主义盈余管理就是企业或管理层为了谋取私利，在编制财务报告的过程中利用管理者自由裁量权或会计准则的漏洞进行盈余操纵，歪曲企业的真实业绩，以误导外部投资者等会计信息使用者的一种行为活动。希利和瓦伦（Healy & Wahlen，1999）指出："如果财务报告是为了传递管理者关于公司业绩的私有信息，准则应该允许管理者在财务报告中运用判断。管理者可以运用他们的经营知识和经验来选择与公司的经营状况匹配的报告方法和会计估计，以潜在地增加会计作为信息传递媒介的价值。然而，因为审计是不完美的，管理者应用判断也产生机会主义盈余管理，这种情况下，管理选择报告方法和估计并不能充分地反映他们公司潜在的经济实质。"

战略差异诱发机会主义盈余管理的原因如下。首先，战略差异导致机会主义盈余管理的成本下降。战略差异导致信息不对称程度加剧，信息不对程度越高，公司从事盈余管理被发现并受处罚的概率越低，因而从事恶性盈余管理的成本就较低。其次，战略差异导致机会主义盈余管理的动机增强。汤等（2011）研究发现，公司的资源配置偏离行业常规模式的程度越大，公司的业绩波动也越大。业绩波动越大，厌恶风险的投资者等利益相关者对企业的信心越不足，他们要么"用脚投票"，要么索取较高的回报率，从而导致公司的融资成本上升。研究表明，投资者认为经营现金流平稳的公司风险较小，因为它在经营过程中有一个可靠的现金来源（Minton & Schrand，1999；Rountree et al.，2008）。特鲁曼和迪特曼（1988）发现，管理者会为了使投资者相信公司的风险较小而平滑收益。此外，业绩波动越大，在经营不好的年份，管理者被解雇的概率越高，出于职位安全的考虑，管理者有动机从事机会主义盈余管理。基于以上分析，本章预测战略差异与机会主义盈余管理动机正相关，鉴于机会主义盈余管理与价值不相关或负相关，本章提出如下假说。

H5 - 1b：战略差异越大的公司，盈余管理与市场价值不相关或负相关。

## 第二节　研究设计

为了检验战略差异与盈余管理动机之间的相关性，本节进行实证模型设计。具体内容包括样本选择与数据来源、变量定义，以及具体的模型设计。

### 一、样本选择与数据来源

本书利用我国2000~2014年A股上市公司为初始研究样本。借鉴已有研究，对样本进行了如下筛选过程。首先，剔除了金融类上市公司；其次，为保证盈余管理指标计算的可靠性，剔除了年度观测值小于15的行业；最后，剔除了数据缺失的公司。进行上述筛选后，共获得20 116个公司的年度观测值。为降低极端值对研究结果的影响，本节对所有连续变量在1%和99%百分位上进行了缩尾处理。表5-1列示了样本筛选过程，表5-2和表5-3分别列示了样本的年度和行业分布情况。

**表5-1　样本筛选过程及分布**

| 样本筛选 | 观测值（个） |
|---|---|
| 一、初始样本（2000~2014年） | 26 340 |
| 二、剔除如下样本： | |
| 金融行业 | 421 |
| 数据缺失 | 5 803 |
| 三、最终样本 | 20 116 |

**表5-2　样本年度分布**

| 年份 | 数量（个） | 占比（%） |
|---|---|---|
| 1999 | 497 | 1.87 |
| 2000 | 594 | 2.23 |
| 2001 | 709 | 2.67 |
| 2002 | 834 | 3.14 |
| 2003 | 910 | 3.42 |
| 2004 | 981 | 3.69 |
| 2005 | 1 031 | 3.88 |
| 2006 | 1 116 | 4.2 |
| 2007 | 1 155 | 4.34 |
| 2008 | 1 203 | 4.52 |
| 2009 | 1 307 | 4.91 |
| 2010 | 1 386 | 5.21 |

续表

| 年份 | 数量（个） | 占比（%） |
|---|---|---|
| 2011 | 1 442 | 5.42 |
| 2012 | 1 661 | 6.25 |
| 2013 | 1 816 | 6.83 |
| 2014 | 1 890 | 7.11 |
| 2015 | 1 903 | 7.16 |
| 2016 | 1 930 | 7.26 |
| 2017 | 2 052 | 7.72 |
| 2018 | 2 179 | 8.19 |
| 总计 | 26 596 | 100 |

**表5-3　　样本行业分布**

| 行业 | 数量（个） | 占比（%） |
|---|---|---|
| A | 400 | 1.5 |
| B | 907 | 3.41 |
| C1 | 2 051 | 7.71 |
| C2 | 4 963 | 18.66 |
| C3 | 9 013 | 33.89 |
| C4 | 174 | 0.65 |
| D | 1 396 | 5.25 |
| E | 786 | 2.96 |
| F | 2 239 | 8.42 |
| G | 999 | 3.76 |
| K | 2 105 | 7.91 |
| L | 363 | 1.36 |
| M | 64 | 0.24 |
| N | 326 | 1.23 |
| R | 380 | 1.43 |
| S | 430 | 1.62 |
| 总计 | 26 596 | 100 |

## 二、变量定义

现有关于盈余管理动机的研究，虽然模型各不相同，但基本思路都是如果操控性应计利润与企业价值或未来现金流量显著正相关，则属于信号传递型盈余管理，否则属于机会主义盈余管理。参照科恩等（Cohen et al.，2011）的研究，本书将年末股票收盘价 PRICE 作为因变量，DA 与 SD 作为自变量，并控制了上市年龄 Age，公司市场价值与账面价值比 MB，盈利能力 EPS。为了控制年度和行业固定效应，还加入了年度和行业哑变量作为控制变量。有关变量见表5－4。

表5－4　变量定义

| 变量符号 | 变量名称与度量方法 |
|---|---|
| PRICE | 年末股票收盘价 |
| BM | 账市比，资产总计/市值A，其中市值A＝人民币普通股×今收盘价当期值＋境内上市的外资股B股×今收盘价当期值×当日汇率＋（总股数－人民币普通股－境内上市的外资股B股）×所有者权益合计期末值/实收资本本期期末值＋负债合计本期期末值 |
| DA | 操控性应计利润＝基于修正的琼斯模型的操控性应计利润/总股数 |
| EPS | 营业利润/总股数 |
| AGE | 企业上市时间＝(报告年度－上市年度)，然后取自然对数 |
| SHAKEOUT | 生命周期的轻微衰退期，具体算法参见Dickinson（2011，TAR） |
| DECLINE | 生命周期的衰退期，具体算法参见Dickinson（2011，TAR） |
| MATURE | 生命周期的成熟期，具体算法参见Dickinson（2011，TAR） |
| GROWTH | 企业生命周期的成长期，具体算法参见Dickinson（2011，TAR） |
| SD | 战略差异，具体计算参见Tang等（2011） |

## 三、战略差异与股票价格模型设计

为了检验战略差异对盈余管理动机的影响，参照科恩（Cohen，2011）的研究，本书采用如下回归模型：

$$
\begin{aligned}
Price_{i,t} = {} & \beta_0 + \beta_1 DA_{i,t} + \beta_2 SD_{i,t} + \beta_3 SD_{i,t} \times DA_{i,t} + \beta_4 MB_{i,t} + \beta_5 Age_{i,t} \\
& + \beta_6 EPS_{i,t} + \beta_7 GROWTH_{i,t} + \beta_8 MATURE_{i,t} + \beta_9 DECLINE_{i,t} \\
& + \beta_{10} SHAKEOUT_{i,t} + Industry + Year + \varepsilon_{i,t}
\end{aligned}
\tag{5-1}
$$

其中，PRICE表示年末股票收盘价，SD表示战略差异，DA表示基于修正的琼斯模型的每股操控性应计利润，GROWTH表示企业生命周期的成长期，MATURE表示生命周期的成熟期，SHAKEOUT表示生命周期的轻微衰退期，DECLINE表示生命周期的衰退期，AGE表示上市年龄，Industry和Year表示行业和年份，下标i代表公司，下标t表示年份。如果H5－1a成立，预期$\beta_3$显著为正。

# 第三节　实证检验结果

本节主要包括描述性统计、相关分析、多元回归分析以及稳健性检验。主要采用的是 Tobit 回归和 OLS 回归。

## 一、描述性统计

表 5－5 列示了主要变量的描述性统计结果。PRICE 的均值和中位数分别为 11.480 和 8.900，最大值和最小值分别为 50.000 和 2.200，标准差为 8.720，表明不同公司的股票价格差别较大。DA 的最大值和最小值分别为 3.110 和－2.790，标准差为 0.850，中位数为－0.010，表明在不同样本公司间，操控性应计利润也存在较大差异。SD 的均值为 0.570，标准差为 0.340，最大值和最小值分别为 2.110 和 0.160，表明各样本公司的战略差异程度存在较大差异。其他控制变量的分布比较合理。

表 5－5　　变量的描述性统计

| 变量名 | 观测值 | 均值 | 中位数 | 标准差 | 最小值 | 最大值 |
|---|---|---|---|---|---|---|
| PRICE | 26 596 | 11.480 | 8.900 | 8.720 | 2.200 | 50.000 |
| DA | 26 596 | 0.010 | －0.010 | 0.850 | －2.790 | 3.110 |
| SD | 26 596 | 0.570 | 0.480 | 0.340 | 0.160 | 2.110 |
| MB | 26 596 | 0.000 | 0.000 | 0.000 | 0.000 | 0.030 |
| EPS | 26 596 | 0.320 | 0.230 | 0.570 | －1.390 | 2.630 |
| PUBAGE | 26 596 | 2.130 | 2.200 | 0.680 | 0.690 | 3.330 |
| GROWTH | 26 596 | 0.320 | 0.000 | 0.470 | 0.000 | 1.000 |
| MATURE | 26 596 | 0.340 | 0.000 | 0.470 | 0.000 | 1.000 |
| DECLINE | 26 596 | 0.070 | 0.000 | 0.250 | 0.000 | 1.000 |
| SHAKEOUT | 26 596 | 0.150 | 0.000 | 0.350 | 0.000 | 1.000 |

## 二、相关分析

表 5－6 报告了主要变量的相关系数，PRICE 和 DA 的相关系数为 0.032 并且在 1% 的水平显著，说明这两者在不考虑其他因素影响时，操控性应计利润较高的公司，股票价格更高，符合信号传递假说。EPS 与 PRICE 的相关系数为 0.496，并且在 1% 的水平显著，表明公司的盈利能力越强，股票价格越高。战略差异 SD 与 PRICE 的相关系数为－0.069，且在 1% 的水平显著，表明在不考虑其他因素的情况下，战略差异越大，企业股票价格越低。其他变量的符号均符合预期。

表 5-6　　主要变量的 Pearson 相关系数

| 变量 | PRICE | DA | SD | MB | EPS | PUBAGE | GROWTH | MATURE | DECLINE |
|---|---|---|---|---|---|---|---|---|---|
| PRICE | 1 | | | | | | | | |
| DA | 0.032 *** | 1 | | | | | | | |
| SD | -0.069 *** | -0.072 *** | 1 | | | | | | |
| MB | 0.344 *** | -0.025 *** | 0.232 *** | 1 | | | | | |
| EPS | 0.496 *** | 0.148 *** | -0.189 *** | -0.090 *** | 1 | | | | |
| PUBAGE | -0.096 *** | 0.016 *** | 0.127 *** | 0.030 *** | -0.01 | 1 | | | |
| GROWTH | 0.061 *** | -0.089 *** | -0.089 *** | -0.068 *** | 0.083 *** | -0.110 *** | 1 | | |
| MATURE | 0.014 ** | -0.019 *** | -0.041 *** | -0.044 *** | 0.107 *** | -0.004 | -0.488 *** | 1 | |
| DECLINE | -0.063 *** | 0.057 *** | 0.128 *** | 0.097 *** | -0.117 *** | 0.095 *** | -0.183 *** | -0.193 *** | 1 |
| SHAKEOUT | -0.046 *** | -0.011 * | 0.067 *** | 0.055 *** | -0.086 *** | 0.089 *** | -0.282 *** | -0.296 *** | -0.111 *** |

注：括号内是 T 值，标准误差经异方差和聚类（Petersen，2009）调整。* $p < 0.1$，** $p < 0.05$，*** $p < 0.01$。

## 三、战略差异、盈余管理与股票价格回归分析

### （一）H5－1a 和 H5－1b 检验结果

表 5－7 报告了 H5－1a 和 H5－1b 的检验结果：表中第一列表示全样本回归结果，其中 DA×SD 的系数是本书关注的，它表示随着 SD 的上升，每股操控性应计利润 DA 与股票价格 Price 的关系。DA×SD 的系数为－0.589，并且在 1% 水平显著为负，表明随着资源配置偏离行业常规的程度上升，操控性应计利润与股票价格的相关性下降。此外，以 SD 的中位数为界，将样本分为两组，其中，HSD＝1 表示企业配置差异度较高组，HSD＝0 表示战略差异较低组。在这两组中，DA 的系数是本书最为关注的。表 5－7 的第（2）列和第（3）列列示了分样本回归结果。结果显示，在高战略差异组 DA 的系数在 1% 水平显著为负，在低战略差异组 DA 的系数不显著。系数差异显著性检验结果表明，两组的系数在 1% 水平存在显著差异。简而言之，表 5－7 第（2）列和第（3）列的结果与第（1）列一致，表明在战略差异大的样本组，操控性应计利润与股票价格的负相关关系更强烈。从控制变量上看，MB 和 EPS 与股票价格显著正相关，与已有研究结论一致。总之，上述结果表明，战略差异越大的公司，其操控性应计利润与股价负相关，即异常资源配置模式公司的盈余管理属于机会主义盈余管理。故不能拒绝 H5－1b。

**表 5－7　H5－1a 和 H5－1b 的检验结果**

| 变量 | 全样本 | HSD＝1 | HSD＝0 |
|---|---|---|---|
| | PRICE | PRICE | PRICE |
| DA | 0.083<br>(0.66) | －0.420***<br>(－5.07) | －0.060<br>(－0.67) |
| SD×DA | －0.589***<br>(－3.27) | | |
| SD | －0.617***<br>(－2.80) | | |
| MB | 741.806***<br>(17.73) | 536.151***<br>(14.12) | 1 549.434***<br>(19.19) |
| EPS | 7.921***<br>(33.46) | 7.408***<br>(23.90) | 8.305***<br>(32.11) |
| PUBAGE | －1.858***<br>(－14.42) | －2.449***<br>(－13.83) | －1.347***<br>(－9.54) |

续表

| 变量 | 全样本 | HSD = 1 | HSD = 0 |
|---|---|---|---|
| | PRICE | PRICE | PRICE |
| GROWTH | -0.376**<br>(-2.53) | -0.869***<br>(-3.93) | -0.030<br>(-0.18) |
| MATURE | -0.876***<br>(-5.38) | -1.048***<br>(-4.41) | -0.817***<br>(-4.56) |
| DECLINE | -0.838***<br>(-3.96) | -1.066***<br>(-3.85) | -0.644**<br>(-2.30) |
| SHAKEOUT | -0.653***<br>(-3.83) | -0.923***<br>(-3.85) | -0.719***<br>(-3.50) |
| Constant | 10.047***<br>(15.73) | 10.405***<br>(23.49) | 8.117***<br>(8.16) |
| Industry | yes | yes | yes |
| Year | yes | yes | yes |
| N | 26 596 | 13 352 | 13 244 |
| Adj. $R^2$ | 0.544 | 0.498 | 0.635 |
| | DA 系数差异显著性检验 | | |
| $chi^2$ | | 7.93 | |
| Prob. > $chi^2$ | | 0.0049 | |

注：括号内是T值，标准误差经异方差和聚类（Petersen，2009）调整。* $p<0.1$，** $p<0.05$，*** $p<0.01$。

### （二）内生性问题

为控制样本选择偏差，即股票价格高的公司倾向于更多地进行操控性应计盈余管理，以及遗漏变量所造成的内生性问题的影响，本书分别采用了固定效应模型和赫克曼两阶段回归法对 H5 - 1b 进行了检验。由于融资需求影响盈余管理，而且目前尚未有文献证明该变量影响企业权益的市场价值，故这两个变量满足工具变量的相关性和外生性条件。本书采用融资需求作为工具变量，以同行业同年度 DA 中位数为界设置哑变量，DA 均值大于年度行业中位数，HEM 取值为 1，否则为 0。回归结果见表 5 - 8。

表 5 - 8 的第（1）列是全样本固定效应模型回归结果，第（2）列和第（3）列分别是较大的战略差异样本组 Heckman 两阶段回归结果。其中，第（2）列是第一阶段回归结果，第（3）列是第 2 阶段回归结果。由表 5 - 8可知，在控制自选择问题后，异常战略组公司的操控性应计利润与股票价格依然显著负相关，符合 H5 - 1b 的预期。

**表 5－8　　内生性问题检验**

| 变量 | (1) | (2) | (3) | (4) |
|---|---|---|---|---|
| | PRICE | HEM | PRICE | PRICE |
| DA | 0. 150 ** | | －0. 314 *** | －0. 096 |
| | (2. 06) | | (－2. 95) | (－0. 74) |
| DA × SD | －0. 576 *** | | | |
| | (－5. 57) | | | |
| SD | －0. 499 *** | | | |
| | (－4. 00) | | | |
| MB | 605. 447 *** | －12. 445 *** | 488. 986 *** | 1464. 359 *** |
| | (59. 10) | (－2. 93) | (13. 02) | (16. 47) |
| EPS | 6. 388 *** | 0. 549 *** | 7. 136 *** | 8. 036 *** |
| | (86. 63) | (16. 74) | (21. 76) | (28. 17) |
| PUBAGE | －1. 902 *** | －0. 028 | －1. 837 *** | －0. 940 *** |
| | (－12. 57) | (－0. 88) | (－6. 80) | (－4. 36) |
| GROWTH | －0. 082 | －0. 821 *** | －0. 670 *** | 0. 059 |
| | (－0. 75) | (－16. 73) | (－2. 83) | (0. 31) |
| MATURE | －0. 788 *** | －0. 491 *** | －0. 931 *** | －0. 766 *** |
| | (－7. 22) | (－9. 75) | (－3. 79) | (－3. 80) |
| DECLINE | －0. 730 *** | 0. 014 | －0. 944 *** | －0. 616 ** |
| | (－4. 82) | (0. 23) | (－3. 33) | (－2. 02) |
| SHAKEOUT | －0. 750 *** | －0. 396 *** | －0. 741 *** | －0. 832 *** |
| | (－6. 12) | (－7. 09) | (－2. 99) | (－3. 79) |
| FINANCING | | 0. 524 *** | | |
| | | (6. 25) | | |
| Lamb | | | －0. 091 | －0. 011 |
| | | | (－0. 97) | (－0. 12) |
| Industry | yes | yes | yes | yes |
| Year | yes | yes | yes | yes |
| Constant | 9. 619 *** | 0. 591 *** | 12. 658 *** | 5. 886 *** |
| | (20. 68) | (3. 93) | (14. 65) | (6. 20) |
| N | 26 596 | 23 290 | 11 439 | 10 928 |
| Adj. $R^2$/Pseudo $R^2$ | 0. 491 | 0. 028 6 | 0. 498 | 0. 625 |

注：括号内是 T 值，标准误差经异方差和聚类（Petersen，2009）调整。∗ p＜0. 1，∗∗ p＜0. 05，∗∗∗ p＜0. 01。

## 四、稳健性检验

为了结论的稳健性，本书分别采用琼斯模型的操控性应计利润 DA91 和业绩修正的操控性应计利润 DA05 作为自变量，回归结果见表 5－9。表 5－9显示，DA91 × SD 和 SD × DA05 的系数分别为－3. 294 和－2. 322，并且都在 1% 水平显著。与前述结论一致，表明前述结果比较稳健。

表 5 -9　　变更 DA 的计算方法

| 变量 | (1) | (2) |
|---|---|---|
| | PRICE | PRICE |
| DA05 | 1.988 ***<br>(3.08) | |
| SD × DA05 | -2.322 **<br>(-2.46) | |
| DA91 | | 1.497 **<br>(2.46) |
| SD × DA91 | | -3.294 ***<br>(-3.82) |
| SD | -0.466 **<br>(-2.19) | -0.543 **<br>(-2.54) |
| MB | 769.238 ***<br>(18.41) | 767.831 ***<br>(18.42) |
| EPS | 7.920 ***<br>(37.42) | 7.948 ***<br>(37.36) |
| PUBAGE | -2.073 ***<br>(-21.39) | -2.060 ***<br>(-21.25) |
| GROWTH | -0.249 *<br>(-1.72) | -0.299 **<br>(-2.07) |
| MATURE | -0.750 ***<br>(-4.84) | -0.791 ***<br>(-5.08) |
| DECLINE | -0.736 ***<br>(-3.54) | -0.732 ***<br>(-3.52) |
| SHAKEOUT | -0.534 ***<br>(-3.28) | -0.568 ***<br>(-3.48) |
| Constant | 13.581 ***<br>(20.38) | 13.667 ***<br>(20.57) |
| Industry | yes | yes |
| Year | yes | yes |
| N | 28450 | 28450 |
| Adj. $R^2$ | 0.565 | 0.565 |

注：括号内是 T 值，标准误差经异方差和聚类（Petersen，2009）调整。* $p<0.1$，** $p<0.05$，*** $p<0.01$。

由于本书在前面计算战略差异时采用无形资产替代了研发支出、用销售费用替代了广告费。为了避免替代偏误影响研究结论，在此剔除这两个变量，重新计算战略差异 $SD_2$，并运行了模型 5 -1。回归结果见表 5 -10，结果显示，$SD_2$ × DA，$SD_2$ × DA05 和 $SD_2$ × DA91 的系数都在 1% 水平显著为负，表明异常资源配置组的操控性应计利润与股票价格显著负相关。

表 5-10 变更 SD

| 变量 | (1) PRICE | (2) PRICE | (3) PRICE |
|---|---|---|---|
| DA | 0. 036<br>(0. 67) | | |
| $SD_2 \times DA$ | -0. 378 ***<br>( -5. 89) | | |
| DA05 | | 1. 663 ***<br>(3. 60) | |
| $SD_2 \times DA05$ | | -1. 779 ***<br>( -3. 10) | |
| DA91 | | | 0. 899 **<br>(1. 97) |
| SD × DA91 | | | -2. 380 ***<br>( -4. 30) |
| SD2 | -0. 463 ***<br>( -6. 19) | -0. 660 ***<br>( -4. 38) | -0. 718 ***<br>( -4. 80) |
| MB | 600. 203 ***<br>(59. 49) | 779. 549 ***<br>(18. 71) | 778. 174 ***<br>(18. 74) |
| EPS | 6. 282 ***<br>(86. 85) | 7. 886 ***<br>(37. 48) | 7. 916 ***<br>(37. 40) |
| PUBAGE | -1. 885 ***<br>( -12. 69) | -2. 053 ***<br>( -21. 19) | -2. 039 ***<br>( -21. 05) |
| GROWTH | -0. 094<br>( -0. 87) | -0. 270 *<br>( -1. 88) | -0. 326 **<br>( -2. 26) |
| MATURE | -0. 796 ***<br>( -7. 43) | -0. 770 ***<br>( -4. 99) | -0. 819 ***<br>( -5. 29) |
| DECLINE | -0. 711 ***<br>( -4. 77) | -0. 691 ***<br>( -3. 34) | -0. 690 ***<br>( -3. 34) |
| SHAKEOUT | -0. 757 ***<br>( -6. 30) | -0. 538 ***<br>( -3. 31) | -0. 579 ***<br>( -3. 55) |
| Constant | 9. 598 ***<br>(21. 18) | 13. 666 ***<br>(20. 69) | 13. 738 ***<br>(20. 88) |
| N | 26 596 | 28 450 | 28 450 |
| Adj. $R^2$ | 0. 495 | 0. 566 | 0. 566 |

注：括号内是 T 值，标准误差经异方差和聚类（Petersen，2009）调整。* $p<0.1$，** $p<0.05$，*** $p<0.01$。

如果公司进行盈余管理是为了传递关于公司前景的好消息，则公司的盈余管理应该与未来股票价格和公司价值正相关。基于此，本书进行了如下的稳健性检验。

首先，检查了盈余管理与未来股票价格的关系，回归结果见表 5-11。其中，第一列是高 SD 样本公司，第二列是低 SD 样本公司，第三列是全样本。结果显示，无论战略差异高低，DA 都与未来股票价格显著负相关，表明企业从事盈余管理活动并非是为了传递好消息。

其次，以托宾 Q 值衡量公司价值，并控制了公司规模（SIZE）、资产负债率（LEV）、收入增长率（GROW）、公司年龄（AGE）、四大审计（BIG4）、CEO 董事长两职合一（CEODUAL）、无形资产占比（TAN）、独立董事比例（INDR）以及年度和行业，进一步检验了盈余管理与未来公司价值之间的关系，回归结果见表 5-12。由表 5-12 可知，在高战略差异组，DA 与 $TQ_{t+1}$ 关系不显著；在低战略差异组，DA 与 $TQ_{t+1}$ 在 10% 水平显著正相关；全样本回归结果显示，$SD_t \times DA_t$ 的系数不显著。综合以上结果，表明战略差异高的公司从事盈余管理并非是为了传递好消息。进一步支持了前述的结果。

**表 5-11　　盈余管理与未来股票价格**

| 变量 | 高 SD | 低 SD | 全样本 |
|---|---|---|---|
| | $PRICE_{t+1}$ | $PRICE_{t+1}$ | $PRICE_{t+1}$ |
| $DA_t$ | -0.387***<br>(-4.05) | -0.235**<br>(-2.22) | -0.200<br>(-1.46) |
| $SD_t \times DA_t$ | | | -0.196<br>(-0.99) |
| $SD_t$ | | | -0.157<br>(-0.71) |
| $MB_t$ | 422.474***<br>(13.13) | 1 069.172***<br>(17.91) | 550.358***<br>(16.58) |
| $EPS_t$ | 6.479***<br>(19.70) | 7.063***<br>(24.68) | 6.848***<br>(27.02) |
| $PUBAGE_t$ | -1.830***<br>(-9.33) | -0.914***<br>(-6.04) | -1.294***<br>(-9.22) |
| $GROWTH_t$ | -0.647***<br>(-2.80) | 0.067<br>(0.35) | -0.237<br>(-1.51) |
| $MATURE_t$ | -0.135<br>(-0.55) | 0.075<br>(0.38) | 0.004<br>(0.02) |
| $DECLINE_t$ | -0.615**<br>(-2.31) | -0.223<br>(-0.73) | -0.438**<br>(-2.13) |
| $SHAKEOUT_t$ | 0.093<br>(0.35) | -0.184<br>(-0.81) | 0.117<br>(0.64) |
| Constant | 9.683***<br>(20.45) | 6.473***<br>(6.06) | 14.618***<br>(20.48) |
| Industry | yes | yes | yes |
| Year | yes | yes | yes |
| N | 12 198 | 12 179 | 24 377 |
| Adj. $R^2$ | 0.413 | 0.501 | 0.451 |

注：括号内是 T 值，标准误差经异方差和聚类（Petersen，2009）调整。* $p<0.1$，** $p<0.05$，*** $p<0.01$。

表 5－12　盈余管理与未来公司价值

| 变量 | 高 SD | 低 SD | 全样本 |
|---|---|---|---|
| | $TQ_{t+1}$ | $TQ_{t+1}$ | $TQ_{t+1}$ |
| $DA_t$ | －0.014<br>(－1.20) | 0.003*<br>(1.81) | －0.005<br>(－0.37) |
| $SD_t$ | | | 0.341***<br>(2.78) |
| $SD_t \times DA_t$ | | | －0.006<br>(－0.23) |
| $SIZE_t$ | －0.025<br>(－0.86) | 0.002<br>(0.83) | 0.005<br>(0.27) |
| $LEV_t$ | 0.054***<br>(9.64) | 0.723***<br>(24.95) | 0.056***<br>(11.41) |
| $GROW_t$ | －0.000<br>(－0.80) | 0.000***<br>(3.39) | 0.000**<br>(2.39) |
| $STATE_t$ | －0.285<br>(－1.19) | －0.027***<br>(－5.80) | －0.161<br>(－1.22) |
| $AGE_t$ | 0.500<br>(1.41) | －0.039***<br>(－4.54) | 0.210<br>(1.39) |
| $BIG4_t$ | －0.065<br>(－0.76) | －0.005<br>(－0.61) | －0.111<br>(－1.38) |
| $CEODUAL_t$ | －0.020<br>(－0.24) | 0.012**<br>(2.11) | －0.013<br>(－0.30) |
| $TAN_t$ | 0.575<br>(1.32) | 0.049<br>(0.64) | 0.293<br>(0.83) |
| $INDR_t$ | －0.816<br>(－0.50) | 0.023<br>(0.60) | －0.349<br>(－0.48) |
| Constant | 0.527<br>(1.06) | 0.448***<br>(6.82) | －0.316<br>(－1.27) |
| Industry | yes | yes | yes |
| Year | yes | yes | yes |
| N | 7 662 | 7 761 | 15 423 |
| Adj. $R^2$ | 0.031 | 0.571 | 0.022 |

注：括号内是 T 值，标准误差经异方差和聚类（Petersen，2009）调整。$*p<0.1$，$**p<0.05$，$***p<0.01$。

## 五、战略差异对股价崩盘风险的影响

前述研究发现，战略差异引发机会主义盈余管理。为了进一步检验战略差异对盈余管理动机的影响，本书考察战略差异对股价崩盘风险的影响。如果战略差异与股价崩盘风险正相关，则可以认为战略差异与信息披露质量负相关，从而进一步从侧面印证战略差异导致机会主义盈余管理。

鲍尔（Ball，2009）和科萨里等（Kothari et al.，2009）认为，管理者

出于薪酬契约、职业生涯和帝国构建等动机，倾向于隐藏公司亏损和其他负面的消息，如果管理者这种隐瞒和累积负面信息持续较长时间，公司的股价将被严重高估，并产生泡沫。然而，管理者不可能无限期地隐瞒坏消息，坏消息的累积存在一个极限，在临界点，管理者隐瞒坏消息的成本太高或者不可能再隐瞒坏消息（Kothari et al.，2009）。当达到临界点时，坏消息全部瞬间释放，导致股价暴跌，这就是崩盘（Jin & Myers，2006；Hutton et al.，2009）。一些研究认为，股价崩盘的生成机理是：信息不透明导致外部利益相关者无法了解企业的真实业绩，或者被企业披露的虚假信息蒙蔽，产生对企业股价的错误高估，一旦投资者识别企业的真实经营业绩，股价就会暴跌（Jin & Myers，2006；Hutton et al.，2009）；或者是公司的信息不透明使得投资者不能及时发现净现值小于零的投资项目，从而不能阻止该项目的投资或者持续运营，当净现值为负的投资项目产生的亏损累积到一定程度时，就会引起股价急剧下跌（Bleck & Liu，2007）。

赫顿（Hutton，2009）发现，公司的股价崩盘风险与财务报告透明度显著负相关，并且这种负相关性随着萨班斯法案的颁布执行而消失。金姆等（2011a）利用美国公司 1995～2008 年的数据发现，避税为公司经理寻租和长期隐瞒坏消息提供了便利，避税程度越高，公司的股价崩盘风险就越高。金姆和张（Kim & Zhang，2010）利用美国 1964～2007 年上市公司的数据研究发现，财务报告越稳健，股价崩盘风险越低。罗进辉和杜兴强（2014）基于中国上市公司 2004～2011 年的数据，检验了媒体报道对未来股价崩盘风险的影响。结果发现：媒体对上市公司的报道越频繁，公司的未来股价崩盘风险越低；上市公司所在省市的制度环境越不完善，公司未来股价崩盘的可能性越大。综上所述，已有研究发现信息不对称是股价崩盘风险产生的一个重要因素。既然信息不对称可能导致股价崩盘风险，而且前述已经发现战略差异导致上市公司盈余管理行为，并且这种盈余管理行为不是出于信号传递动机，那么本书预期，战略差异越大的公司，其未来股价崩盘风险越高，如果结论得证，则进一步印证了战略差异导致上市公司盈余质量下降，加剧信息不对称程度。基于此，借鉴已有研究（He，2015），本书采用以下模型考察战略差异与股价崩盘风险之间的关系。

其中，$Crash_{t+1}$表示 t+1 期股价崩盘风险。借鉴陈等（2001）和金姆（2011a）的方法，本书采用两种方法度量上市公司的股价崩盘风险。具体方法如下。

首先，采用股票的周收益率数据对模型（5－2）进行回归，残差 $\varepsilon_{i,t}$ 表示个股收益中市场所不能解释的部分；$W_{i,t}=\ln(1+\varepsilon_{i,t})$ 表示公司 i 第 t 周经过市场调整后的周收益率。模型（5－2）中，$r_{i,t}$ 为公司 i 的股票在第 t 周的收益率，$r_{M,t}$ 为市场在第 t 周的加权平均收益率。

$$r_{i,t}=\eta_i+\alpha_1\times r_{M,t-2}+\alpha_2\times r_{M,t-1}+\alpha_3\times r_{M,t}+\alpha_4\times r_{M,t+1}+\alpha_5\times r_{M,t+2}+\xi_{i,t} \tag{5-2}$$

其次，采用的第一个衡量股价崩盘风险的指标为负收益偏态系数（negative conditional return skewness），计算方法见公式（5－3）。其中，n 为股票 i 在第 t 年中交易的周数。NCSKEW 越大，说明偏态系数负的程度越高，崩盘风险越大。

$$NCSKEW_{i,t}=-\left[n(n-1)^{3/2}\sum W_{i,t}^3\right]/\left[(n-1)(n-2)\left(\sum W_{i,t}^2\right)^{3/2}\right] \tag{5-3}$$

最后，采用的第二个计量股价崩盘风险的指标为收益上下波动的比率，记为 DUVOL。计算方法公式（5－4）。先以年度平均收益率为基准，将股票周收益率数据分割，如果股票 i 经过市场调整后的周收益率大于年度平均收益率，则认为其处于上升阶段，否则将其归为下降阶段；然后分别计算两个子样本股票周收益率的标准差，最后根据模型（5－4）计算 DUVOL。

$$DUVOL=\log\left\{\left[(n_u-1)\sum_{Down}W_{i,t}{}^2\right]/\left[(n_d-1)\sum_{Up}W_{i,t}{}^2\right]\right\} \tag{5-4}$$

其中，nu（nd）为股票 i 的周回报率高于（低于）当年回报率均值的周数。DUVOL 越大，表示收益率左偏的程度越大，崩盘风险越高。

理想状态下，公司股票周收益率处于上升和下降阶段的概率应该是相等的，并且上升和下降的程度应该不存在显著差异。然而，现实中由于管理者出于自利动机倾向于隐藏坏消息，并及时披露好消息，公司股票周收益率处于上升阶段的概率应该大于下降阶段的概率，由于隐藏坏消息最终导致坏消息的集中释放，公司股票周收益率下跌的幅度将显著大于上升的幅度。因此，NCSKEW 和 DUVOL 可以衡量股价崩盘风险，它们的值越大，表示股价崩盘风险越大。

借鉴已有研究（He，2015；Kim & Zhang，2014a）本书控制了下列公司层面的影响股价崩盘风险的因素：（1）$Turnover_t$，股票换手率的变化，等于股票 i 本年度的换手率与上年度的换手率之差；（2）$Ret_t$，股票 i 的年度收益率；（3）$Stdret_t$，年度个股周收益率 Wit 的标准差；（4）$Mret_t$，年度个股周收益率的平均值；（5）$BM_t$，上市公司的账面价值与市场价值之比，衡量公司的成长性；（6）$Lev_t$，上市公司的资产负债率，用期末总负债除以期末总资产表示；（7）$ROA_t$，上市公司的总资产收益率，等于净利润除以期末总资产；（8）$Size_t$，上市公司的规模，用公司年末总资产的自然对数表示；（9）$Insti_t$，机构投资者持股比例，等于机构投资者持股数量除以被投资公司总股数；（10）$Grow_t$ 收入增长率，等于当年营业收入与上年收入之差除以上年营业收入。此外，吉恩和迈尔斯（Jin & Myers，2006）以及赫顿等（2009）发现，信息透明度是股价崩盘风险的一个主要影响因素，因此，本书进一步控制了上市公司的信息透明度指标 ABD，用修正 Jones 模型估计的操控性应计利润的绝对值表示。具体模型见公式（5－5），回归结果见表 5－13。

$$
\begin{aligned}
Crash_{i,t+1} = {} & \beta_0 + \beta_1 SD_{i,t} + \beta_2 BM_{i,t} + \beta_3 Roa_{i,t} + \beta_4 Size_{i,t} + \beta_5 Lev_{i,t} \\
& + \beta_6 Turnover_{i,t} + \beta_7 Grow_{i,t} + \beta_8 Stdret_{i,t} + \beta_9 Mret_{i,t} \\
& + \beta_{10} Insti_{i,t} + \beta_{11} ABDA_{i,t} + Year + Industry + \varepsilon
\end{aligned}
\tag{5-5}
$$

**表 5－13　　战略差异与股价崩盘风险**

| 变量 | (1) | (2) | (3) | (4) | (5) | (6) |
|---|---|---|---|---|---|---|
| | $NCSKEW_{t+1}$ | $NCSKEW_{t+1}$ | $NCSKEW_{t+1}$ | $DUVOL_{t+1}$ | $DUVOL_{t+1}$ | $DUVOL_{t+1}$ |
| $SD_t$ | 0.048***<br>(2.58) | 0.058***<br>(2.72) | 0.054**<br>(2.50) | 0.036***<br>(2.88) | 0.043***<br>(2.95) | 0.042***<br>(2.81) |
| $BM_t$ | | 0.082***<br>(2.92) | 0.076***<br>(2.72) | | 0.059***<br>(3.13) | 0.057***<br>(2.97) |
| $ROA_t$ | | 0.264***<br>(2.61) | 0.269***<br>(2.65) | | 0.173**<br>(2.38) | 0.177**<br>(2.43) |
| $SIZE_t$ | | 0.001<br>(0.14) | 0.001<br>(0.27) | | 0.001<br>(0.33) | 0.002<br>(0.42) |
| $LEV_t$ | | 0.075**<br>(2.42) | 0.072**<br>(2.31) | | 0.054***<br>(2.59) | 0.053**<br>(2.52) |
| TURNOVERt | | −0.016***<br>(−8.06) | −0.016***<br>(−8.21) | | −0.011***<br>(−8.28) | −0.011***<br>(−8.40) |

续表

| 变量 | (1) | (2) | (3) | (4) | (5) | (6) |
|---|---|---|---|---|---|---|
| | $NCSKEW_{t+1}$ | $NCSKEW_{t+1}$ | $NCSKEW_{t+1}$ | $DUVOL_{t+1}$ | $DUVOL_{t+1}$ | $DUVOL_{t+1}$ |
| GROWt | | 0.004 | 0.000 | | -0.001 | -0.002 |
| | | (0.38) | (0.00) | | (-0.07) | (-0.28) |
| STDRETt | | -3.075*** | -3.115*** | | -1.697*** | -1.730*** |
| | | (-3.41) | (-3.44) | | (-2.71) | (-2.75) |
| MRETt | | 3.008*** | 3.040*** | | 1.273* | 1.294* |
| | | (2.95) | (2.97) | | (1.81) | (1.84) |
| INSTIt | | 0.166*** | 0.164*** | | 0.124*** | 0.122*** |
| | | (5.07) | (4.99) | | (5.36) | (5.27) |
| ABDAt | | | 0.077* | | | 0.030 |
| | | | (1.94) | | | (1.09) |
| 常数项 | -0.164*** | -0.278** | -0.286** | -0.149*** | -0.194** | -0.195** |
| | (-3.73) | (-2.15) | (-2.21) | (-5.04) | (-2.19) | (-2.20) |
| Industry | 已控制 | 已控制 | 已控制 | 已控制 | 已控制 | 已控制 |
| Year | 已控制 | 已控制 | 已控制 | 已控制 | 已控制 | 已控制 |
| N | 18 046 | 15 029 | 14 978 | 18 046 | 15 029 | 14 978 |
| Adj. $R^2$ | 0.043 | 0.046 | 0.047 | 0.049 | 0.054 | 0.054 |
| F | 28.180 | 21.666 | 21.232 | 31.239 | 24.580 | 23.970 |

注：括号内是T值，标准误差经异方差和聚类（Petersen，2009）调整。* $p<0.1$，** $p<0.05$，*** $p<0.01$。

表5-13报告了战略差异与股价崩盘风险的检验结果：回归（1）、（2）、（3）中使用$NCSKEW_{t+1}$作为崩盘风险指标，其中，回归（1）中只控制了年度与行业效应，发现SDt的系数为0.048，在1%水平显著；回归（2）中控制了一系列影响股价崩盘风险的因素，SDt依旧在1%水平显著为正，且数值更大（0.058）；回归（3）中进一步控制信息透明度的影响，SD的系数有所下降（0.054），但仍在1%水平显著。在回归（4）、（5）和（6）中，将股价崩盘风险指标更换为$DUVOL_{t+1}$，结论依然保持不变。

综上，在控制其他因素后，战略差异与未来股价崩盘风险之间呈正相关关系，说明随着战略差异的上升，股价崩盘风险显著提高，这与本书的预期一致。

## 本章小结

本章考察了企业战略差异对盈余管理价值相关性和股价崩盘风险的影

响。研究发现，企业的战略差异越大，操控性应计利润的价值相关性越低，股价崩盘风险越高。在控制了企业财务状况、成长性、上市年龄和股票流动性等公司特征之后，结论仍然成立。这表明，投资者为盈余管理定价时会考虑资源配置信息，即投资者会依据企业的资源配置来判断盈余管理的动机，从而对盈余管理进行定价。

本章的结论对于监管部门和审计师以及投资者等会计信息使用者等具有重要现实意义。首先，本章的结论进一步表明战略差异会导致机会主义盈余管理而不是信号传递盈余管理。因此，对异常战略的企业，审计师在出具审计意见时，应更加谨慎。监管部门应加大监管力度。其次，由于战略异常企业的资源配置模式标新立异，投资者更难以判定其业绩，盈余管理被发现的概率较低，对于这类企业，投资者在阅读财务报告时应更加仔细，多做分析，不能盲目轻信其财务报告中的业绩信息。

与已有研究相比，本章的贡献在于：（1）首次从战略差异角度考察了企业盈余管理动机；（2）首次从战略差异角度考察了盈余管理的与股价崩盘风险的相关性问题，探讨了战略差异对企业操控性应计利润与股价崩盘风险相关性的影响；（3）进一步探讨了战略差异对盈余价值相关性的影响。现有关于战略差异价值相关性的研究极为稀缺，据我们所知，仅有叶康涛等（2014）考察了战略差异与财务报表的价值相关性。但与已有文献（叶康涛等，2014）不同，本章更加关注操控性应计利润，研究了战略差异对操控性应计利润价值相关性的影响。

# 第六章
# 公司战略差异与社会责任

前述研究表明，战略差异度大的企业倾向于通过盈余管理手段来进行印象管理，然而，通过操纵财务报告进行印象管理是有风险的，随着我国资本市场监管的日趋严格和惩戒力度的加大，上市公司进行盈余管理可能要面临诉讼风险和巨额罚金。因此，企业高管有动机通过从事社会责任进行印象管理。金婧（2018）发现，除了盈余管理以外，慈善捐赠也通常是企业用于印象管理的手段之一。基于此，本章检验了战略差异度对企业捐赠的影响。基于合法性文献和印象管理理论，我们假设，战略偏离行业常规的公司有动机参与企业社会责任活动，以免遭受潜在的合法性损失。以2003~2011年中国上市公司为样本，我们发现，战略偏离行业常规的公司更有可能从事慈善捐赠。进一步的研究发现，分析师跟踪人数以及大股东持股比例对二者关系具有负向调节作用。

高管们对于组织和环境的相似观念通常会导致同一行业内的公司战略惊人地高度同质化（Abrahamson & Hambrick，1997；DiMaggio & Powell，1983；Meyer & Rowan，1977；Philippe & Durand，2011）。然而，也有一些管理者，尤其是过于自信的高管，选择的战略可能会不同程度地偏离行业规范（Malmendier & Tate，2015；Park et al.，2018；Tang et al.，2011）。因此，当企业的战略定位与认知共识或行业秘诀之间存在差异时，就会出现异常战略（Durand et al.，2007；Finkelstein & Hambrick，1990；Deephouse，1996；Geletkanycz & Hambrick，1997）。

在企业战略定位与认知共识不一致的情况下，企业的合法性会受到威胁或损害（DiMaggio & Powell，1983；Meyer & Rowan，1977；Scott & Lane，2000；Suchman，1995；Tang et al.，2011）。缺乏合法性会阻碍企业获得外部资源，损害企业在客户和优秀员工中的声誉，进而导致更高的商业风险（Dimaggio & Powell，1983；Deephouse，1996；Pfeffer & Salancik，

2003；Singh et al.，1986；Tang et al.，2011；Martens et al.，2007；O'Connor，2004；Shepherd & Zacharakis，2003）。因此，我们可以合理地预期，企业采用异常战略将会有很大的动力进行印象管理来消除这些负面影响。

印象管理文献发现，承担社会责任既可以最大化正面效应也可以消减负面效应（金靖，2018）。我们认为，参与企业社会责任实践是战略差异度大的企业应对上述挑战的一个有效的方法。企业社会责任可以重新树立利益相关者对企业的信心，为企业带来宝贵的资源，并有助于使企业为社会所接受（Cheng et al.，2014；Gardberg & Fombrun，2006；Gao et al.，2017；Porter & Kramer，2006）。有效地采取企业社会责任能够使社区邻居的关系更好，员工积极性提高，顾客忠诚度更高，资本成本降低，更重要的是能给企业带来一个良好的声望（Liang et al.，2014；Mithani，2017）。据我们所知，尚未有研究探索企业是否有动机从事社会责任活动进行印象管理，以应对来自战略异常导致的合法性压力。在对北京的CEO进行了初步的调研、访谈之后（详见方法部分），我们对这个问题有了进一步的了解，并得出结论，这是一个值得研究的重要课题。

为了进一步了解这一问题，我们提出以下问题：是否有其他因素可以减轻异常战略带来的不利影响？换句话说，我们探讨了上述战略偏离社会常规的程度与企业社会责任之间的关系在特定的环境条件下是否具有稳健性。我们认为，对于那些容易获得外部和内部资源（如与财务分析师的沟通和大股东鼎力支持）的公司来说，这种关系将不那么明显。特别是，如果与财务分析师的沟通，代表了企业可以获得外部财务分析师的支持或关注，有效地减少企业与外部利益相关者之间的信息不对称，增强利益相关者对管理的信心（Armstrong et al.，2011，Chung et al.，1995；Lang et al.，2003；Shores，1990）；有助于企业获得更多的外部资本（Cheng & Subramanyam，2008；Jung et al.，2012），是否降低了社会责任实践作为企业应对与异常战略相关压力的工具的必要性？我们认为，战略异常与企业参与社会责任活动之间的关系在拥有大股东鼎力支持的企业中不那么明显，大股东支持的企业代表着集团股东的存在。大股东拥有强烈的动机和充足的资源来支持企业应对危机或不利情况，从而减少了企业对其他外部利益相关者提供资源的依赖（Lemmon & Lins，2003），并导致企业参与社会责任实践的动机减弱。

关于制度缺陷的文献表明，无效的公司治理监管和薄弱的中介机构可能会影响市场效率和公司战略（Gaur et al.，2014；Sun et al.，2015）。在中国的背景下，考察之前未被探索的大股东和金融分析师这两个资本市场的关键参与者，对我们的主要假设的调节作用是适当的。

以2003～2011年的中国上市公司为样本，我们对上述假设进行了实证检验，发现所有假设都得到了实证支持。我们的研究在以下方面对文献有贡献。首先，将战略异常与企业慈善事业联系起来，并对战略和企业社会责任文献产生深刻的理解。基于合法性文献（DiMaggio & Powell，1983；Sethi，1979；Suchman，1995），我们发现，采用异常战略的企业倾向于参与慈善捐赠，这从制度的角度加深了我们对企业进行此类捐赠动机的理解（Peng et al.，2009）。其次，我们超越了对战略选择与财务绩效关系的传统研究（Geletkanycz & Hambrick，1997；Tang et al.，2011），并探讨公司战略对企业社会责任的影响。研究结果表明，企业战略不仅影响财务绩效，而且影响企业的社会责任参与。最后，我们在企业社会责任参与方面确定了两个重要的调节者：分析师和大股东。研究表明，这两个重要的利益相关者在资本市场上的作用削弱了企业战略对慈善事业的影响。这些发现具有理论和实践意义。此外，我们的样本展示了世界第五大和第八大证券交易所（这两家证券交易所的总市值仅低于纽约证券交易所）的中国上市公司的社会责任活动；我们的研究结果极大地丰富了我们对中国企业社会责任实践的理解。

## 第一节　文献回顾和假说发展

### 一、战略差异、合法性丧失和资源

战略差异是指企业战略偏离行业中心趋势的程度（Carpenter，2000；Deephouse，1996；Finkelstein & Hambrick，1990；Geletkanycz & Hambrick，1997）。显然，与同行相比，具有异常战略的企业面临更大的绩效不确定性（Denrell，2005；Tang et al.，2011）。这是因为，与业内同行广泛采用

的战略不同，偏离行业常规的战略通常是未经实践检验的，尚未被证明是可行的，因而是有风险的（Denrell，2005；Finkelstein & Hambrick，1990；Hiller & Hambrick，2005；Tang et al.，2011）。

战略偏离行业常规面临挑战。当企业的战略地位与认知或共识不一致时，企业的合法性将受到实质性的威胁或损害（DiMaggio & Powell，1983；Meyer & Rowan，1977；Suchman，1995）。根据 Maurer（1971）的观点，合法化是“组织向同级或上级部门证明其存在权利的过程”。换句话说，合法性被视为“经营许可”，对企业经营至关重要（Sun et al.，2017）。通过吸引更多外部人士对公司的关注（Bansal & Clelland，2004；DiMaggio & Powell，1983；Philippe & Durand 2011；Shocker & Sethi，1974），合法性可以帮助企业获得股东、客户、供应商、监管机构和媒体等利益相关者提供的各种资源（Dimaggio & Powell，1983；Deephouse，1996；Pfeffer & Salancik，2003；Singh et al.，1986；Tang et al.，2011）。并树立利益相关者对目标公司的信心（Meyer & Rowan，1977；Stevens et al.，2016）。因此，“合法性缺口”或“合法性丧失”的出现对企业绩效产生了一系列负面影响（Sethi，1979），包括但不限于损害利益相关者对目标公司的信心，破坏与外部资源提供者（如投资者、债权人、客户、供应商）或信息中介机构（如证券分析师、信用评级机构）的关系，使得公司很难获取外部资源，从而影响其净利润（Meyer & Rowan，1977；DiMaggio & Powell，1983；Deephouse，1996；Tang et al.，2011）。

综上所述，采用异常战略的企业面临着更大的不确定性。更重要的是，他们偏离行业常规的战略地位可能会转化为组织合法性的受损（DiMaggio & Powell，1983；Meyer & Rowan，1977；Scott & Lane，2000；Suchman，1995；Tang et al.，2011），这可能会严重干扰公司获取利益相关者提供的资源，从而影响公司的长期生存能力。因此，具有异常战略的公司应该有强烈的动机来应对这一挑战，并可能需要理由来合法化他们的极端战略（Tolbert & Zucker，1996）。

企业社会责任是指企业自愿采取行动来改善社会环境（Mackey et al.，2007）或为了更好的社会，企业的行为超越他们的法定义务和明确的交易利益（McWilliams & Siegel，2000）。目前，企业社会责任并不是特别利他，它已经变得越来越具有战略性或工具性（Gardberg & Fombrun，2006；

Gao et al. 2017；Porter & Kramer，2006)。组织参与社会责任可能并非是出于利他动机，而仅仅是为了提高组织的合法性（Deegan，2002），以满足公司利益相关者对组织的期望（Donaldson & Preston，1995)。胡姆斯特拉(2000）认为，企业社会责任是一种工具，目的在于影响受众对企业的看法。韦斯特法尔和格雷布纳（Westphal & Graebner，2010）认为，管理者倾向于利用象征性的活动来管理公司利益相关者对公司的印象，尽管这些印象与董事会的实际行为无关，却能够证明管理者的主张是正确的。已有研究发现，公司社会责任确实能够提升企业的合法性。譬如，吉利等(2010）发现，那些社会责任绩效好的公司，即便财务绩效比较差，也容易获得社会的认可。古拉尤等（2016）进一步提出，就声誉受损的企业而言，社会责任信息披露在如下方面具有重要作用：可以分散或消弭公众对其有争议活动的关切，消减污名带来的消极影响，并能抵消法律诉讼对企业的不良后果。

从合法性文献和大量以往的研究中，我们认为，企业社会责任可以被看作是战略异常的企业应对战略偏离行业常规而导致的合法性损失的有效的印象管理工具，表现为一种应对压力的反应策略（Gardberg & Fombrun，2006；Gao et al.，2017；Porter & Kramer 2006）。

合法性文献认为，社会空间使企业和社会组织共同工作，追求社会价值，进而在共同的社会目标下建立认知合法性（Mithani，2017；Porter & Kramer，2011；Sun & Im，2015)。我们认为，企业社会责任的参与和慈善捐赠可以从如下方面帮助企业消除合法性丧失的负面影响（Greening & Turban，2000)。做“好事”，公司可以表明他们并不是“自私自利”而是“关心他人”，从而提高他们的社会许可经营（Jain，2017），因此，在他们的利益相关者中产生积极的归因，主要利益相关者包括客户（Du et al.，2011)、员工（Greening & Turban，2000）和投资者（Pollock & Rindova，2003)，次要利益相关者包括宗教组织和非政府组织（NGOs）（Porter & Kramer，2002；Su & Tsang，2015)。与利益相关者建立良好的关系可以提高企业的合法性或声誉（Argenti，2004；Post et al.，2002)，并以较低的成本获得各种外部资源，从而提高公司在不良事件发生时的生存能力（Donaldson & Preston，1995；Jones，1995），还能提供证据证明公司有“良好的心态”，而糟糕的行为是例外，可以防止利益相关者对公司不良业绩的负面评价。与这一推论相一致，奥利斯基和本杰明（Orlitsky & Benjamin，2001）指出，与较少参与社会责任的表现不佳的公司相比，更多参与社会责任的表现不佳的公司受到严厉制裁的可能性更小。此外，邱等（Chiu et al.，2011）已经注意到并讨论了企业社会责任实践与组织合法性之间的正相关关系，他们指出，企业正在认识到企业社会责任是合法性的重要提供者，并隐含着企业的声誉（Rao，1994）。

综上所述，采用异常战略的公司可能面临合法性的丧失，这会损害利益相关者对公司的信心，损害公司从外部（如投资者、贷款人）获得资源的途径，并最终影响公司的净利润（Meyer & Rowan，1977；DiMaggio & Powell，1983；Deephouse，1996；Tang et al.，2011）。

对企业社会责任对于企业绩效的作用分析表明，从事这类活动可以通过为企业提供重要的无形资源，特别是积极的声誉，减少合法性损失的风险。企业社会责任可以帮助企业获得外部资源，以保持竞争优势（Prior et al.，2008；Martínez－Ferreroet et al.，2016）。塔塔（2014）发现，期望的企业社会责任形象与当前企业社会责任形象之间的不一致，会促使企业通过社会责任报告来减少不一致。因此，我们预测，具有战略偏差的公司将有更强烈的动机参与企业社会责任实践来进行印象管理，以减轻与此类战略相关的合法性损失。

值得注意的是，目前的研究集中在一类特殊的企业社会责任：慈善捐赠，这类捐赠长期以来被视为良好企业公民意识的标志，并越来越多地被企业所采用（即在Taft企业捐赠名录上列出的企业），以及被学者广泛用于衡量企业社会责任参与度的方法（Seifert et al.，2004；Brammer & Millington，2005）。对此，我们有以下假设。

H6－1：战略偏离的企业更有可能参与企业社会责任活动，特别是慈善捐赠。

## 二、分析师的调节效应

为了解决异常战略所带来的合法性损失，企业更有可能利用社会责任来建立良好的声誉，建立利益相关者的信心，促进外部资源的获取。然而，不同的公司可能有不同程度的动机来使用企业社会责任，选择采取其他方法来应对压力。这就引出了金融分析师跟踪的潜在调节作用。金融分析师是资本市场的重要参与者，他们通过塑造企业和投资者的信息环境，对资本成本产生重大影响。已有研究表明，财务分析师通过两个机制影响公司的资本成本：信息中介的作用和监督的作用（Chen et al.，2016；Cheng & Subramanyam，2008；Guan et al.，2015；Jung et al.，2012；Yu，2008）。作为管理者和资本提供者（如股东、债务人）之间重要的信息中介和有效监督，财务分析师跟踪可以大大增强资本提供者的信心，从而促进外部资源的获取。因此，我们认为，更多的财务分析师跟踪可能会部分减少合法性损失带来的负面影响，削弱战略偏差与企业社会责任之间的关系。

特别地，财务分析师跟踪可以通过他们的信息搜索和获取活动有效地增加投资者可获得的信息量（Lang et al.，2003），从而减少管理层和投资者之间的信息不对称，进而有助于缓解信息不确定性（Chen et al.，2016；Chung et al.，1995；Lang et al.，2003；Shores，1990）。在没有分析师跟踪的情况下，外部人员可获得的公司信息大多由管理人员自行报告（如年度报告）。在这种情况下，管理者可以利用内部人（控股股东和管理者）和外部人（投资者、客户、供应商等）之间的信息不对称，囤积负面新闻，剥削外部人。外部人在预期这种剥削时，往往会失去对公司的信任，拒绝提供资源。

财务分析师可能比普通投资者更早发现目标公司的坏消息。及时披露坏消息也可以消除投资者对公司前景的不确定性的担忧，从而增强投资者对公司的信心，尽管管理者可以设法隐藏坏消息。已有研究证明，资本成本与信息不对称或者信息不确定性正相关（Armstrong et al.，2011；Lambert et al.，2011；Verrecchia，1983）。因此，信息不对称或信息不确定性的减少将转化为较低的资本成本，并有助于获得外部资本。

作为有效的监督者，财务分析师通过监督、信息收集和报告也在降低代理成本和公布管理者行为方面发挥着重要作用（Jensen & Meckling，1976）。具体而言，分析师人数越多的公司越可能接受积极的股东监督（Jo & Kim，2008），管理收益的可能性越小（Yu，2008），进行管理层自我交易的可能性越小，从事不道德行为的可能性也越小（Jo & Kim，2007）。已有研究表明，分析师跟踪可以显著降低代理成本，提高公司价值（Cheng & Subramanyam，2008；Chung & Jo，1996）。

总之，通过发挥信息中介和监督的作用，财务分析师跟踪将在一定程度上消除战略差异带来的合法性损失的不利影响。这就引出了本章的第二个假设：财务分析师的跟踪会弱化战略差异与慈善行为之间的正相关关系。

H6－2：战略差异对企业社会责任参与（慈善捐赠）的积极影响在分析师关注度较高的企业不太明显。

## 三、大股东持股的调节作用

虽然企业社会责任可以用来缓解合法性丧失带来的负面影响，但拥有更多股东支持的企业应该有更大的能力来应对这种压力。因此，在本节中，我们将讨论大股东的调节效应，这是支持公司的一个重要来源。

大股东是一群投资者，他们通常对目标公司有相当大的投资，因而他们与目标公司利益攸关。有了这部分股权，大股东比分散的小股东拥有更大的动机和权力监督管理层，因此，大股东可以缓解股东和管理层之间的代理冲突（Becker et al.，2011；Craninckx & Huyghebaert，2015；Goranova et al.，2017）。特别地，大股东的存在促进了对企业价值最大化的关注（Craninckx & Huyghebaert，2015），鼓励将知情交易重组为积极的属性（Dai et al.，2017；Kedia et al.，2017；Zhang et al.，2012），减少企业过度持有现金（Becker et al.，2011），限制了管理层的私人利益，如高管薪酬过高（Cheng et al.，2017；Yafeh & Yosha，2003）。因此，代理成本的降低将增强外部人对目标企业的信心，进而增加局外人向焦点企业提供资源的意愿。

此外，大股东在公司中拥有大量股份，因而他们也有很大的动机来帮助公司应对不利事件（Lemmon & Lins，2003）。作为大型资本提供者，大股东拥有足够的财务资源和社会资本，可以在公司出现麻烦时帮助公司摆脱困境（Jian & Wong，2008）。最后，根据主要和次要利益相关者的观点（Freeman，1984），大股东被认为是主要利益相关者，与目标公司的关系要比次要利益相关者紧密得多。慈善事业通常会满足次要利益相关者的需求。与主要利益相关者的良好关系减弱了与次要利益相关者建立关系的必要性，如进行慈善捐赠。

总而言之，大股东可以有效降低代理成本，从而增强局外人对公司的信心。大股东还具有更多的动机为重点公司提供资源，从而减轻了合法性损失对公司生存能力的不利影响。因此，与没有大股东的其他公司相比，具有大股东的战略异常公司采取行动的压力较小，而且拥有更多选择。此外，我们预计大股东的存在会减少公司从事慈善活动以应对异常战略引起的挑战的必要性。由此，提出以下假设。

H6-3：对于有大股东的公司来说，战略差异对社会责任参与度（慈善捐赠）的正向作用不太明显。

## 第二节　研究设计

### 一、研究背景与样本

为了检验我们的假设，初始样本包括2003~2011年对在中国股票市场上市的A股公司的14 799项观察值。我们手动收集了自2003年以来可在公司股票市场获得的企业慈善捐赠信息（在脚注部分中披露）。我们首先排除了与银行，保险和其他金融行业有关的242个公司年度观察结果，这些企业的业务性质不同。其次，我们删除了缺少必要分析数据的观测值。最后，我们获得了8133个公司年度观察值的样本，覆盖了2 368个公司，约占各自中国证券交易所总市值的76.4%。为了减轻异常值的影响，我们对连续变量分别进行了1%和99%水平的缩尾。

### 二、变量选取

#### （一）因变量

与先前对社会责任的研究相一致，我们使用慈善捐赠与销售收入的比率乘以100作为衡量公司社会责任参与度（捐赠）的方法（Ye & Zhang，2011）。在以前的研究中，慈善捐赠已被普遍用作企业社会责任参与的有效代理（Brammer & Millington，2008）。在某种程度上，这是因为慈善捐赠构成了企业社会责任的重要组成部分，因为此类捐赠可以产生道德资本并提高财务透明度（Qian et al.，2015）。此外，中国慈善信息中心（CCIC）还公开了有关全国范围内慈善捐赠受益人的信息。根据CCIC的出版物《中国慈善捐赠年鉴》（2014），捐赠的主要受益者是医疗保健（37%），教育（28%）和扶贫（11%）。这表明，中国捐助者可能将捐赠用于建立声誉或合法性获取，而不仅仅是为了获取管理者私人利益。此外，由于中国目前尚无全面的 CSR 评级（如 KLD 社会指数），因而慈善捐赠很容易在各个公司之间进行比较，并且不太可能出现衡量错误（Saiia et al.，2003；Peloza，2006；Wang & Qian，2011；Luo & Wang，2012；Ye & Zhang，2011）。

### （二）自变量

战略差异是我们关注的主要变量，用于衡量公司策略偏离行业策略规范的程度。根据已有策略文献，我们根据公司资源分配的实现模式来捕获公司的商业战略（Geletkanycz & Hambrick，1997；Tang et al.，2011）。特别地，我们基于公司已实现资源分配的六个指标来衡量公司的战略，这些指标包括：（1）广告强度；（2）研发强度；（3）资本强度；（4）厂房和设备的更新度；（5）间接费用效率；（6）财务杠杆（Mintzberg，1978；Mintzberg et al.，1998）。

具体来说，广告强度是广告费用占总销售额的比率；研发强度是研发费用与总销售额之比；资本强度是固定资产占员工总数的比率；厂房和设备的更新度是厂房和设备净值与厂房设备总值之比；间接费用效率是管理费用与总销售额之比；财务杠杆是总负债与权益账面价值的比率。鉴于很少有中国公司披露广告或研发费用，而且大多数公司将广告费用分类为销售费用的一部分，并将研发费用确认为无形资产，因此，我们将销售费用和无形资产分别用作广告费用和研发费用的代理。为了构建战略差异的度量指标，我们先将同一公司中所有公司的每个维度的战略指标依据行业和年度进行标准化，计算行业年度的标准化得分的绝对值。然后，我们将这六个指标取平均值，以获得战略差异的综合度量（Finkelstein & Hambrick，1990；Geletkanycz & Hambrick，1997）。这项综合指标的数值越大，表明公司的资源分配模式（及其策略）越明显偏离行业中心趋势。这种结构已广泛用于管理和战略文献中，以捕捉企业的战略差异（Finkelstein & Hambrick，1990；Geletkanycz & Hambrick，1997；Tang et al.，2011）。

### （三）调节变量

我们进一步研究可能缓和战略差异与企业社会责任行为之间关系的调

节因素。具体来说，我们关注两个调节变量：财务分析师和大股东。财务分析师跟踪（分析师人数）是指跟踪目标公司的财务分析师人数。大股东指标（Blockholder）是一个虚拟变量，如果最大股东的所有权大于样本中位数，则该指标变量的值为1，否则为0。

**（四）控制变量**

为了分离战略差异对慈善捐赠的影响，研究中还包括几个控制变量。已有研究表明，公司规模，财务杠杆，现金持有量，国家所有权和公司绩效可能会影响公司捐赠。我们使用会计年度末股权市场价值的自然对数来衡量公司规模（Size）。规模被证明与企业社会责任表现呈正相关（Amato & Amato，2007；Brammer & Millington，2006；Muller & Whiteman，2009）。财务杠杆（Leverage）定义为债务与总资产账面价值的比率。公司的捐赠受到可用资源的限制，负债更多的公司承受更大的偿债压力，这减少了可用资源（Zhang et al.，2010）。因此，我们预计经理人的捐赠决定与公司杠杆之间存在负相关关系（Adams & Hardwick，1998；Brammer & Millington，2005）。相比之下，现金持有量较大的公司则有丰裕的资源从事企业社会责任活动。因此，我们将公司的现金持有量（现金）作为控制变量，并期望现金的系数为正。现金以现金，现金等价物和交易性金融资产的总和除以总资产进行计量。如果公司的最终控制人是国有企业，则所有权性质（STATE）取值为1，否则为零。张等（2010）的研究表明，国有企业不太可能进行慈善捐赠。因此，我们期望 STATE 系数为负。公司绩效（ROA）以该会计年度末的总资产收益率衡量。财务业绩优异的公司有更多资源可供奉献。因此，我们期望公司业绩具有正系数。

此外，由于女性的慈善捐赠倾向高于男性，因此，马奎斯和李（Marquis & Lee，2013）指出，女性高级管理人员/董事与捐赠水平之间存在正向联系。由此，我们还控制了高层管理人员中女性的比例。由于管理者所有权可以通过使管理者的利益与公司利益保持一致来降低代理成本（Cordeiro et al.，2007），因而我们使用管理所有权（managerial ownership）来控制管理者个人利益的影响。管理所有权的衡量标准是高管持股数量除以公司的已发行股份总数。同时，还包括年份和行业虚拟变量以控制年份和行业固定效应（Sun et al.，2014 年）。表 6 - 1 列出了变量的详细定义。

表 6-1　变量定义

| 变量 | 定义 |
| --- | --- |
| Donation | 企业社会绩效，以财政年度末慈善捐赠与销售额之比乘以 100 |
| Strategy Deviance | 战略差异反映了一个公司的商业战略偏离行业中心趋势的程度（Tang et al.，2011） |
| Strategy_Deviance_dummy | 如果战略差异大于样本中值，则取 1，否则取 0 的指标变量 |
| Analysts Number | 跟踪公司的财务分析师人数 |
| Blockholder | 一个指标变量，如果最大股东所有权大于样本中值，则取 1，否则取 0 |
| Leverage | 财务杠杆，以总负债与总资产的比率衡量 |
| ROA | 公司业绩，以净收入除以财年末总资产计算 |
| Size | 公司规模，以会计年度末股票市场价值的自然对数（单位：千元人民币）计量 |
| State | 一个指标变量，如果公司的最终控制者是政府或国有企业，则取 1，否则为零 |
| Female Manager | 女性经理在公司高层管理人员中所占的百分比 |
| Managerial Ownership | 公司高层管理人员所持股份的百分比 |
| Cash | 现金、现金等价物和交易性金融资产除以总资产的总和 |
| CEO Age | CEO 年龄，以 CEO 年龄的自然对数衡量 |

# 第三节　实证检验结果

## 一、描述性统计

表 6-2 报告了变量的描述性统计结果。捐赠与收入的平均比率约为 0.05%，最大值为 0.67%，最小值为 0.00%。这表明，中国企业总体捐赠水平不高，平均而言，中国企业每 100 万元销售收入仅有 5 元用于捐赠，并且企业捐赠水平参差不齐，差异比较大。战略差异的平均水平为 0.55，标准偏差为 0.30。跟踪一家公司的分析师人数平均为 10.48。大约 55% 的公司为国有企业，大约 12% 的高级管理人员是女性。

表 6-2　描述性统计

| 变量 | 均值 | 中位数 | 标准差 | 最小值 | 最大值 |
| --- | --- | --- | --- | --- | --- |
| Donation | 0.050 | 0.010 | 0.100 | 0.000 | 0.670 |

续表

| 变量 | 均值 | 中位数 | 标准差 | 最小值 | 最大值 |
|---|---|---|---|---|---|
| Strategy Deviance | 0.550 | 0.480 | 0.300 | 0.170 | 2.110 |
| Analyst Number | 10.480 | 7.000 | 10.790 | 1.000 | 66.000 |
| Blockholder | 0.470 | 0.000 | 0.500 | 0.000 | 1.000 |
| Leverage | 0.480 | 0.480 | 0.230 | 0.050 | 1.990 |
| ROA | 0.040 | 0.040 | 0.060 | -0.410 | 0.210 |
| Size | 5.400 | 2.500 | 8.600 | 0.200 | 52.10 |
| State | 0.550 | 1.000 | 0.500 | 0.000 | 1.000 |
| Female Manager | 0.120 | 0.000 | 0.150 | 0.000 | 0.670 |
| Managerial Ownership | 0.040 | 0.000 | 0.110 | 0.000 | 0.510 |
| Cash | 0.210 | 0.160 | 0.160 | 0.000 | 0.730 |

注：Size 是公司市场价值（10 亿人民币），其他变量见表 6-1。

## 二、相关分析

表 6-3 报告了经验变量之间的皮尔逊相关系数。战略差异（strategy deviance）与捐赠有正相关关系，这表明具有异常战略的公司更有可能从事慈善捐赠。这与 H6-1 一致。正如预测的那样，公司捐赠与公司财务业绩，可动用现金以及女性管理人员的比例呈显著正相关，而与财务杠杆和国有企业则呈负相关。同时，公司捐赠与分析师跟踪人数和高管持股比例成正相关，与公司规模和大股东的存在呈负相关。

**表 6-3　相关系数**

| 变量 | (1) | (2) | (3) | (4) | (5) | (6) | (7) | (8) | (9) | (10) |
|---|---|---|---|---|---|---|---|---|---|---|
| Donation | 1.000 | | | | | | | | | |
| Strategy Deviance | 0.038*** | 1.000 | | | | | | | | |
| Blockholder | -0.056*** | -0.028** | 1.000 | | | | | | | |
| Analysts Number | 0.040*** | -0.083*** | 0.098*** | 1.000 | | | | | | |
| Leverage | -0.111*** | 0.155*** | -0.026** | -0.126*** | 1.000 | | | | | |
| ROA | 0.061*** | -0.186*** | 0.097*** | 0.338*** | -0.431*** | 1.000 | | | | |
| Size | -0.042*** | 0.017 | 0.137*** | 0.534*** | 0.065*** | 0.257*** | 1.000 | | | |
| State | -0.137*** | 0.018 | 0.165*** | -0.041*** | 0.239*** | -0.108*** | 0.233*** | 1.000 | | |

续表

| 变量 | (1) | (2) | (3) | (4) | (5) | (6) | (7) | (8) | (9) | (10) |
|---|---|---|---|---|---|---|---|---|---|---|
| Female Manager | 0.054*** | -0.020* | -0.056*** | -0.025** | -0.064*** | 0.026** | -0.108*** | -0.131*** | 1.000 | |
| Managerial Ownership | 0.064*** | -0.039*** | -0.063*** | 0.137*** | -0.326*** | 0.129*** | -0.176*** | -0.370*** | 0.036*** | 1.000 |
| Cash | 0.059*** | -0.050*** | 0.014 | 0.172*** | -0.516*** | 0.278*** | -0.088*** | -0.263*** | 0.105*** | 0.396*** |

注：变量定义见表6-1。***、**和*分别表示在1%、5%和10%的水平显著。

## 三、实证检验结果

表6-4报告了回归分析的结果。其中，第（1）列显示了对控制变量进行社会责任绩效回归（捐赠）的结果。控制变量的系数通常与我们的预测一致。高杠杆公司和国有公司捐赠的可能性较小。我们还发现，分析师的关注与捐赠呈正相关。这表明，在资本市场上更明显的公司具有更大的动机或压力来建立和维护自己作为负责任的企业公民的声誉（Barton，2005）。但是，拥有大股东的人减少了公司的捐赠，这可能是因为拥有大股东的公司不太可能依靠外部资源来生存，因此没有更多的动机参与企业社会责任活动。第（2）列包括回归中的主要自变量（Strategy Deviance），并显示战略差异对公司捐赠产生了积极影响（$\beta=0.017$，$p<0.01$），从而支持了H6-1。我们在表中添加了战略差异与分析师之间的相互项（Strategy Deviance × Analysts Number）以及战略差异与大股东的交互项（Strategy Deviance × Blockholder）。在将这两个交互包括在内之后，战略差异仍对捐赠具有显著的正向影响（$\beta=0.053$，$p<0.01$）。战略差异与分析师关注度之间的相互作用（Strategy Deviance × Analysts Number）具有负系数（系数 = -0.09，$p<0.05$），这表明，正如预测的那样，当公司的业绩较大、分析师跟踪人数较多时，战略差异对捐赠的积极影响较小。

此外，战略差异与大股东的交互项系数为负（$\beta=-0.069$，$p<0.05$），表明战略差异与公司捐赠之间的正向关系将随着大股东的存在而减弱。经过边际分析后，结果支持H6-3。

**表6－4　　　　战略差异与捐赠回归结果**

| 变量 | OLS 回归 | | | Heckman 两阶段回归 | |
|---|---|---|---|---|---|
| | | | | 第一阶段 | 第二阶段 |
| | (1) | (2) | (3) | (4) | (5) |
| | Donation | Donation | Donation | Strategy Deviance Dummy | Donation |
| Strategy Deviance | | 0.017 ***<br>(3.36) | 0.053 ***<br>(3.65) | | 0.049 ***<br>(3.21) |
| Strategy Deviance × Blockholder | | | -0.069 **<br>(-2.05) | | -0.066 *<br>(-1.93) |
| Strategy Deviance × Analyst Number | | | -0.009 **<br>(-2.47) | | -0.011 ***<br>(-2.85) |
| Blockholder | -0.032 ***<br>(-2.68) | -0.032 ***<br>(-2.67) | 0.007<br>(0.35) | 0.161<br>(1.14) | 0.005<br>(0.21) |
| Analyst Number | 0.004 *<br>(1.83) | 0.005 **<br>(2.10) | 0.010 ***<br>(3.18) | -0.220 ***<br>(-9.29) | 0.010 ***<br>(3.18) |
| Female Manager | 0.011<br>(1.13) | 0.012<br>(1.16) | 0.012<br>(1.15) | 0.015<br>(0.10) | 0.011<br>(1.07) |
| Leverage | -0.036 ***<br>(-3.54) | -0.039 ***<br>(-3.81) | -0.039 ***<br>(-3.91) | 0.934 ***<br>(8.75) | -0.039 ***<br>(-3.77) |
| ROA | 0.003<br>(0.09) | 0.015<br>(0.42) | 0.023<br>(0.64) | -2.006 ***<br>(-5.34) | 0.017<br>(0.47) |
| Size | -0.001<br>(-0.35) | -0.001<br>(-0.54) | -0.001<br>(-0.41) | 0.157 ***<br>(5.54) | -0.001<br>(-0.28) |
| State | -0.023 ***<br>(-6.09) | -0.023 ***<br>(-5.95) | -0.023 ***<br>(-5.90) | -0.128 ***<br>(-2.62) | -0.022 ***<br>(-5.78) |
| Managerial Ownership | 0.017<br>(0.98) | 0.016<br>(0.92) | 0.017<br>(0.98) | 0.491 **<br>(2.02) | 0.019<br>(1.06) |
| Cash | 0.002<br>(0.19) | -0.001<br>(-0.04) | 0.001<br>(0.07) | 0.916 ***<br>(5.56) | 0.002<br>(0.15) |
| CEO Age | | | | -0.334 **<br>(-2.13) | |
| Inverse Mills Ratio | | | | | 0.002<br>(1.18) |
| Constant | 0.116 **<br>(2.35) | 0.117 **<br>(2.37) | 0.089 *<br>(1.76) | -2.746 ***<br>(-3.30) | 0.087 *<br>(1.68) |
| Industry | Yes | Yes | Yes | Yes | Yes |
| Year | Yes | Yes | Yes | Yes | Yes |
| N | 8 133 | 8 133 | 8 133 | 10 557 | 7 943 |
| Adj. $R^2$ | 0.104 | 0.107 | 0.109 | | 0.108 |
| Pseudo $R^2$ | | | | 0.069 | |
| F | 14.084 | 13.914 | 13.323 | | 12.774 |

注：变量定义见表6－1。***、**和*分别表示在1%、5%和10%的水平显著。括号中的值为t值。

## 四、稳健性测试

由于企业自行选择战略，我们将进一步执行赫克曼（Heckman）自选校正模型以解决潜在的自选问题。我们将 CEO 年龄作为内生变量（即战略差异）的工具变量。已有文献表明，年龄较大的 CEO 不太可能参与风险战略（Serfling，2014），因此，CEO 年龄可以成为异常战略的有效工具变量。在第一阶段回归中，我们对 Strategy_ Deviance_ Dummy 与 CEO 年龄和其他控制变量进行回归，这是一个虚拟变量，如果战略差异大于样本中位数，则取值为 1，否则取值为 0。表 6 -4 第（4）列中报告的第一阶段回归结果表明，CEO 年龄与 Strategy_ Deviance_ Dummy 呈显著负相关，这表明，随着 CEO 年龄的增长，公司的战略不太可能偏离行业中心趋势，这与我们的预测一致。然后，我们根据第一阶段回归的拟合值来计算反 Mills 比率（Inverse Mills Ratio），并将反 Mills 比率放入第二阶段回归模型中以纠正潜在的自我选择问题。我们再次证明策略差异与捐赠呈正相关，而分析师跟踪和大股东对这种关系负有调节作用，这表明，我们的结果对于潜在的自我选择问题是稳健的。

为了进一步缓解内生性问题，我们将工具变量回归作为稳健性检验。由于位于同一地区的公司可能会采用类似的战略，因此，我们将目标公司所在省份的战略差异中值用作工具变量。结果表明，我们的主要结果对于工具变量方法是可靠的。此外，我们差分方程，并使用从 t -1 年到 t 年的捐赠变化作为因变量，将差异的变化作为自变量来排除遗漏的不随时间变化的公司特征的影响，主要结果仍然成立。

在第二个稳健性测试中，我们使用三分位数方法生成新的因变量战略差异。具体地，如果战略差异 <0.420 245，则战略差异水平会较小；反之，如果 0.420 245 < 战略差异 <0.613 71，则为中等；如果战略差异 >0.613 71，则该战略差异水平较高。战略差异的结果与以前的连续变量方法一致。

## 五、拓展分析

我们进一步研究了企业慈善事业是否能够调解战略差异对公司绩效的影响（如资产收益率）。表 6 -5 给出了结果。其中，第（1）列表明，战略差异会导致不良的财务绩效；第（3）列表明，从事慈善事业可以提高公司绩效，尽管在这种情况下，战略差异仍然与公司绩效显著负相关。这表明，慈善捐赠在一定程度上缓解了战略差异对财务绩效的负面影响，这意味着战略异常的公司可以通过参与公司慈善事业来提高绩效。我们进行了索贝尔 - 古德曼（Sobel - Goodman）中介效应检验，发现“捐赠”作为中介变量对战略绩效产生了重大影响，影响了公司绩效。直接作用和间接作用均具有统计显著性（$p<0.001$）。

**表 6 - 5　　　　捐赠对战略绩效关系的调节效应**

| 变量 | (1) | (2) | (3) |
|---|---|---|---|
| | ROA | Donation | ROA |
| Strategy Deviance | -0.025***<br>(-5.67) | 0.017***<br>(3.36) | -0.026***<br>(-5.76) |
| Donation | | | 0.022**<br>(2.34) |
| Size | 0.018***<br>(14.36) | -0.001<br>(-0.54) | 0.018***<br>(14.48) |
| Leverage | -0.066***<br>(-4.25) | -0.039***<br>(-3.81) | -0.065***<br>(-4.23) |
| Listed Age | -0.002***<br>(-6.43) | | -0.002***<br>(-6.33) |
| Blockholder | | -0.032***<br>(-2.67) | |
| Analyst Number | | 0.005**<br>(2.10) | |
| Female Manager | | 0.012<br>(1.16) | |
| ROA | | 0.015<br>(0.42) | |
| State | | -0.023***<br>(-5.95) | |
| Managerial Ownership | | 0.016<br>(0.92) | |
| Cash | | -0.001<br>(-0.04) | |
| Constant | -0.297***<br>(-11.39) | 0.117**<br>(2.37) | -0.299***<br>(-11.53) |
| Industry | Yes | Yes | Yes |
| Year | Yes | Yes | Yes |
| N | 8 133 | 8 133 | 8 133 |
| Adj. $R^2$ | 0.261 | 0.107 | 0.262 |

注：上市年龄是指公司 IPO 后的年数。其他变量见表 6 - 1。***、** 和 * 分别表示在 1%、5% 和 10% 的水平显著。括号中的值为 t 值。

## 第四节　进一步讨论

在这项研究中，我们调查了公司的战略差异是否以及如何影响其社会责任绩效。表6－5中的结果表明，采用极端战略的公司会对公司绩效产生负面影响，换句话说，这些公司遭受合法性损失（Sethi，1979）。我们建议管理者使用慈善捐款来应对因战略异常而导致的合法性损失，以便最大化公司价值。这项研究中的经验证据为这些假设提供了有力的支持。但是，捐赠与战略差异之间的正向关联也可能由管理者壕堑动机所驱动，也就是说，管理者可能同时使用慈善捐赠和异常战略来增加其职位的稳固。为了进一步将价值最大化的论点与管理者壕堑的观点区分开来，我们研究了慈善捐赠对公司绩效（ROA）和CEO更换的影响。测试表明，慈善捐赠与公司绩效之间存在正相关关系。该结果支持我们的价值最大化论点，并且与管理者壕堑论点不一致。未列表格的结果还表明，捐款水平对CEO离职的概率没有显著影响。因此，在这种情况下，价值最大化的解释比管理壕堑效应的解释获得更多的支持。

这项研究有助于企业社会责任和战略文献。首先，尽管战略意义是企业制定企业社会责任战略的重要动机，但企业战略对企业社会责任参与的影响一直被忽略。已有研究充分探索了异常战略对公司财务绩效的影响（D'Aunno et al.，2000；Deephouse，1999；Geletkanycz & Hambrick，1997；Sirmon & Hitt，2009）。尽管进行了这样的研究，但就我们所知，很少有研究系统地分析异常战略对公司社会绩效的影响。我们通过探索公司战略差异与慈善捐赠之间的关系，加深了对社会责任活动参与动机的理解，弥补了相关研究的缺失。

其次，这项研究扩展了我们对偏离/顺应战略后果的理解。已有研究主要研究了异常战略对公司财务绩效的影响，但尚未证明战略差异与财务绩效之间存在单调关系（Deephouse，1999；Geletkanycz & Hambrick，1997；Tang et al.，2011）。这项研究进一步调查了战略差异如何影响公司的社会绩效（即慈善捐赠），并发现具有战略差异的公司倾向于参与更多的企业社会责任活动。我们进一步发现，具有异常战略的公司可以通过参与慈善活动来改善财务绩效。所有这些发现均与利益相关者理论相符，即企业可以通过企业慈善与社会价值保持一致，从而获得经济回报并提高声誉（Martínez-Ferrero et al.，2016；Freeman，1984；Freeman et al.，2004）。这一发现丰富了从合法性的角度来理解企业社会责任行为的研究，通过激励更多的慈善捐款，对整个社会产生了积极的外部影响。

再次，分析师跟踪和大股东的调节作用表明，战略异常的企业不一定把企业社会责任作为工具，以应对与异常战略相关的风险。相反，它们可以求助于大股东进行融资，从而减少对外部资本提供者的依赖，或者通过改善与金融分析师的沟通来缓解合法性危机。

最后，我们的发现具有强烈的政策和管理意义。我们发现，中国公司的慈善行为的货币成本相对较小。特别地，在我们观测值中，平均捐赠金额仅占销售额的 0.05%。但是，捐赠的边际收益却是可观的：捐赠/销售百分比提高 1%，与 ROA 衡量的公司绩效提高 2.2%（见表 6－5）。这表明了企业慈善事业在中国的重大经济影响。因此，可能会建议战略异常的公司参加企业社会责任活动，如增加捐赠，员工福利和税金支付，并加快对主要供应商的支付。这些发现可以极大地丰富我们对全球第二大 GDP 国家的企业社会责任实践的理解。在我们的访谈和目标小组中，大多数首席执行官表示，潜在的合法性损失是他们在制定战略过程中的主要关注点。我们的结果表明，对捐赠的少量投资可能会有所作为。

从长远来看，制度变迁可能会增加企业之间的异质性，尤其是对于采用不同战略的企业而言（Walker et al.，2002；Xia & Walker，2015）。随着越来越多的公司采用异常战略，更多的捐赠和企业社会责任活动将出现在社会层面。决策者可以顺应这种趋势，促使公司承担更多的社会责任。

本章研究也有局限性。第一，进一步的研究可能会使用更详细的数据，也许还会使用不同的方法来检查我们在研究中探索的每种关系背后更微妙的动态。例如，在不同行业或经济体中，战略差异对企业社会责任绩效的影响所依据的机制可能是不同的。第二，企业社会责任的参与有多个方面。一家战略异常公司将它们视为同等重要还是偏爱某些方面是未来研究的一个有趣问题。第三，我们还没有直接研究具有异常战略的公司是否可以通过参与企业社会责任来降低风险，建立良好的声誉或产生道德资本（Boutin-Dufresne & Savaria，2004；Godfrey et al.，2009）。未来的研究可能会检验采用异常战略且具有社会责任感的公司的风险和资本成本。第四，虽然我们发现大股东和财务分析师对战略差异和慈善捐赠的关系具有调节作用，但是可能还有其他潜在的调节因素。未来的研究可能会研究其他潜在的调节者，并扩大有关公司战略的其他方面（如创新战略和多元化战略）如何影响公司的 CSR 活动的研究问题。第五，我们的分析范围仅限于全球最大的新兴经济体中的中国上市公司。未来的研究可以探索异常战略与捐赠之间是否存在关联关系，特别是在其他具有类似制度空缺和制度脆弱性的新兴国家（Mithani，2017；Khanna et al.，2006；Shi et al.，2017）。

# 本章小结

我们的研究重点是从战略角度调查企业社会责任参与的决定因素。公司的异常战略可能会引起严重的合法性担忧，尤其是在制度空缺和制度脆弱的情况下。基于合法性理论和风险管理理论，我们认为，战略异常的公司更可能参与企业社会责任活动。我们还预测，财务分析师的关注和大股东的存在将缓和这种关系。尤其是拥有更多分析师跟踪的公司不太可能依靠公司慈善事业获得合法性，因为它们受到的信息不对称性较小，因而易于获得外部资源。此外，在危机时期，拥有大股东的公司可以从那些大股东那里获得支持。因此，这些公司也没有更多的动机参与企业社会责任活动，以防止与战略异常相关的商业风险。总体而言，我们的发现表明，公司战略在促进公司的社会责任活动参与中起着重要作用。

## 附件：访谈问卷

感谢您在百忙之中抽出时间来帮助我们。它的目的是帮助研究人员更好地理解商业战略和实际操作。我们提供了高度的保密性，因此您可以公开和诚实地回答以下学习问题。

1. 贵公司是否实施了与同一行业内大多数其他公司不同的战略？您听说过有哪家公司实施这种异常战略吗？您能给我们举几个例子吗？

2. 与贵行业的大多数其他公司相比，贵公司在广告方面的资源分配是多是少？

3. 与您所在行业的大多数其他公司相比，公司在研发方面的资源配置是多是少？

4. 与贵行业的大多数其他公司相比，贵公司是否在运营中或多或少地引入了新技术和仪器？

5. 与您所在行业的大多数其他公司相比，公司的资本密集度与行业平均水平有很大不同吗？

6. 与贵行业大多数其他公司相比，贵公司的运营效率与行业平均水平有很大不同吗？

7. 与您所在行业的大多数其他公司相比，公司的财务杠杆率是否也与行业平均水平有很大不同？

8. 为什么贵公司实施的战略与众不同？据您所知，激励其他公司采用偏离战略的原因是什么？

9. 鉴于该战略与其他战略迥然不同，利益相关者如何应对这一战略差异？特别是，投资者、监管机构、客户和媒体是否会认可并支持这一战略？

10. 当公司实施异常战略时，他们是否会遇到与利益相关者的严重冲突？解决这些冲突的最佳办法是什么？

11. 您是否承认并支持这些异常战略？如果您不这样做，在什么情况下您更可能改变主意？

12. 根据您以往的经验，如果公司实施异常战略，董事会对公司提出质疑吗？反对的可能原因是什么？

13. 如果公司实施了异常战略，您是否注意到公司在企业社会责任活动中加大了努力？他们参加了什么样的慈善活动？哪种慈善捐款？他们为什么要投资这些活动？您觉得这些慈善活动怎么样？

14. 从中国传统儒家思想来看，追求利润的活动有其正当价值，但这些活动必须以道德规范和社会伦理为指导。您如何看待道德和利润之间的问题？他们之间有冲突吗？还是平衡了？

15. 在实施异常战略时，公司是否会相应地修改财务报表？据您所知，有一些微调技巧吗？

# 第七章
# 战略差异与印象管理经济后果

前述研究表明，战略异常企业倾向于从事盈余管理和社会责任活动，进行印象管理。本章从并购溢价、市场价值和权益资本成本视角考察战略异常企业印象管理的经济后果，旨在考察资本市场上利益相关者是否能够识别战略异常企业的机会主义印象管理策略。

## 第一节　文献回顾与假说发展

### 一、文献回顾

#### （一）制度、文化与并购溢价

（1）投资者保护与并购溢价。投资者保护越完善，并购溢价越高（Rossi & Volpin，2004；Bris & Cabolis，2008；John et al.，2010）。（2）文化与并购溢价。并购双方的文化差异与并购溢价正相关（孙淑伟等，2017），被并购方所在国的集体主义倾向与并购溢价负相关（温日光，2017）。（3）腐败与并购溢价。韦策尔和伯恩斯（Weitzel & Berns，2006）发现，被并购方所在国家的腐败程度与并购溢价率呈显著负相关。（4）政治壁垒与并购溢价。万和王（Wan & Wong，2009）发现，随着政府反对外国并购的政治壁垒的出现，并购方的并购成本大幅提高，且并购失败的概率上升。鉴于同一国家不同地区之间制度文化差异不大，这类研究主要聚焦于海外并购，很少考察国内并购。

#### （二）公司治理与并购溢价

（1）卖方视角。如果目标公司实施毒丸计划（Comment & Schwert，1995；Cot et al.，1997）或者目标公司是国有企业并且其党组织参与公司治理（陈仕华和卢崇，2014），会提高并购溢价。（2）买方视角。这类文献认为高管从事并购是为了谋取私利（Conyon，1994；Shleifer & Vishny，1988）。因此，CEO 名声（Cho et al.，2016）、政治晋升机会（陈仕华等，2015）与并购溢价正相关；而如果并购以后 CEO 有被解雇的风险（Homroy，2015）、公司受债务契约约束（Daher & Ismail，2018）或者给予高管较高的股权激励（Sudip et al.，2001），会降低并购溢价。综上，该类研究认为，管理者并购是为了谋取私利，公司治理能够降低代理成本，进而抑制并购溢价。

**（三）高管非理性与并购溢价**

（1）高管过度自信。这类文献认为，由于高管倾向于高估自己的能力，在评价被并购公司未来产生的收益时过分乐观，因而在并购时倾向于过度支付（R-Öll，1986；Hayward & Hambrick，1997；Malmendier & Tate，2008；姜付秀等，2009）。（2）锚定效应。这类研究发现，CEO 进行并购定价决策时会同时受自己的并购经验（Zhu，2013）和同行并购定价的影响（陈仕华和卢昌崇，2013；Malhotra et al.，2015；傅超等，2015；陈仕华和李维安，2016）。（3）风险规避。这类研究发现，并购方 CEO 的风险规避偏好（Firjns et al.，2013）、目标公司的避税涉诉风险（Chow et al.，2016）以及目标公司所在国家的转移定价风险（Mescall & Klassen，2018）等与并购溢价负相关。这类研究聚焦于并购方的高管，忽略了被并购方管理层的作用。事实上，并购定价以及并购能否成功，是并购双方博弈的结果。

**（四）信息不对称与并购溢价**

相关研究主要采用目标公司规模（Hansen，1987；Faccio & Masulis，2005）、目标公司是否上市（Ang & Kohers，2001）、跨组织关系（Reuer et al.，2012）或财务报告质量（Skaife & Wangerin，2013）等度量信息不对称。多数研究发现：并购双方关于目标企业价值的信息不对称与并购溢价正相关（Ang & Kohers，2001；Fuller et al.，2002；Zhu，2009；Skaife & Wangerin，2013；Dionne et al.，2015），并且如果目标公司不了解并购方的真实价值，会低估并购方支付的股票价值，进而要求较高的并购溢价（Travols，1987；Fuller et al.，2002）。也有部分研究发现，并购溢价与信息不对称负相关（Koeplin et al.，1996；Officer，2009；Reuer et al.，2012）。这些研究的局限性在于变量设计存在瑕疵。公司规模、是否上市、跨组织联系等变量除了影响信息不对称以外，还影响企业融资能力、市场竞争力等与并购定价相关的其他方面，用这些变量表征信息不对称显然存在噪音；此外，就公司规模而言，其与信息不对称的关系一直存在争议。

**（五）其他相关研究**

（1）市场竞价假说。这种假说认为，并购过程中并购方的竞争者越多，并购溢价越高（Slusky & Caves，1991）。（2）协同效应假说。这种假说认为，并购双方的协同程度越高，并购方愿意支付的溢价水平越高（Sirower，1997）。基于协同效应的并购溢价实证研究并不多见。

文献述评总结：（1）已有研究集中在公司治理、信息不对称、高管非理性和并购双方制度文化差异方面，对并购双方战略差异对于并购决策的影响研究不足；（2）部分基于信息不对称理论的研究，变量的选取存在瑕疵，难以解决变量噪声引起的内生性问题；（3）鉴于协同效应是企业并购的动因之一，并且战略差异影响信息不对称，立足于公司战略差异考察并购溢价无疑具有重要的现实意义。

综上所述，公司战略差异会加剧信息不对称；并购双方的信息不对称程度越大，并购方支付溢价的可能性越大（Travols，1987 和 Fuller et al.，2002），因此，我们预期战略差异与并购溢价正相关。然而，考虑到并购以后的战略协同效应，我们预期公司间战略差异越大，并购方支付的并购价格会越低，并购溢价会越小。因此，并购双方的战略差异如何影响并购溢价是一个值得检验的问题。

## 二、假说发展

资本市场参与者在评估公司时面临的最大问题是信息不对称（Akerlof，1970；Myers & Majluf，1984；Hubbard，1998），在战略差异的情况下更为严重，因为战略差异可能导致不确定的绩效。

综上所述，战略异常行为的企业绩效是不确定的（Denrell，2005），要么巨额盈利，要么巨额亏损（Tang et al.，2011；Chen et al.，2011）。不确定性越大，外部人士就越难以准确判断公司的现在和未来。此外，何和尹（2018）的研究表明，战略差异度越大，跟随公司的分析师就越少，分析师的盈利预测误差越大，分析师之间的盈利预测差异也越大。因此，战略差异加剧了企业与外部的信息不对称。

如前所述，大量文献发现：并购方与目标企业之间信息不对称程度越高，越可能支付较高的并购价格，导致并购溢价（Ang & Kohers，2001；Fuller et al.，2002；Zhu，2009；Skaife & Wangerin，2013；Dionne et al.，2015）。因此，我们推测，目标公司战略偏离行业常规会加剧并购双方之间的信息不对称，进而导致并购溢价。基于此，我们提出如下假设。

H7－1：目标企业战略差异与并购溢价正相关。

上市公司年报是传递公司信息的一个重要载体，客观真实的年报能够显著降低企业与外部信息使用者之间的信息不对称。然而，在资本市场上，上市公司年报造假现象屡见不鲜。由于审计师能够通过对客户财务报表的真实性发表独立意见，审计师被认为能够降低公司与外部利益相关者之间的信息不对称（Simunic & Stein，1987）。研究发现，由于审计师自身能力等各种因素的影响，审计质量存在差异。高质量的审计通过提高财务报告的可信度，可以提高财务报告的质量（DeFond & Zhang，2014），进而减少公司内部人员和外部信息使用者之间的信息不对称（Jensen & Meckling，1976；Watts & Zimmerman，1980）。已有文献表明，审计质量与信息披露质量呈正相关关系（DeFond & Zhang 2014；Becker et al.，1998；Teoh & Wong，1993）通过提高财务报告的可信度，高质量的审计可以提高财务报告的质量（DeFond & Zhang，2014）。基于此，我们提出如下假设。

H7－2：高质量审计师能够显著降低战略差异对并购溢价的影响。

作为信息中介，分析师是否能够降低信息不对称，学界对此一直存在两种不同的观点：监督说和压力说。其中，监督说认为，分析师对企业的跟进有助于缓解企业与外部利益相关者的信息不对称。原因在于：一方面，投资者受制于关注能力和信息搜集和处理方面的劣势，难以对公开信息进行充分理解和正确研判，因而不利于其作出正确投资决策。分析师通过对企业进行实地考察，与企业管理层面对面的沟通，对企业的客户和供应商进行分析研判等多渠道多角度地收集信息，能够获得更多的内幕信息，因而相对一般投资者具有信息优势。另一方面，分析师们本身具备的专业知识和信息解读能力使其对企业的盈利情况进行较为精准的预测，并对企业股票进行评级，分析师的盈余预测和股票评级能够缓解企业与潜在投资者之间的信息不对称，有助于资本市场提高运行效率（Chava et al.，2010）。部分研究为这种观点提供了经验证据。例如，于（Yu，2008）和何雪锋等（2017）研究发现，分析师跟踪能够抑制企业的盈余管理行为。肖浩等（2016）研究发现，分析师对特定公司的信息解读和释放，不仅能够降低股价同步性（肖浩等，2016），而且能够增强股票流动性（Brennan & Subrahmanyam，2010）。

与监督假说恰恰相反，压力假说则认为分析师跟踪不但不能抑制企业的盈余管理，反而对其有促进作用，一些实证研究也支持了这种观点（Brown & Caylor，2005；He & Tian，2013；谢震，2014）。伊拉尼和厄施（Irani & Oesch，2016）研究发现，分析师跟踪人数越多，企业为提升业绩而进行真实盈余管理的概率越高。江轩宇和于上尧（2012）认为，与上市公司长期保持联系会削弱分析师的独立性进而降低分析师抑制企业盈余管理的效果。基于上述分析，分析师对战略差异与并购溢价关系的影响有待实证检验。因此，我们提出两个竞争性假说。

H7－3a：分析师跟踪人数能够正向影响对战略差异与并购溢价关系。

H7－3b：分析师跟踪人数能够负向影响对战略差异与并购溢价关系。

## 第二节　研究设计

### 一、战略差异与并购溢价模型设定

首先，为了检验H7－1，本章构建了如下模型：

$$\begin{aligned}PREMIUM = \alpha + \beta_1 \times SD + \beta_2 \times SLACK + \beta_3 \times PROFIT + \beta_4 \times \\ METHOD + \beta_5 \times SIZE + \beta_6 \times GROW + \beta_7 \\ \times MANSHARE + \sum Industry\ dummies + \\ \sum Year\ dummies + \varepsilon\end{aligned} \tag{7-1}$$

其中，PREMIU表示并购溢价，等于买方支出金额与标的公司净资产的差额除以标的公司净资产；SD表示标的公司战略偏离行业常规的程度。

此外，借鉴陈仕华和卢昌崇（2014）的研究，我们还控制了其他可能影响企业并购溢价的变量，包括冗余资源（SLACK）、盈利能力（PROFIT）、公司规模（SIZE）、成长性（GROW）和管理层持股比例（MANSHARE），同时，我们还在模型中控制了年度和行业固定效应。表 7 - 1 详细介绍了各变量的定义。

**表 7 - 1　　变量定义**

| 变量 | 定义 |
|---|---|
| Premium | 等于买方支出金额与标的公司净资产的差额除以标的公司净资产 |
| SD | 公司战略偏离行业常规的程度。战略差异，指的是公司的资源配置模式偏离行业常规模式的程度（Carpenter，2000；Geletkanycz & Hambrick，1997）。现有文献一般借助如下六个维度指标来考察企业的资源配置模式，即销售费用比率、研发投入比率、资本密集度、固定资产更新程度、管理费用比率和财务杠杆（Geletkanycz & Hambrick，1997；Tang et al.，2011）。为此，本书也采纳这六个维度指标，并通过计算企业在这六个维度指标上和行业平均值差异的绝对值，来衡量企业资源配置模式偏离行业平均水平的程度。具体地，先将各企业这六个资源配置维度指标按照年度和行业进行标准化（每个指标减去平均值后除以标准差）并取绝对值。由此得到各企业在每一个资源配置维度上偏离行业平均水平的程度。然后，对每个公司标准化后的六个资源配置指标加总后除以 6，得到公司战略差异指标 SD。该指标越大，说明企业与同年度同行业的公司战略差异越大 |
| SDDUM | 战略差异度的哑变量，如果战略差异大于年度行业中位数，取值为 1，否则为 0 |
| Slack | 冗余资源，等于流动资产除以流动负债 |
| Profit | 标的公司净资产收益率与年度同行业平均净资产收益率之差 |
| Size | 规模，标的公司总资产的自然对数 |
| Grow | 标的公司主营业务收入增长率 |
| Manshare<br>Attention | 公司管理层持股比例之和分析师的关注度，跟踪标的公司的分析师人数。数据来自 CSMAR |
| Big10 | 高质量审计师，哑变量，如果标的公司聘请了中注协公布的国内年度排名前 10 的会计师事务所来审计年报，取值为 1，否则为 0 |
| PT | 标的公司年报语调，等于标的公司年报积极词汇数除以标的公司年报总词汇数 |
| Analyst | 分析师关注度，等于分析师跟踪人数的自然对数 |
| Deficiency | 哑变量，公司是否在社会责任报告中披露自身不足，如果是取值为 1，否则为 0 |
| Industry dummies | 行业哑变量 |
| Year dummies | 年度哑变量 |

其次，为了检验分析师跟踪人数的调节效应，我们构建了如下模型：

$$
\begin{aligned}
PREMIUM = {} & \alpha + \gamma_1 SD + \gamma_2 SD \times ATTENTION + \gamma_3\ ATTENTION + \\
& \gamma_4 SLACK + \gamma_5 PROFIT + \gamma_6 METHOD + \gamma_7 SIZE \\
& + \gamma_8 GROW + \gamma_9 MANSHARE + \sum Industry\ dummies \\
& + \sum Year\ dummies + \varepsilon
\end{aligned} \tag{7-2}
$$

再次，为了检验高质量审计师的调节效应，我们构建了如下模型：

$$
\begin{aligned}
PREMIUM = {} & \alpha + \lambda_1 SD + \lambda_2 SD \times BIG4 + \lambda_3\ BIG4 + \\
& \lambda_4 SLACK + \lambda_5 PROFIT + \lambda_6 METHOD \\
& + \lambda_7 SIZE + \lambda_8 GROW + \lambda_9 MANSHARE + \\
& \sum Industry\ dummies + \sum Year\ dummies + \varepsilon
\end{aligned} \tag{7-3}
$$

最后，为了进一步验证公司自身信息披露对战略差异与并购溢价关系的影响，本章分别检验了公司年报语调（TONE）和社会责任缺陷（DEFICIENCY）对二者关系的影响，模型设定类似于模型（7－2）。限于篇幅，不再赘述。

## 二、样本以及数据来源

本章选取2000～2018年度标的公司为初始研究对象，按照如下步骤筛选样本：（1）剔除并购不成功的样本；（2）若同一年度同一家标的公司有多次交易，进行加总；（3）剔除金融保险业样本；（4）剔除控制变量存在缺失的样本。最终样本包括2709个观测值。样本所有数据来自CSMAR数据库。

# 第三节　样本描述性统计与相关分析

## 一、样本年度和行业分布

表7－2列示了最终样本的年度行业分布。样本年度和行业分布不均，2009年仅有一家公司；2016年最多，有216个样本。在所有行业中，C3行业样本最多（434个）；P行业最少，仅有4个。样本分布不均表明模型中控制年度和行业固定效应是必要而且合理的。

表 7－2 样本年度行业分布

| 年份 | A | B | C1 | C2 | C3 | C4 | D | E | F | G | H | I | K | L | M | N | P | Q | R | S | 合计 |
|---|---|---|---|---|---|---|---|---|---|---|---|---|---|---|---|---|---|---|---|---|---|
| 2002 | 0 | 0 | 0 | 5 | 6 | 0 | 2 | 0 | 5 | 2 | 0 | 1 | 7 | 1 | 2 | 1 | 0 | 0 | 2 | 0 | 34 |
| 2003 | 0 | 0 | 4 | 2 | 10 | 0 | 1 | 1 | 7 | 2 | 0 | 1 | 3 | 1 | 0 | 2 | 0 | 0 | 1 | 0 | 35 |
| 2004 | 0 | 0 | 0 | 0 | 1 | 0 | 0 | 0 | 1 | 0 | 0 | 0 | 0 | 0 | 0 | 0 | 0 | 0 | 0 | 0 | 2 |
| 2005 | 0 | 2 | 5 | 11 | 30 | 0 | 5 | 4 | 8 | 2 | 1 | 5 | 13 | 4 | 0 | 0 | 0 | 0 | 1 | 7 | 98 |
| 2006 | 1 | 0 | 4 | 7 | 6 | 0 | 4 | 1 | 5 | 1 | 0 | 1 | 6 | 2 | 0 | 0 | 0 | 1 | 0 | 0 | 39 |
| 2007 | 1 | 0 | 9 | 8 | 18 | 1 | 0 | 1 | 6 | 2 | 0 | 4 | 6 | 1 | 0 | 1 | 1 | 1 | 0 | 1 | 61 |
| 2008 | 1 | 1 | 2 | 7 | 19 | 0 | 3 | 1 | 4 | 2 | 1 | 2 | 10 | 2 | 0 | 2 | 0 | 1 | 0 | 1 | 59 |
| 2009 | 0 | 0 | 0 | 0 | 0 | 0 | 0 | 0 | 0 | 0 | 0 | 0 | 1 | 0 | 0 | 0 | 0 | 0 | 0 | 0 | 1 |
| 2010 | 0 | 1 | 7 | 17 | 22 | 0 | 5 | 3 | 15 | 3 | 1 | 3 | 6 | 2 | 0 | 1 | 1 | 0 | 0 | 3 | 90 |
| 2011 | 1 | 2 | 7 | 20 | 20 | 2 | 6 | 4 | 6 | 4 | 1 | 4 | 11 | 3 | 0 | 1 | 1 | 0 | 2 | 3 | 98 |
| 2012 | 3 | 6 | 12 | 24 | 34 | 1 | 6 | 2 | 17 | 5 | 0 | 11 | 11 | 2 | 1 | 2 | 0 | 0 | 0 | 4 | 141 |
| 2013 | 4 | 3 | 14 | 22 | 34 | 1 | 6 | 4 | 9 | 3 | 1 | 10 | 9 | 4 | 0 | 3 | 0 | 1 | 4 | 2 | 134 |
| 2015 | 0 | 0 | 0 | 0 | 3 | 0 | 1 | 0 | 1 | 0 | 0 | 0 | 0 | 0 | 0 | 0 | 0 | 0 | 1 | 0 | 6 |
| 2016 | 1 | 5 | 7 | 34 | 85 | 4 | 8 | 4 | 15 | 2 | 1 | 24 | 10 | 4 | 2 | 0 | 0 | 1 | 3 | 6 | 216 |
| 2017 | 5 | 2 | 9 | 27 | 71 | 1 | 7 | 3 | 12 | 11 | 1 | 22 | 16 | 3 | 1 | 1 | 0 | 1 | 2 | 1 | 196 |
| 2018 | 6 | 3 | 11 | 33 | 75 | 5 | 6 | 1 | 6 | 4 | 0 | 16 | 10 | 7 | 2 | 2 | 1 | 1 | 2 | 1 | 192 |
| 合计 | 23 | 25 | 91 | 217 | 434 | 15 | 60 | 29 | 117 | 43 | 7 | 104 | 119 | 36 | 8 | 16 | 4 | 7 | 18 | 29 | 1 402 |

## 二、描述性统计和相关分析

表7－3列示了样本描述性统计结果。由表7－3可见，PREMIUM的最大值是81.92，最小值是－14.86，表明不同样本公司并购溢价存在较大差异。SD的最大值是2.11，最小值是0.18，表明不同样本公司的战略差异度也存在较大差异。控制变量的取值与文献基本一致，不再赘述。

表7－3 样本描述性统计

| 变量 | 观测值 | 均值 | 中位数 | 标准差 | 最小值 | 最大值 |
|---|---|---|---|---|---|---|
| PREMIUM | 1 402 | 2.50 | 0.27 | 10.64 | －14.86 | 81.92 |
| SD | 1 402 | 0.59 | 0.49 | 0.36 | 0.18 | 2.11 |
| SLACK | 1 402 | 1.77 | 1.37 | 1.44 | 0.27 | 9.34 |
| PROFIT | 1 402 | －0.08 | 0.00 | 0.50 | －3.05 | 1.04 |
| METHOD | 1 402 | 0.97 | 1.00 | 0.16 | 0.00 | 1.00 |
| SIZE | 1 402 | 21.89 | 21.80 | 1.24 | 16.01 | 27.47 |
| GROW | 1 402 | 0.23 | 0.11 | 0.69 | －0.71 | 4.71 |
| MANSHARE | 1 402 | 0.07 | 0.00 | 0.15 | 0.00 | 0.60 |

# 第四节　实证结果

## 一、公司战略差异对并购溢价的影响

表7－4报告了标的公司战略偏离行业常规的程度对并购溢价的影响的OLS回归结果。其中，第（1）列报告了仅控制年度和行业固定效应情况下标的公司战略差异对并购溢价的影响；第（2）列报告了在控制年度和行业固定效应的基础上增加控制变量以后标的公司战略差异（SD）对并购溢价（PREMIUM）的影响；第（3）列和第（4）列分别类似于第（1）列和第（2）列。主要区别在于后两列SD采用的是哑变量，而前两列SD采用的是连续变量。由表7－4可见，SD的系数虽然为正，但都不显著，表明标的公司战略差异与并购溢价没有统计上的显著相关性。

表7-4　　公司战略差异对并购溢价的影响

| 变量 | (1) | (2) | (3) | (4) |
|---|---|---|---|---|
| | Premium | Premium | Premium | Premium |
| SD | 0.990<br>(1.04) | 1.377<br>(1.40) | | |
| SDDUM | | | 0.404<br>(0.69) | 0.530<br>(0.92) |
| Slack | | 0.050<br>(0.26) | | 0.030<br>(0.15) |
| Profit | | 0.823**<br>(2.03) | | 0.775*<br>(1.94) |
| Method | | 0.487<br>(0.45) | | 0.416<br>(0.39) |
| Size | | 0.359<br>(1.06) | | 0.293<br>(0.90) |
| Grow | | -0.456<br>(-1.27) | | -0.425<br>(-1.20) |
| Manshare | | 0.467<br>(0.24) | | 0.307<br>(0.16) |
| Constant | 0.357<br>(0.10) | -8.246<br>(-1.02) | 0.884<br>(0.23) | -5.982<br>(-0.75) |
| Industry | Yes | Yes | Yes | Yes |
| Year | Yes | Yes | Yes | Yes |
| N | 1 402 | 1 402 | 1 402 | 1 402 |
| Adj. $R^2$ | 0.006 | 0.005 | 0.005 | 0.003 |

注：***、**和*分别表示在1%、5%和10%水平显著。括号内为T值为经过稳健的标准误和公司层面的聚类调整。

表7-5列示了分析师关注度、高质量审计师以及公司是否披露内部控制缺陷对战略差异度与并购溢价关系的影响。前述结果显示，并购溢价与卖方的战略差异无显著相关性。由于战略差异加剧信息不对称，并且信息不对称导致资本市场的参与者不能正确评价公司价值，并购溢价与战略差异之间无显著相关性也在情理之中。因此，我们进一步检验了如果卖方的信息不对称程度下降对并购溢价的影响。表7-5列示了战略差异、信息不对称与并购溢价之间相关性的结果。由表7-5可见，战略差异与师跟踪人数的交互项Analst SD×Analst、战略差异与10大审计的交互项SD×Big10以及战略差异与社会责任缺陷披露情况的交互项SD×Deficiency的系数都不显著，表明卖方的信息不对称程度并不影响战略差异与并购溢价之间的相关性。

表 7－5　　战略差异、信息不对称与并购溢价

| 变量 | (1) | (2) | (3) |
|---|---|---|---|
| | Premium | Premium | Premium |
| SD | 0.037<br>(0.01) | 1.555<br>(1.34) | 1.425<br>(1.45) |
| Analst | -0.992<br>(-1.06) | | |
| SD × Analst | -0.112<br>(-0.08) | | |
| Slack | 0.075<br>(0.31) | 0.009<br>(0.04) | 0.034<br>(0.18) |
| Profit | 0.623<br>(1.37) | 0.584<br>(1.28) | 0.835**<br>(2.05) |
| Method | -0.104<br>(-0.08) | -0.177<br>(-0.14) | 0.418<br>(0.39) |
| Size | 0.865<br>(1.46) | 0.357<br>(0.92) | 0.306<br>(0.93) |
| Grow | -0.555<br>(-0.85) | -0.491<br>(-1.04) | -0.457<br>(-1.27) |
| Manshare | 1.953<br>(0.77) | 0.633<br>(0.31) | 0.611<br>(0.31) |
| Big10 | | 0.320<br>(0.25) | |
| SD × Big10 | | 0.353<br>(0.16) | |
| Deficiency | | | 3.939<br>(0.66) |
| SD × Deficiency | | | -1.864<br>(-0.20) |
| Constant | -17.317<br>(-1.29) | -4.683<br>(-0.47) | -4.142<br>(-0.51) |
| Industry | Yes | Yes | Yes |
| Year | Yes | Yes | Yes |
| N | 857 | 1 154 | 1 402 |
| Adj. $R^2$ | 0.014 | -0.006 | 0.006 |

注：***、** 和 * 分别表示在 1%、5% 和 10% 水平显著。括号内为 T 值为经过稳健的标准误和公司层面的聚类调整。

## 二、卖方印象管理的调节作用

印象管理理论认为，为了向市场描绘一个更好的形象，企业经常利用扭曲的度量来强化有利信息，淡化不利信息（Beattie & Jones，1993）。欧莱礼（O'Reilly，1978）指出，在组织领域中，发送方为了更好地描述相关公司的

形象而歪曲了提供给接收方的信息。埃尔斯巴赫等（1998）将企业印象管理定义为“企业有目的地设计并实施（组织活动），由此影响受众对该企业知觉反应的过程”。研究发现，印象管理对组织应对不利事件有积极影响，有助于组织化解危局。例如印象管理有助于企业被污名化后恢复名誉，在遭受质疑的后修复合法性，在经历抵制后重获利益相关者的支持等。

印象管理在财务报告中屡见不鲜。孙蔓莉（2005）指出，公司管理层之所以倾向于在信息披露中进行印象管理，主要原因是：（1）资本市场对上市公司高管具有巨大的诱惑力，通过印象管理，管理层能够获得政治或经济利益；（2）信息披露成本低而且传播性广，公司可以借以低成本地对公司的产品和形象进行宣传和包装；（3）信息不对称为企业管理层进行印象管理提供了便利；（4）公司或经理人与竞争对手在稀缺资源和职位晋升方面的激烈竞争使得印象管理成为必要。

不少学者从委托代理理论视角解释印象管理动机。根据委托代理理论，股东与代理人激励不相容、目标不一致，股东是希望股东财富最大化或者公司财富最大化，而代理人却追求自身利益最大化。股东与代理人之间的潜在利益冲突会导致代理人以损害股东的利益为代价谋取私利。在所有权与控制权分离，并且信息不对称的情况下，股东通常基于财务报告对管理层进行业绩考核和奖惩，这就使得管理层有动机操纵年报进行印象管理，尤其是当公司业绩不佳，管理层的声誉、奖惩和职位安全性受到威胁时，管理层进行印象管理的动机更强烈。孙曼莉（2015）发现，企业经理人有自利性归因动机，所谓自利性归因，就是业绩好的时候归因于自己的努力，业绩差的时候归咎于客观环境、气候或宏观经济形势。萨兰西克和门德尔（Salancik & Meindl，1984）发现，业绩比较稳定的企业自利性归因倾向比较明显。相比业绩稳定的公司，那些业绩波动较大的公司，自利性归因更明显，它们总是把业绩优归因于管理层的能力等主观因素，把业绩差归因于市场环境或制度等客观因素（Hooghiemstra，2001；Clatworthy & Jones，2003）。阿兹（Aerts，2005）发现，上市公司比非上市公司使用归因策略更频繁。阿兹（2005）的后续研究发现，相比非上市公司，上市公司会更加频繁地使用归因策略。就操纵年报而言，除了进行盈余管理外，还有操纵年报行文方式，具体的有操纵可读性、操纵年报语调和强调正面结果等。其中操纵可读性一般适用于业绩较差的企业，目的是隐藏企业业绩不佳的信息。具体的方法是大量使用专业术语增加阅读难度，使年报令人费解。阎达五（2002）发现，操纵年报可读性是一些企业管理层的惯用伎俩。李晓慧（2012）认为，企业利用年报进行印象管理主要是为了粉饰业绩，良好的公司治理模式因而能够显著抑制企业的自利性归因行为。赵息（2013）发现，企业管理层的权利越大，越倾向于隐瞒内部控制缺陷。

公司经理人出于自利动机，在财务报告中彰显良好业绩，隐瞒不好业绩，以误导会计信息使用者对公司经营状况的判断（Tata & Prased，2015）。班赛尔等（Bansal et al.，2004）发现，企业通常会利用股东大会、公司年报等影响受众的认知。孙曼莉（2005）发现，上市公司通过操纵年报可读性进行印象管理，业绩优良的公司年报可读性显著高于业绩较差的公司。蒋亚朋（2008）对543份上市公司盈余报告进行了深入分析，发现管理层在解释盈余变动原因时存在明显的归因偏差。具体地，管理层偏好将盈利增加归结于自身因素，将盈利下降归结于政策和经济环境的波动。王菁（2014）发现，在那些投资不足的公司中，管理层为了向股东隐瞒自己的不作为，通常通过应计项目操纵盈余来调节利润。柳宇燕和张鼎祖（2019）基于美国州政府财务年报的调查发现，政府财务报告中普遍存在利用图像进行印象管理的现象。

由于当前监管层和会计准则尚未能对年报文本信息进行约束，企业年报文本信息操纵的压力就相对较小，管理层可以根据需要，来策略性地操纵文本信息。例如，当公司由于管理层决策失误而经营不善或遭遇不利冲击而导致业绩下降时，管理者会倾向于认为这种糟糕的情形只是暂时的，很快就会有所好转。在信息披露时，为了避免悲观信息对公司股价产生不利影响，会故意地以积极的语调向外界释放公司未来会好转的信号，尤其是当大股东或经理人存在机会主义动机时，这种情形尤甚（许文瀚，2019）。基于印象管理理论，战略异常企业由于业绩不确定性较大，在出现巨额亏损时，有动机在年报中使用更多的积极词汇以影响信息使用者对企业的印象。我们预期，战略异常企业在遭遇内外交困的情况下出售资产或者子公司时，更有动机借助年报或上市公司公告等载体，通过文本信息操纵进行印象管理。

由于管理层积极乐观的语调能够激发投资者乐观情绪，管理者会有意识地发布乐观语调的文本信息来影响市场反应（Huang，2014）。相关实证研究为这一观点提供了实证支持。黄（Huang，2014）基于美国上市公司业绩快报的研究发现，公司异常乐观语调与公司未来业绩和现金流显著负相关。曾庆生（2018）认为，一些上市公司年报中刻意渲染美好前景，而同时内部人却随时准备在高位套现。

已有研究发现，企业履行社会责任能够降低企业的资本成本（Dhaliwal，2011）并提高企业财务绩效（朱乃平等，2014）。张兆国（2013）发现，履行企业社会责任能够提升企业绩效，进而促进企业积极地履行社会责任。耿云江和常金晓（2018）则发现，履行社会责任能够显著提升企业价值。普廖里等（2008）和权小峰等（2006）认为，企业履行社会责任可能只是为了进行印象管理。在并购过程中，如果卖方公司进行印象管理，例如在年报中使用更多的积极词汇、盈余操纵或者履行社会责任，是否会影响并购溢价呢？如果并购方预期到标的公司这种印象管理行为，可能非但不会支付过高的并购价格，反而会降低并购价格。为此，我们从并购溢价视角检验了印象管理的经济后果。

表7－6第（1）列报告了战略差异与盈余管理对并购溢价的影响，战略差异与盈余管理的交互项SD×DA系数为负，但不显著，表明卖方的盈余管理并不能影响战略差异与并购溢价的关系。第（2）列报告了战略差异与企业慈善捐赠的交互项对并购溢价的影响，交互项SD×DON的系数为负，但不显著，表明卖方的慈善捐赠并不能影响战略差异与并购溢价的关系。第（3）列报告了战略差异与卖方年报语调对并购溢价的影响，交互项SD×PT为正，但不显著，表明卖方年报的积极语气并不能影响战略差异与并购溢价的关系。总之，上述结果表明，战略差异并不能影响并购价格。卖方战略差异虽然导致信息不对称，但是卖方战略偏离行业常规的程度并不影响买方的并购价格，而且即便卖方进行印象管理，也不会影响卖方对标的物的定价。这在一定程度上说明并购方比较理性，不受卖方印象管理的影响，也表明印象管理并非总是有效的。

**表7－6　　　战略差异、印象管理与并购溢价**

| 变量 | (2) | (3) | (4) |
|---|---|---|---|
| | Premium | Premium | Premium |
| SD | 0.743<br>(0.57) | 1.651<br>(1.61) | 2.439<br>(1.58) |
| DA | －4.665<br>(－1.12) | | |

续表

| 变量 | (2) | (3) | (4) |
|---|---|---|---|
| | Premium | Premium | Premium |
| SD × DA | 1.628<br>(0.37) | | |
| DON | | 3.850<br>(1.30) | |
| SD × DON | | -5.750<br>(-1.49) | |
| PT | | | -41.160<br>(-0.61) |
| SD × PT | | | 134.665<br>(1.34) |
| Slack | 0.064<br>(0.42) | 0.050<br>(0.26) | 0.095<br>(0.48) |
| Profit | 0.789*<br>(1.79) | 0.808**<br>(2.00) | 0.367<br>(0.86) |
| Method | 0.511<br>(0.41) | 0.487<br>(0.46) | -0.015<br>(-0.01) |
| Size | 0.497<br>(1.50) | 0.333<br>(0.92) | 0.500<br>(1.43) |
| Grow | -0.285<br>(-0.75) | -0.457<br>(-1.28) | -0.494<br>(-1.21) |
| Manshare | -0.654<br>(-0.35) | 0.462<br>(0.24) | 0.893<br>(0.43) |
| Constant | -11.205<br>(-1.39) | -4.664<br>(-0.53) | -8.219<br>(-0.95) |
| Industry | Yes | Yes | Yes |
| Year | Yes | Yes | Yes |
| N | 1237 | 1402 | 1163 |
| Adj. $R^2$ | 0.010 | 0.005 | 0.003 |

注：***、**和*分别表示在1%、5%和10%水平显著。括号内为T值为经过稳健的标准误和公司层面的聚类调整。

## 第五节 进一步分析

为了进一步分析战略异常企业的印象管理策略为何对并购溢价并无显著影响，本节考察了战略异常企业印象管理策略对其权益资本成本和市场价值的影响。

## 一、战略差异、印象管理与市场价值

参照张新民和祝继高（2019）的研究，我们设计了一个多元回归模型，检验战略差异、印象管理与市场价值之间的关系。因变量是托宾 Q 值，来自 CSMAR 数据库，自变量是战略差异度（SD）。控制变量包括盈余管理（DA95）、总资产收益率（ROA）、财务杠杆（LEV）、企业成长性（GROW）、公司规模（SIZE）、所有权性质（STATE）、是否交叉上市（CRCD）、第一大股东持股比例（$TOP_1$）、资本支出强度（CAPEX）、公司年龄（AGE）以及年度和年行业固定效应。其中，盈余管理（DA95），是基于修正的琼斯模型的操控性应计利润；AGE 等于公司成立年龄的自然对数；CAPEX 等于购建固定资产、无形资产和其他长期资产支付的现金除以期末总资产；其他变量定义同前述。

上述回归结果见表 7－7，其中，交互项 SD×AC95 和 SD×CSR 的回归系数符号是我们所关心的，CSR 是企业社会捐赠额的自然对数，数据来自 CSMAR 数据库；CSR1 是虚拟变量，如果企业有慈善捐赠，则取值为 1，否则为 0。由表 7－7 第（1）列可见，SD 的系数显著为正，但不显著，表明战略差异能显著提升其以托宾 Q 值表示的市场价值；由表 7－7 第（2）列可见，交互项 SD×DA95 的回归系数在 5% 的水平显著为负，表明在我国资本市场上，投资者比较理性，能够预期到战略异常企业的盈余管理，因而导致其托宾 Q 值下降；由表 7－7 第（3）可见，交互项 SD×CSR 的回归系数在 1% 水平显著为负；由表 7－7 第（4）列可见，交互项 SD×$CSR_1$ 的回归系数在 1% 水平显著为负，表明战略异常企业通过从事捐赠非但不能显著提升其以托宾 Q 值表示的市场价值，反而导致其下降。总之，表 7－7 的结果显示，战略差异有助于企业市场价值的提升，战略异常企业从事盈余管理或捐赠并不能提升企业托宾 Q 值，反而会降低其托宾 Q 值。

**表 7－7　　战略差异、印象管理与市场价值**

| 变量 | (1) | (2) | (3) | (4) |
|---|---|---|---|---|
| | TQ | TQ | TQ | TQ |
| SD | 0.217***<br>(13.07) | 0.212***<br>(12.79) | 0.224***<br>(13.24) | 0.226***<br>(13.17) |
| DA95 | | −0.022<br>(−0.45) | | |

续表

| 变量 | (1) | (2) | (3) | (4) |
|---|---|---|---|---|
| | TQ | TQ | TQ | TQ |
| SD × DA95 | | -0.217**<br>(-2.55) | | |
| CSR | | | 0.040***<br>(8.00) | |
| SD × CSR | | | -0.024***<br>(-3.63) | |
| $CSR_1$ | | | | 0.179***<br>(6.62) |
| SD × $CSR_1$ | | | | -0.135***<br>(-3.54) |
| ROA | 1.348***<br>(12.25) | 1.435***<br>(13.02) | 1.323***<br>(12.22) | 1.332***<br>(12.22) |
| LEV | 0.068*<br>(1.84) | 0.061<br>(1.63) | 0.073**<br>(1.98) | 0.071*<br>(1.92) |
| GROW | -0.008*<br>(-1.70) | -0.007<br>(-1.46) | -0.006<br>(-1.22) | -0.007<br>(-1.36) |
| SIZE | -0.214***<br>(-27.54) | -0.214***<br>(-27.45) | -0.225***<br>(-28.64) | -0.221***<br>(-27.87) |
| STATE | 0.021*<br>(1.88) | 0.021*<br>(1.91) | 0.022**<br>(2.08) | 0.021*<br>(1.92) |
| CRCD | -0.000***<br>(-8.09) | -0.000***<br>(-8.04) | -0.000***<br>(-6.98) | -0.000***<br>(-7.41) |
| $TOP_1$ | -0.102***<br>(-3.12) | -0.105***<br>(-3.20) | -0.093***<br>(-2.89) | -0.095***<br>(-2.94) |
| CAPEX | -0.123*<br>(-1.70) | -0.182**<br>(-2.48) | -0.117*<br>(-1.65) | -0.118*<br>(-1.65) |
| AGE | 0.064***<br>(4.38) | 0.064***<br>(4.42) | 0.064***<br>(4.47) | 0.063***<br>(4.35) |
| Constant | 4.846***<br>(29.47) | 4.835***<br>(29.46) | 5.064***<br>(30.53) | 4.977***<br>(29.75) |
| N | 24017 | 24017 | 24017 | 24017 |
| Adj. $R^2$ | 0.534 | 0.536 | 0.540 | 0.537 |

注：***、**和*分别表示在1%、5%和10%水平显著。括号内为T值为经过稳健的标准误和公司层面的聚类调整。

## 二、战略差异、印象管理与权益资本成本

为了检验战略异常企业印象管理策略对权益资本成本的影响，我们借鉴张修平等（2020）的研究设计了一个多元回归模型，其中因变量是权益资本成本（COC），其计算方法借鉴侯等（Hou et al.，2012）和毛新述等

（2012）的研究，借鉴王化成等（2017）和陈旻等（2018）的研究，我们剔除了 COC >1 或者 COC <0 的样本。我们控制了财务杠杆（LEV）、企业成长性（GROW）、股票流动性（LIQUID）、市账比（BM）、系统性风险（BETAVAL）、产权性质（STATE）、审计机构是否为国内“四大”会计师事务所，以及年度和行业固定效应。其中，BETAVAL 和 BM 直接下载自 CSRMR。DA95 是基于修正的琼斯模型计算的操控性应计。回归结果见表 7 - 8。

由表 7 - 8 第（1）列可见，SD 的系数为负，但不显著，表明战略差异度与权益资本成本之间无显著相关性；由表 7 - 8 第（2）列可见，交互项 SD × DA95 的回归系数为负但不显著，表明战略异常企业从事盈余管理并不能降低其权益资本成本，也表明投资者比较理性，在进行投资决策时，并不十分看重财务报表数字；由表 7 - 8 第（3）列可见，交互项 SD × CSR 的回归系数在 5% 的水平显著为负；由表 7 - 8 第（4）列可见，交互项 SD × CSR1的回归系数在 1% 的水平显著为负。这表明，战略异常企业通过从事捐赠能够显著降低权益资本成本，表明在资本市场上，投资者比较看重战略异常企业的社会责任。这一结果也表明，在我国资本市场上，通过从事捐赠进行印象管理能够打动投资者，并得以以较低的资本成本融资。

**表 7 - 8　　　　战略差异、印象管理与权益资本成本**

| 变量 | (1) | (2) | (3) | (4) |
|---|---|---|---|---|
| | COC | COC | COC | COC |
| SD | -0.000<br>(-0.09) | 0.000<br>(0.14) | 0.001<br>(0.59) | 0.001<br>(0.63) |
| DA95 | | 0.019 ***<br>(3.06) | | |
| SD × DA95 | | -0.010<br>(-0.94) | | |
| CSR | | | 0.001 ***<br>(3.15) | |
| SD × SR | | | -0.002 **<br>(-2.17) | |
| CSR1 | | | | 0.007 ***<br>(2.96) |
| CSR1 × SD | | | | -0.009 **<br>(-2.23) |
| LEV | 0.029 ***<br>(11.06) | 0.031 ***<br>(11.36) | 0.028 ***<br>(10.93) | 0.028 ***<br>(10.98) |

续表

| 变量 | (1) | (2) | (3) | (4) |
|---|---|---|---|---|
| | COC | COC | COC | COC |
| GROW | 0.000 | 0.003*** | 0.000 | 0.000 |
| | (1.53) | (3.48) | (1.55) | (1.55) |
| LIQUID | -0.001*** | -0.001*** | -0.001*** | -0.001*** |
| | (-9.13) | (-9.31) | (-8.84) | (-8.93) |
| BM | 0.031*** | 0.031*** | 0.031*** | 0.031*** |
| | (13.92) | (13.68) | (13.78) | (13.85) |
| BETAVAL | 0.007*** | 0.008*** | 0.007*** | 0.007*** |
| | (4.56) | (4.84) | (4.72) | (4.64) |
| BIG4 | -0.002** | -0.002** | -0.002** | -0.002** |
| | (-1.97) | (-1.97) | (-2.11) | (-2.04) |
| STATE | -0.010*** | -0.010*** | -0.010*** | -0.010*** |
| | (-10.36) | (-10.35) | (-10.43) | (-10.45) |
| Constant | 0.056*** | 0.079*** | 0.079*** | 0.080*** |
| | (7.89) | (20.83) | (20.84) | (20.86) |
| Industry | Yes | Yes | Yes | Yes |
| Year | Yes | Yes | Yes | Yes |
| N | 13 738 | 13 569 | 13 738 | 13 738 |
| Adj. $R^2$ | 0.257 | 0.258 | 0.258 | 0.258 |

注：***、**和*分别表示在1%、5%和10%水平显著。括号内为T值为经过稳健的标准误和公司层面的聚类调整。

# 本章小结

本章从卖方印象管理策略对并购溢价的影响视角，考察了战略异常企业印象管理的经济后果。我们发现，企业战略偏离行业常规的程度与并购溢价之间并不存在显著相关性。我们进一步考察了战略异常的卖方印象管理行为是否影响并购溢价，我们发现，无论是卖方从事慈善捐赠、盈余操纵或者是在年报中积极乐观，都不能显著提升并购溢价。显然，从并购溢价视角看，战略异常企业的印象管理行为并没有达到预期效果。可能的原因是战略异常企业的业绩不确定使得风险规避的投资者对这类公司并不是特别看好，另外，战略异常导致的信息不对称也使得投资者无法真正了解这类企业的绩效，因而也会在并购定价时对标的打折扣，因此，战略异常企业作为卖方时，战略异常与并购溢价无显著相关性。我们的研究补充了关于并购溢价与战略差异之间关系的研究内容，也拓展了印象管理经济后果的相关研究。

我们进一步检验了战略异常企业的社会责任与盈余管理印象管理策略对企业市场价值和权益资本成本的影响。我们发现，战略差异有助于提升企业的托宾 Q 值，但是从事盈余管理或者慈善捐赠，反而弄巧成拙，非但无助于其提升市场价值，反而显著弱化战略差异与市场价值之间的正向关系。我们还发现，战略差异与权益资本成本之间并无显著相关性。从事盈余管理无助于战略异常企业降低权益资本成本，但是从事慈善捐赠则能够显著降低战略异常企业的权益资本成本。这表明，投资者能够预期到战略异常企业的盈余管理行为，抑或是投资者在进行投资决策时并不看重战略异常企业的财务报表数字，而更看重战略异常企业的道德行为。总之，本章的结果表明战略异常企业如果想降低权益资本成本，从事捐赠是较好的印象管理策略。

# 第八章

# 战略差异与代理冲突

## ——印象管理失效的内因

前述研究表明，战略异常的公司为了获取合法性倾向于从事盈余管理或捐赠等印象管理活动，然而，实证分析结果表明，战略异常企业从事印象管理活动并不能提升其市场价值。因此，有必要进一步分析这类企业印象管理失效的根源。在资本市场上，理性的投资者可能更重视被投资单位的委托代理问题而不是印象管理活动，基于此，本书从现金持有视角进一步分析战略异常企业潜在的代理冲突。

为了研究结论的可靠性与普适性，我们分别基于中国和美国的数据，检验了战略差异对企业现金持有[①]的影响。我们发现，与代理动机一致，战略差异度越大，公司持有的现金越多，并且现金持有价值越低。进一步的分析发现，战略差异度越大，公司对股东分红越少并且避税越多，这两者都可能导致战略异常公司持有更多的现金。这表明，公司和利益相关者之间的潜在利益冲突可能是战略异常企业印象管理不能提升公司市场价值的重要原因。

美国公司在过去几年里持有大量现金（Bates et al.，2009）。摩根大通（J. P. Morgan）的数据显示，截至2015年，美国非金融企业的资产负债表上有2.1万亿美元的现金，这一数字超过了除8个国家之外的全球年度GDP。[②] 虽然现金是公司的宝贵资产，对公司的生存至关重要，但是大量的现金储备让公众担心管理者会一次性挥霍掉现金，从而破坏公司价值。

---

① 我和我的合作者们（崔毓佳、关馨姣以及Chan老师）分别依据中国和美国上市公司的数据检验了战略差异和现金持有的关系，都发现战略差异度与企业现金持有量正相关，并且代理冲突是其根源。限于篇幅，本书仅报告了基于美国数据的研究结果。

② 摩根（J. P. Morgan），《名字是现金，只有现金》2015年12月。

2013 年，苹果公司被绿光资本（greenlight capital）的对冲基金经理戴维·艾因霍恩（David Einhorn）起诉，要求苹果公司将 1370 亿美元现金返还给投资者。[①] 坊间证据暗示了一种异常战略与企业现金持有量之间的关联，以及这种关联背后的代理成本渠道。在本章中，我们考察了战略差异是否与企业现金持有相关，以及其原因。

我们认为，偏离行业规范的战略会增加现金持有量。偏离行业规范的战略使经理人远离激烈的竞争（Porter，1996），并使股东难以评价经理人的业绩（Carpenter，2000；Litov et al.，2012）。这就为经理们创造了机会，让他们在不正常的战略下囤积更多的现金，以供私人使用。此外，一个偏离常规的战略可能导致极端的业绩（Tang et al.，2011），因此导致现金流的不确定性。这种经营风险使企业面临现金赤字风险的增加。因此，战略异常的公司可以持有更多的现金作为防范动机。理论上讲，代理动机和预防动机都可能导致战略差异与现金持有量之间的正向关联。

我们以 1992～2016 年的美国公司为样本，研究战略差异是否会增加公司的现金持有量。我们发现，战略异常的公司持有更多的现金，并且现金持有量随着战略差异度的增加而增加。具体地，战略差异度增加一个标准偏差会使现金持有量占总资产的比例增加 0.7%，约为样本平均现金持有量的 5%。

我们进一步研究战略差异度对现金价值的影响。代理成本降低了企业现金持有价值（Pinkowitz et al.，2006；Dittmar & Mahrt-Smith，2007），而融资约束则增加了现金持有价值（Faulkender & Wang，2006）。如果战略异常公司持有现金是出于代理（预防）动机，我们会发现战略差异降低（提高）现金价值。我们发现，战略差异会降低现金价值，这与代理动机一致。

此外，我们探究战略差异对现金持有量的影响是否如代理动机所预测的那样随代理成本而变化。如果战略异常的企业出于代理动机而持有现金，则这种战略—现金关联主要集中在代理成本高的企业。本章从管理层寻租和产品市场竞争两方面分析了代理成本。我们使用经营费用比率

---

① 埃博兰和古帕塔（Jennifer Ablan & Poornima Gupta）《艾因霍恩起诉苹果，这是多年来投资者面临的最大挑战》，路透社，2013 年 2 月 7 日。

（Ang et al.，2000），SG&A 费用比率（Singh & Davidson，2003），E 指数（Bebchuk et al.，2009）来衡量管理层寻租；使用行业集中度（Herfindahl-Hirschman 指数）、产品相似性、产品市场流动性来衡量产品市场竞争。我们发现，战略差异与现金持有量的正向关系在高代理成本企业中更为显著，证实了代理成本的渠道。此外，我们没有发现公司规模（Faulkender & Wang，2006）、信用评级（Denis & Siblikov，2010）、WW 指数（Whited & Wu，2006）和 SA 指数（Hadlock & Pierce，2010）所代表的融资约束影响战略与现金持有之间的关系。因此，我们的结论不支持预防动机渠道。

最后，我们考察战略异常的企业是否参与某种可能增加现金储备的机会主义活动。机会主义管理者支付更低的股息（Jensen，1986；La Porta，Lopez-De Silanes et al.，2000）和更多地逃避税收（Desai & Dharmapala，2006）。削减股息和减税都有可能增加现金储备。我们发现，战略异常的公司支付股息的概率和水平都较低，同时避税更多。这些发现表明战略异常企业通过增加现金的机会主义行为囤积现金，直接支持了代理动机。

本章有以下贡献。首先，我们补充了企业现金持有决定因素的文献。大量研究提出了与财务和治理相关的现金决定因素。然而，很少有研究从企业战略的角度考察现金持有的决定因素。研究企业战略如何影响现金持有是重要的，因为企业决策都是在特定的企业战略下做出的（Camillus，1981）。少数研究从多元化战略的角度探讨了战略对现金持有量的影响，但是结论并不一致。一些研究（Duchin，2010；Subramaniam et al.，2011）证明了业务多元化和现金持有之间存在负相关关系，另一些研究（Foley et al.，2007；Gu，2017）发现地理多元化和现金持有之间存在正相关关系。我们采用了一种新的战略视角——战略差异。与获取企业内部资源配置的多元化战略不同，战略差异提供了企业间战略视角，界定了企业的资源配置如何不同于竞争对手（Finkelstein & Hambrick，1990）。由于企业战略在本质上植根于企业的竞争环境（Porter，1980），战略差异可以更好地捕捉企业在竞争市场中的战略定位。我们发现，公司战略差异度与现金持有量正相关。

其次，我们对战略差异经济后果的文献做出贡献。已有研究主要集中于战略差异对企业绩效的影响，并证明了战略差异与极端绩效正相关（Tang et al.，2011）。我们将战略差异的影响扩展到公司绩效之外，考察了战略差异对公司现金政策的影响。我们还对补充了企业战略如何影响企业政策的文献进行了广泛的补充。现有研究表明，企业战略影响高管薪酬（Ittner et al.，1997）、税收筹划（Higgins et al.，2015）、财务报告（Bentley et al.，2013）、内部控制（Simons，1987）和预算（Collins et al.，1997）。因此，我们的研究是那些试图弥合公司战略和公司财务决策之间差距的研究之一。

最后，我们为企业采取异常战略提供了一种可能的解释。异常战略要求管理者付出更多努力，使他们面临更大的不确定性，甚至名誉受损（Zwiebel，1995；Carpenter，2000）。因此，尽管异常战略可能会使公司从长期生存中获益（Brown & Eisenhardt，1998），但厌恶风险和目光短浅的经理人很难从这种长期收益中获益。我们的研究表明，经理人在采取异常战略后，能够暗中从囤积过多现金的私人利益中得到补偿。

本书的其余部分如下：第一节回顾文献并提出假设；第二节描述了数据和方法；第三节是讨论结果；第四节进行附加分析和稳健性检验；第五节是发现与启示。

# 第一节　文献回顾与假设发展

## 一、企业现金持有：理论与决定因素

奥普勒等（Opler et al.，1999）基于权衡理论和代理理论分析了现金持有的收益与成本（Kim et al.，1998；Jensen，1986）。成本主要来自两个方面：一方面，持有现金会产生机会成本，因为与投资其他资产相比，投资现金的回报较低；另一方面，由于管理者有保留现金用于自我服务活动的动机（Jensen，1986），持有现金会引发代理成本。当然，持有现金也会给公司带来好处。首先，持有现金降低了交易成本。现金短缺的公司不得不筹集资金或变现非现金资产。而这种融资活动或出售非现金资产会产生交易成本（Baumol，1952）。其次，持有现金增加了财务灵活性。现金短缺的公司可能会因为不利的现金流冲击而陷入财务困境，或者不得不放弃有利可图的项目。因此，企业持有现金是出于预防动机。有了充足的现金，他们更有能力应对财务困境或满足投资需求。

一项关于现金决定因素的国际调查显示，出于预防动机而储蓄现金是现金持有背后的主要驱动因素（Lins et al.，2010）。经验证据在很大程度上支持持有现金的预防性动机（Francis et al.，2014）。预防性动机表明，由于外部融资比较昂贵，企业持有现金以免由于现金流不足而被迫放弃有价值的投资机会。因此，出于外部融资成本、现金流的波动，以及投资机会的回报的考虑（Kim et al.，1998），企业应该增加现金持有量。

首先，企业持有预防性现金是由于昂贵的外部融资。与这一预测相一致的是，较小的公司可以节省更多的现金，因为它们进入资本市场的渠道更少（Kim et al.，1998；Opler et al.，1999）。此外，承担融资和再融资风险的公司从现金流（Almeida et al.，2004；Harford et al.，2014）和股票发行所得（McLean，2011）中节省了更多的现金。由于银行放松管制使企业获得更多的银行贷款，企业随后持有较少的预防性现金（Francis et al.，2014）。

昂贵的外部融资要求企业持有预防性现金以应对现金流冲击。因此，研究证明了持有现金的必要性。特别是，下列情况下公司会持有更多现金：当他们遇到现金流波动性、来自业务的不确定性（Han & Qiu，2007）、收入不确定性（Riddick & Whited，2009）、粗犷的投资政策（Riddick & Whited，2009）、金融危机（Song & Lee，2012）、客户集中（Itzkowitz，2013）和宏观经济不确定（Neamtiu et al.，2014）。

其次，由于高昂的外部融资成本，企业需要现金储备来满足投资需求。研究表明，当公司拥有更好的投资机会时，它们会持有更多的现金（Opler et al.，1999；Hoberg et al.，2014；Qiu & Wan，2014）。相反，多元化公司持有的现金较少，因为它们比单一部门公司可以更好地平滑现金流和投资需求（Duchin，2010；Subramaniam et al.，2011）。

持有现金的代理动机无疑在塑造企业现金政策方面也起到了至关重要的作用（Nikolov & Whited，2014）。职位稳固的管理者有强烈的动机扣留现金，以便他们能够从事自利活动并享受私人利益（Easterbrook，1984；Jensen，1986）。以前的研究已经记录了充分的证据，证明该机构持有现金的动机是一致的。特别是，受外部治理约束较少的公司持有更多现金。更具体地说，企业在股东保护较弱的国家（Dittmar et al.，2003）和收购威胁较弱的环境中持有更多现金（Yun，2009）。此外，参与信用违约掉期交易并面对授权银行的公司持有更多的现金，因为这些公司面临来自债权人的更多约束（Pinkowitz & Williamson，2001；Subrahmanyam et al.，2014）。

同样，薄弱的内部治理也有利于现金囤积。股权结构、薪酬契约等内部治理机制对企业现金持有量产生影响。机构所有权和集体所有权影响企业现金持有量（Nikolov & Whited，2014）。较低的管理层持股比例可以明确地解释美国公司现金持有量的长期增长。此外，当经理人能够更好地获得私人利益时，他们会持有更多的现金。例如，上市公司的管理者比私有公司的管理者拥有更多的自由裁量权，因此，他们持有更多的现金（Gao et al.，2013）。此外，当管理者对企业拥有更大的控制权（kalcheva & Lins，2007），以及当他们有更多的在职消费渠道时（Nikolov & Whited，2014），他们会积累更多的现金。

总之，先前的研究聚焦于与财务和治理相关的现金持有决定因素。与以往的文献不同，我们试图将企业战略的影响纳入现金政策的形成，并为现金持有提供基于战略的解释。少数研究从多元化战略的角度考察了对现金持有的战略影响。例如，有研究检验了企业多元化对现金持有量的影响，发现企业多元化与现金持有量呈负相关（Duchin，2010；Subramaniam et al.，2011）。然而，最近的研究发现，拥有国际业务的公司持有更多的现金（Foley et al.，2007；Gu，2017）。这一发现指出了地域多元化和现金持有之间的正相关关系。因此，企业多元化对现金持有量的影响尚不清楚。本书采用一种新的战略方法——战略差异来研究企业现金持有。与在企业内部跨部门获取资源的多元化战略不同，战略差异提供了企业间战略视角，指的是企业在关键业务——生产、营销、创新和金融方面的资源配置是如何偏离行业同行（Finkelstein & Hambrick，1990；Geletkanycz & Hambrick，1997）。因此，异常战略可以更好地捕捉企业在竞争市场中的战略定位，因为企业战略的本质是根植于企业的竞争环境（Porter，1980）。

## 二、企业战略及其后果

个体倾向于与同龄人以相似的方式行事，这一过程在社会心理学文献中被称为从众行为（Tayler & Bloomfield，2011）。研究发现，在财务会计领域也存在从众行为。例如，纳税人遵守税法的程度取决于他们对他人依法纳税性的感知（Wenzel，2005）。

制度学者认为，从众行为也适用于组织内部。新制度理论认为，组织倾向于模仿同行的做法，这促进了组织间的同质性（Meyer & Rowan，1977；DiMaggio & Powell，1983）。同样，在一个行业内，焦点企业倾向于模仿其同行的战略选择，并出现了战略规范的行业中心趋势（Deephouse，1996）。异常战略被定义为偏离行业规范的战略，而同形战略则定义为符合行业规范的战略（Finkelstein & Hambrick，1990；Deephouse，1999）。

理论上，研究人员还没有就企业战略偏离或符合行业规范的最佳程度达成一致（Deephouse，1999；Miller et al.，2013）。战略学者坚持认为，企业应该采取异常战略，因为这样做可以帮助企业开拓无竞争的细分市场，建立优越的客户和供应商关系，并赢得竞争优势，超越同行（Porter，1988）。与此相反，制度学者反对异常战略，原因是异常战略使利益相关者失去评估基准（Carpenter，2000），导致企业与其外部人士之间的信息不对称（Litov et al.，2012），并最终阻碍企业获取资源（Deephouse，1999）。因此，这个信息问题所产生的成本可以在很大程度上抵消战略差异所带来的好处。通过揭示异常战略的公司持有现金的动机，我们可以加深对异常战略的成本与收益的理解。

我们的研究是将企业战略与企业决策和行动联系起来的研究之一。然而，这一领域的文献主要将企业战略作为具体的战略类型，包括迈尔斯和斯诺（Miles & Snow，1978）的勘探者、分析者和防御者战略，波特（Porter，1980）的成本领先与产品差异化战略，以及马奇（March，1991）的探索与利用战略。这些战略类型学，尽管标签不同，都描绘了企业如何在竞争环境中定位其地位（Bentley et al.，2013）。在经验上，由于档案数据的可得性，研究主要集中于前两种战略类型学（Ittner et al.，1997）。

研究表明，勘探者与防御者相比，经历更多的财务报告违规行为并产生较高的审计费用（Bentley et al.，2013），采用股权激励（Rajagopalan，1997），在薪酬合同中更加重视非财务绩效（Ittner et al.，1997），规避更多的税（Higgins et al.，2015），并使用更集中的内部控制系统（Simons，1987）。此外，与产品差异化公司相比，成本领先型公司在技术方针方面更激进（Zahra & Covin，1993），采用较少基于绩效的薪酬合同（Chen & Jermias，2014），并表现出更为可持续的盈利绩效（Fairfield & Yohn，2001）。

## 三、战略差异与现金持有

根据行业规范进行竞争，为利益相关者提供了绩效和声誉基准（Zwiebel，1995；Carpenter，2000）。采用偏离行业规范的战略的公司从这种外部性中获益较少（Geletkanycz & Hambrick，1997）。因此，当评估一个特定的异常战略时，它的利益相关者面临着增加的信息处理成本（Litov et al.，2012）。这个信息问题产生了一个不透明的信息环境。管理者可以利用这种不透明性来掩饰自己的不当行为，为自己的私人利益囤积现金（Jensen & Meckling，1976；Jensen，1986）。此外，一个异常的战略保护一个公司远离激烈的竞争（Brown & Eisenhardt，1998）。竞争的减少削弱了外部约束的有效性（Shleifer & Vishny，1997）。面对被削弱的外部治理的管理者有动机囤积现金用于自我服务的活动（Dittmar et al.，2003；Yun，2009）。因此，战略异常的公司由于代理动机而持有更多的现金，这表明战略差异与公司现金持有之间存在正相关关系。

此外，战略异常阻碍企业获得外部资源（Deephouse，1999）。特别是，资本市场倾向于低估具有独特战略的企业，因为它产生的信息不对称（Litov et al.，2012）。这导致战略异常的公司获得昂贵的外部融资。因此，融资约束对它们的约束力更大。此外，异常战略通常是复杂和危险的（Carpenter，2000），导致极端的业绩（Tang et al.，2011）和现金流的不确定性。战略异常的公司更有可能受到不利的现金流冲击的影响，因此，它们需要现金储备来抵御这种冲击。此外，战略异常的公司通常会建立独特的员工和供应商关系以及新颖的客户联系（Porter，1985；Titman & Wessels，1988），它们需要现金为意外支出提供资金。因此，战略异常的公司也有持有现金的预防性动机。这再次表明战略差异与企业现金持有之间存在正相关关系。基于此，我们提出以下假设：

H8－1：战略差异与现金持有呈正相关。

## 四、战略差异与现金价值

如上所述，战略差异与现金持有之间的正相关关系可以归因于代理动机和/或预防动机。在本节中，我们将讨论战略差异对现金的价值影响，以揭示采取战略差异的后果，并揭示先前假定的战略—现金关系背后的动机。

莫迪利安尼和米勒（Modigliani & Miller，1958）认为，在一个完美的资本市场中，无论何时出现，企业都可以为增值投资提供资金。然而，在不完善的市场中，外部融资变得昂贵，企业在筹集外部资本时遇到融资约束（Myers & Majluf，1984）。在融资约束的情况下持有现金有助于提高公司价值，因为它减少了昂贵的外部融资需求，并缓解了投资不足的问题。也就是说，融资约束增加了现金的价值（Pinkowitz et al.，2006；Dittmar & Mahrt-Smith，2007）。

然而，持有现金也为管理者为自己的私人利益消费现金提供了可能。特别是，经理们可能会把现金浪费在过高薪酬、在职消费和帝国建造上，所有这些都破坏企业价值，即代理成本降低了现金的价值（Pinkowitz et al.，2006；Dittmar & Mahrt-Smith，2007）。

如果战略差异加剧了代理冲突，而异常战略的公司持有现金是出于代理动机，资本市场会对异常战略的公司持有的现金折价。因此，异常战略应该降低现金价值，尤其是当战略差异度增加时。相反，如果战略差异带来融资约束，而异常战略公司持有现金是出于预防动机，企业价值会上升。现金价值随公司战略差异度的增加而增加。综上所述，战略差异可以增加或减少现金价值，这取决于现金持有动机。基于以上分析，我们提出以下两个相互竞争的假设：

H8－2a：战略差异会由于代理动机而降低现金的市场价值。

H8－2b：战略差异由于预防动机而增加现金的市场价值。

## 第二节　数据和方法

### 一、数据

我们的样本涵盖了1992～2016年的25年。我们的样本从1992年开始，因为这是高管薪酬资料库（ExecuComp）提供CEO相关数据的第一年。我们从标准普尔（Compustat）数据库获得公司的财务信息，从证券价格研究中心（Center for Research of Security Prices，CRSP）获得股票的信息；

从肯尼斯·弗兰奇（Kenneth French）教授的网页上获得了25个投资组合的规模、账面市值比和投资组合收益的断点;[①] 从皮特·邓默吉安（Peter Demerjian）教授的网页上获取CEO能力数据。[②] 借鉴福克纳和王（Faulkender & Wang，2006），剔除了净资产为负、市场权益为负、股息为负的公司年度观测值，并对所有连续变量进行了1%水平的缩尾，以减少异常值的影响；同时也剔除了金融公司和公用事业公司。金融公司被剔除，是因为它们受到资本监管的约束。公用事业公司被删除，是因为它们的现金持有处于监管监督之下（Opler et al.，1999）。我们最终的样本包括25 894个观测数据。

## 二、测量关键变量

企业战略体现在包括市场营销、创新和生产在内的关键职能活动的一系列资源部署中（Mintzberg，1978；Geletkanycz & Hambrick，1997）。基于这一企业战略概念，芬克尔斯坦和汉布瑞克（Finkelstein & Hambrick，1990）率先开发了一种衡量战略一致性的方法，捕捉企业战略与行业平均战略概况的相似性。后续研究借用了这一框架，发展了战略差异的衡量方法，捕捉焦点企业的战略偏离行业规范的程度（Zhang & Rajagopalan，2003；Haynes & Hillman，2010；Tang et al.，2011）。我们遵循他们的方法来构建我们对战略差异的测量。具体构建方法同前述，此处不再赘述。变量定义见表8－1。

**表8－1　变量定义**

| 变量 | 定义 |
|---|---|
| Panel A | 战略差异与企业现金持有 |
| CASH | 现金持有量，等于现金和短期投资之和除以按总资产 |
| SDDUM | 哑变量，SD大于年度行业中位数，则为1，否则为0 |
| SD | 战略差异，衡量公司的战略偏离行业平均水平的程度 |
| SIZE | 公司规模，用总资产的自然对数来衡量 |
| LEV | 财务杠杆比率，等于总负债除以总资产 |
| MB | 增长机会，用公司的市场价值除以资产的账面价值来衡量 |
| VOL | 现金流波动率，用三年公司现金流的向后移动方差来衡量 |
| WCAP | 营运资本净额，等于营运资本减去现金除以总资产比例 |
| CF | 现金流，等于非经常性项目前的收益加上折旧和摊销前的收益除以总资产 |

① 见http：//mba. tuck. dartmouth. edu/pages/faculty/ken. french/data_library. html. 我们感谢弗兰奇（French）教授慷慨地提供了这些数据。

② 见http：//faculty. washington. edu/pdemerj/data. html. 我们感谢邓默吉安（Demerjian）教授慷慨地提供了数据。

续表

| 变量 | 定义 |
|---|---|
| EXP | 资本支出，等于资本支出除以总资产 |
| DIV | 股利支付哑变量，如果公司支付股息，该指标等于1，否则为0 |
| BUSSEG | 业务多元化，用业务细分数目加1的自然对数来衡量 |
| GEOSEG | 地理多样化，用地理区段数目加1的自然对数来衡量 |
| CEOVEGA | CEO期权vega，用CEO期权vega的自然对数来衡量 |
| CEOABILITY | CEO能力，用MA评分来衡量（Demerjian et al.，2012） |
| Panel B | 战略差异与现金价值 |
| r | 股票收益，以年度股票收益衡量 |
| R | 基准回报，以25个基于规模和账面市值比的Fama-French投资组合回报来衡量 |
| rr | 超额股票回报，等于个股回报率减去基准回报率 |
| C | 现金持有量，以现金加短期投资来衡量 |
| E | 收益，等于非经常性项目前的收益加上利息、递延税收抵免和投资税收抵免 |
| NA | 净资产，等于总资产减去现金持有量 |
| RD | 研发支出，以研发支出水平衡量 |
| I | 利息费用，等于利息相关费用 |
| D | 股息，等于支付的普通股息总额 |
| NF | 净融资，等于股本发行总额减去股本回购加上债券发行减去债务偿还 |
| M | 股本市场价值，等于流通股数乘以该公司在财政年度的收盘价 |
| Panel C | 代理成本标准 |
| OEXPENSE | 营业费用比率，等于营业费用除以总资产。对于每个会计年度和行业，我们将营业费用比率上（下）1/4的公司归入高（低）代理成本组 |
| SGAEXPENSE | 销售费用、一般费用和管理费用占总资产的比例。对于每个会计年度和行业，我们将SG&A费用比率上（下）四分位数的部门归类到高（低）代理成本组 |
| EINDEX | 堑壕指数（E指数）（Bebchuk et al.，2009）。对于每个会计年度和行业，我们将E-index上（下）四分位数的公司划分为高（低）代理成本组 |
| HHI | 赫芬达尔指数（HHI）（Hoberg & Phillips，2016）。对于每个会计年度和行业，我们将HHI中最高（最低）的四分位数归类到高（低）代理成本组 |
| 相似 | 产品相似度（Hoberg & Phillips，2016）。对于每个会计年度和行业，我们将负产品相似度上（下）四分位数的公司归入高（低）代理成本组 |
| 威胁 | 产品市场威胁，用产品市场流动性衡量（Hoberg et al.，2014）。对于每个会计年度和行业，我们将负的产品市场威胁最高（最低）的四分位数分配给高（低）代理成本组 |
| Panel D | 金融约束条件 |
| SIZE | 公司规模，用销售收入的自然对数来衡量。对于每个会计年度和行业，我们根据销售额对公司进行排名，并将那些在下（上）四分位数的公司分配到融资约束（无约束）组 |
| RATING | 信用评级，由标准普尔衡量的长期信用评级。如果企业当年有未偿债务，但无法获得债务评级，就会被归为融资约束企业。如果公司的债务评级是可用的，并且没有违约（评级为“D”和“SD”），则公司被划分为非融资约束的公司。没有未偿债务的公司被认为非融资约束 |

续表

| 变量 | 定义 |
|---|---|
| WW | 财务约束指数（Whited & Wu，2006），用以下公式衡量：<br>WW = －0.091（CF/TA）－0.062 DIV +0.021（LTD /TA）－0.044 logTA +0.102 INDSG－0.035 SG，<br>其中 CF 为现金流；TA 为总资产；如果公司已支付股息，DIV 为 1，否则为 0；INDSG 为行业销售增长；SG 是公司销售增长。对于每个会计年度和行业，我们根据 WW 指数对公司进行排名，并将排名上（下）四分位数的公司分配为融资约束（非融资约束）组 |
| SA | SA 财务约束指数，由下式测算：<br>SA = －0.737 3×SIZE +0.043×SIZE×SIZE－0.040×AGE，<br>其中，规模为企业规模，按企业总资产的自然对数计算。年龄是公司首次出现在 Compustat 上的年数。对于每个会计年度和行业，我们基于 SA 指数对企业进行排名，并将排名上（下）四分位数的企业归类为融资约束（非融资约束）组 |
| Panel E | 战略差异与股利支付 |
| PAYDUM | 股息哑变量，如果公司支付股息，该指标等于 1，否则为 0 |
| PAYE | 每股收益的股息，以现金股利除以非经常性项目前的收益计算 |
| PAYS | 每股股息，现金股息除以已发行普通股计算 |
| PAYY | 股息率，以现金股息除以市值计算 |
| Panel F | 战略差异与避税 |
| NETR | 负的实际税率，以负一倍的所得税除以净收入计算 |
| NCETR | 负现金实际税率，以负一倍的所得税支付除以净收入计算 |
| RWBTD | 雷戈和威尔逊（Rego & Wilson，2008）的账面税差异 |
| MPBTD | 曼松和普莱斯克（Manzon & Plesko，2002）的账面税差异 |

## 三、方法

### （一）战略差异与现金持有

我们遵循先前关于现金持有的研究（Opler et al.，1999；Dittmar et al.，2003；Gao et al.，2013），构建以下实证模型来检验战略差异与现金持有之间的关系：

$$\begin{aligned}CASH_{i,t} = {} & \beta_0 + \beta_1 SD_{i,t} + \beta_2 SIZE_{i,t} + \beta_3 LEV_{i,t} + \beta_4 MB_{i,t} + \beta_5 VOL_{i,t} \\ & + \beta_6 WCAP_{i,t} + \beta_7 CF_{i,t} + \beta_8 EXP_{i,t} + \beta_9 DIV_{i,t} + \beta_{10} BUSSEG_{i,t} \\ & + \beta_{11} GEOSEG_{i,t} + \beta_{12} CEOVEGA_{i,t} + \beta_{13} CEOABILITY_{i,t} \\ & + \sum YEAR + \sum INDUSTRY + \varepsilon_{i,t} \qquad (8-1)\end{aligned}$$

其中，现金为公司持有的现金，定义为现金和短期投资占总资产的比例。SD 是战略差异度。根据 H8－1，我们期望得到 $\beta_1$ 是正的。

借鉴奥普勒等（Opler et al.，1999），我们控制了现金持有的其他决定因素。SIZE 是企业规模，定义为总资产的自然对数。较大的公司持有或多或少的现金。一方面，大公司的规模会阻碍收购，因而有利于管理层持有过多的现金。另一方面，规模较大的企业面临的信息不对称较少，因而持有现金的防范预防较弱。因此，我们不能预测公司规模和现金持有之间的关联。LEVERAGE 是财务杠杆，定义为总负债除以总资产。杠杆率高的公司持有较少的现金，因为借款可以作为现金持有的替代品（John，1993）。然而，由于较高的财务困境成本，高杠杆公司可能会持有更多的现金（Guney et al.，2007）。因此，我们不对杠杆系数进行预测。MB 是市净率，定义为股本的市场价值除以股本的账面价值。MB 用于控制投资机会。具有有利可图的投资机会的公司持有更多的现金，因为现金短缺对这些公司来说代价高昂。我们期望 MB 的系数是正的。VOL 是现金流波动率，定义为现金流的三年向后移动方差，计算方式为非经常性项目前的收益加上折旧和摊销前的总资产比例。现金流不确定的公司通常会有意料之外的支出，倾向于持有更多的现金。我们期望 VOL 的系数是正的。WCAP 是指营运资本减去现金，按总资产比例计算的净营运资本。现金和净营运资本是替代品。因此，营运资本越大的公司持有的现金就越少。我们期望 WCAP 的系数是负的。CF 是现金流量，定义为非经常性项目盈余加上折旧和摊销前的总资产比例。现金流和现金持有之间的关联并不清楚。一方面，拥有更高现金流的公司拥有更多的现金。另一方面，企业拥有较高的现金流往往会有更多的投资机会。因此，我们不预测现金流和现金持有之间的联系。EXP 是资本支出按总资产比例计算。资本支出越多的公司现金储备越少，我们期望它的系数是负的。DIV 是一个指标变量，如果公司支付股息，它等于 1，否则为 0。派息公司是典型的成熟公司，成长机会较少，因此，它们不需要持有大量现金。我们期望 DIV 上的系数是负的。BUSSEG 是业务部门数目加一的自然对数。多部门公司有多样化的投资机会，因而持有较少的现金（Duchin，2010）。我们期望 BUSSEG 上的系数是负的。GEOSEG 是地理区段数目加 1 的自然对数。国际化运营的公司拥有更多的现金持有（Gu，2017）。我们期望 GEOSEG 的系数是正的。CEOVEGA 是 CEO 期权 vega 的自然对数。目前尚不清楚 vega 与现金持有量之间的关系。一方面，高期权 vega 为 CEO 提供了更强的冒险动机。这导致持有更多的现金，因为债券持有人需要更高的流动性来补偿他们（Liu & Mauer，2011）。另一方面，风险厌恶型 CEO 倾向于持有更多现金以降低企业风险。一旦这些 CEO 被提供了高期权 vega，他们愿意持有更少的股份。因此，我们对 CEOVEGA 的系数不做预测。CEOABILITY 是指管理能力，由邓默吉安等（Demerjian et al.，2012）的 MA 得分来衡量。高能力的 CEO 能够为给定水平的公司资源产生更多的现金储备。我们期望 CEOABILITY 系数为正。

**（二）战略差异与现金持有的市场价值**

福克纳和王（Faulkender & Wang，2006）开发了一种方法用来检验现金持有的市场价值。我们借鉴他们的框架，在他们的模型中加入战略差异相关变量（SD 和 SD × ΔC）来检验战略差异对现金市场价值的影响。扩展模型具体如下：

$$
\begin{aligned}
r_{i,t} - R_{i,t} = {} & \beta_0 + \beta_1 \frac{\Delta C_{i,t}}{M_{i,t-1}} + \beta_2 \frac{\Delta E_{i,t}}{M_{i,t-1}} + \beta_3 \frac{\Delta NA_{i,t}}{M_{i,t-1}} + \beta_4 \frac{\Delta RD_{i,t}}{M_{i,t-1}} \\
& + \beta_5 \frac{\Delta I_{i,t}}{M_{i,t-1}} + \beta_6 \frac{\Delta D_{i,t}}{M_{i,t-1}} + \beta_7 \frac{C_{i,t-1}}{M_{i,t-1}} + \beta_8 L_{i,t} + \beta_9 \frac{NF_{i,t}}{M_{i,t-1}} \\
& + \beta_{10} \frac{C_{i,t-1}}{M_{i,t-1}} \times \frac{\Delta C_{i,t}}{M_{i,t-1}} + \beta_{11} L_{i,t} \times \frac{\Delta C_{i,t}}{M_{i,t-1}} + \beta_{12} BUSSEG_{i,t} \\
& + \beta_{13} BUSSEG_{i,t} \times \frac{\Delta C_{i,t}}{M_{i,t-1}} + \beta_{14} GEOSEG_{i,t} + \beta_{15} GEOSEG_{i,t} \\
& \times \frac{\Delta C_{i,t}}{M_{i,t-1}} + \beta_{16} CEOVEGA_{i,t} + \beta_{17} CEOVEGA_{i,t} \times \frac{\Delta C_{i,t}}{M_{i,t-1}} \\
& + \beta_{18} CEOABILITY_{i,t} + \beta_{19} CEOABILITY_{i,t} \times \frac{\Delta C_{i,t}}{M_{i,t-1}} \\
& + \beta_{20} SD_{i,t} + \beta_{21} SD_{i,t} \times \frac{\Delta C_{i,t}}{M_{i,t-1}} + \varepsilon_{i,t} \qquad (8-2)
\end{aligned}
$$

其中，因变量为超额收益，以股票的财政年度收益率减去相应的 25 法玛－弗兰奇（Fama-French）投资组合收益率计算，投资组合根据规模和账面权益市值比形成。主要的自变量是现金的变化值除以滞后的公司权益市场价值（ΔC/M），其系数 $\beta_1$ 代表现金的价值。具体来说，它衡量的是现金持有量变化 1 美元所导致的股东价值的变化。借鉴福克纳和王（Faulkender & Wang，2006）的研究，我们控制了式（8－2）中被认为是价值来源并且与现金持有相关的企业特定因素。盈利能力被定义为利息和非经常性项目前的盈利。NA 是净资产，定义为总资产减去现金持有。RD 是研究和开发支出。I 是利息支出。D 是股息总额，定义为已支付的普通股息。L 是市场杠杆，定义为总债务除以总债务和权益市场价值之和。NF 是净融资，定义为总股票发行量减去股票回购加上债券发行减去债务偿还。

福克纳和王（Faulkender & Wang，2006）研究了金融政策对现金价值的影响。他们在基础模型中添加了两个交互项：(C/M) × (ΔC/M) 和 L × (ΔC/M) 来研究现金价值如何随着现金持有水平和市场杠杆率的变化。汤（Tong，2011）研究了企业多元化对现金持有价值的影响。因此，我们将 BUSSEG × (ΔC/M) 和 GEOSEG × (ΔC/M) 两个交互项纳入式（8－2）中，分别研究业务多元化和地理多元化对现金价值的影响。刘和莫尔（Liu & Mauer，2011）研究了 CEO vega 如何影响现金持有量的价值。交互项 CEOVEGA × (ΔC/M) 捕捉了这种效应。我们还控制了交互项 CEOABILITY × (ΔC/M)。这是因为甘帕克（Gan & Park，2017）的研究表明，CEO 能力会增加现金价值。

我们感兴趣的是战略差异对现金价值的影响。因此，我们在模型中加入另一个相互作用项 SD × (ΔC/M)，其系数反映了战略差异对现金价值的影响。$\beta_{21}$的负（正）系数将支持 H8－2a（H8－2b）。

## 第三节　结果和讨论

表 8－2 是描述性统计。平均现金比率（CASH）为 14.8%，表明现金是企业总资产的重要组成部分。分组检验结果显示，战略差异度不同的企业在其他企业特征上也存在差异。高战略差异度公司规模更小（SIZE），有更高的杠杆比率（LEV），持有更少的营运资本（WCAP），产生较低的营运现金流（CF），支付较低的股利（DIV），面临着更高的现金流的不确定性（VOL），有更少的商业和地理分部（BUSSEG & GEOSEG）以及雇用更多的 CEO (CEOABILITY)。限于篇幅，本章未报告分组检验结果。

**表 8－2　　描述性统计**

| 变量 | N | Mean | Std Dev | $Q_1$ | Median | $Q_3$ |
|---|---|---|---|---|---|---|
| CASH | 25 894 | 0.148 | 0.165 | 0.026 | 0.085 | 0.215 |
| SD | 25 894 | 1.855 | 1.316 | 1.027 | 1.525 | 2.257 |

续表

| 变量 | N | Mean | Std Dev | $Q_1$ | Median | $Q_3$ |
|---|---|---|---|---|---|---|
| SIZE | 25 894 | 7.055 | 1.577 | 5.930 | 6.899 | 8.025 |
| LEV | 25 894 | 0.495 | 0.207 | 0.348 | 0.502 | 0.632 |
| MB | 25 894 | 1.740 | 0.818 | 1.186 | 1.512 | 2.046 |
| WCAP | 25 894 | 0.092 | 0.153 | -0.005 | 0.082 | 0.183 |
| CF | 25 894 | 0.085 | 0.134 | 0.058 | 0.096 | 0.137 |
| EXP | 25 894 | 0.060 | 0.059 | 0.023 | 0.042 | 0.074 |
| DIV | 25 894 | 0.526 | 0.499 | 0.000 | 1.000 | 1.000 |
| VOL | 25 894 | 0.011 | 0.138 | 0.000 | 0.001 | 0.002 |
| BUSSEG | 25 894 | 1.085 | 0.414 | 0.693 | 1.099 | 1.386 |
| GEOSEG | 25 894 | 1.115 | 0.550 | 0.693 | 1.099 | 1.609 |
| CEOVEGA | 25 894 | 1.436 | 1.586 | 0.000 | 0.996 | 2.651 |
| CEOABILITY | 25 894 | 0.010 | 0.138 | -0.074 | -0.022 | 0.057 |

表8-3给出了模型（8-1）的回归结果，因变量为现金持有量（CASH），主要自变量为战略差异（SD）。在第（1）列至第（4）列，战略差异变量的系数在1%的水平均显著为正，表明战略差异度与现金持有呈正相关。特别地，战略差异度增加一个标准偏差会使现金持有占总资产的比例增加0.7%（0.005×1.316=0.007），约为平均现金持有的5%。这些发现支持了战略差异度与现金持有之间存在正相关的H8-1。

**表8-3　　战略差异和公司现金持有**

| Dependent variable：CASH | | | | |
|---|---|---|---|---|
| 变量 | (1) | (2) | (3) | (4) |
| Intercept | 0.051<br>(2.99)*** | 0.427<br>(15.97)*** | 0.026<br>(1.50) | 0.411<br>(15.45)*** |
| SDDUM | 0.017<br>(5.30)*** | 0.008<br>(3.46)*** | | |
| SD | | | 0.008<br>(4.78)*** | 0.005<br>(3.94)*** |
| SIZE | | -0.018<br>(-11.68)*** | | -0.018<br>(-11.58)*** |
| LEV | | -0.294<br>(-28.08)*** | | -0.297<br>(-27.94)*** |
| MB | | 0.040<br>(15.90)*** | | 0.039<br>(15.68)*** |
| WCAP | | -0.432<br>(-29.69)*** | | -0.432<br>(-29.71)*** |
| CF | | -0.122<br>(-6.88)*** | | -0.120<br>(-6.75)*** |

续表

| Dependent variable：CASH | | | | |
|---|---|---|---|---|
| 变量 | (1) | (2) | (3) | (4) |
| EXP | | -0.529<br>(-18.06)*** | | -0.528<br>(-18.01)*** |
| DIV | | -0.021<br>(-5.83)*** | | -0.021<br>(-5.81)*** |
| VOL | | 0.298<br>(4.17)*** | | 0.296<br>(4.14)*** |
| BUSSEG | | -0.027<br>(-6.70)*** | | -0.028<br>(-6.75)*** |
| GEOSEG | | 0.005<br>(1.39) | | 0.005<br>(1.32) |
| CEOVEGA | | -0.000<br>(-0.10) | | -0.000<br>(-0.07) |
| CEOABILITY | | 0.144<br>(11.87)*** | | 0.143<br>(11.76)*** |
| Year | YES | YES | YES | YES |
| Industry | YES | YES | YES | YES |
| $R^2$ | 0.24 | 0.57 | 0.24 | 0.57 |
| N | 25 894 | 25 894 | 25 894 | 25 894 |

注：此表报告了检验战略差异度对企业现金持有量影响的回归结果。因变量为企业现金持有量（cash）。在第（1）和第（2）列中，主要自变量为战略差异 dummy（SDDUM），当公司属于较大偏差组时，该变量等于 1，反之为 0。在第（3）和第（4）列中，主要自变量是战略差异（SD）。括号中的数字是基于企业层次的聚类稳健标准误差的 t 统计量。*、** 和 *** 分别表示在 1%、5% 和 10% 水平显著性。

表 8-4 给出了检验战略差异对现金价值影响的结果。因变量为超额收益（r-r），主要解释变量为现金的意外变化（ΔC/M），其系数衡量现金的价值。第（1）列中，交互项 C×ΔC 和 L×ΔC 的系数均为负，表明现金持有和市场杠杆与现金价值负相关，与福克纳和王（Faulkender & Wang，2006）一致。交互项 BUSSEG×ΔC 的系数也为负，表明业务多元化降低了现金价值，与汤（Tong，2011）一致。交互项 CEOABILITY×ΔC 的系数为正，表明管理能力有助于提高现金价值，与甘和帕克（Gan & Park，2017）一致。

在第（2）列和第（3）列中，我们分别对两个子样本进行基线回归：低战略差异度公司（SDDUM=0）和高战略差异度公司（SDDUM=1）。我们感兴趣的是比较这两个子样本之间的现金价值。结果表明，异常战略会降低现金价值。

在第（4）列和第（5）列中，我们感兴趣的变量是交互项 SDDUM×

$\Delta C/M$ 和 $SD\times\Delta C/M$。这两个变量的系数测量了战略差异对现金市场价值的影响。结果表明，这两个交互项的系数都是显著为负的，与第（2）列和第（3）列的研究结果一致。这些结果表明，战略差异降低了现金价值，因此与代理动机一致。总的来说，这里的发现支持 H8－2a。

**表 8－4　　战略差异和现金持有价值**

Dependent variable：r－R

| 变量 | Baseline | SDDUM＝0 | SDDUM＝1 | Full sample | Full sample |
|---|---|---|---|---|---|
| Intercept | 0.163<br>(29.13)*** | 0.148<br>(22.38)*** | 0.176<br>(25.45)*** | 0.161<br>(28.59)*** | 0.179<br>(29.85)*** |
| ΔC | 0.883<br>(21.43)*** | 1.009<br>(15.06)*** | 0.814<br>(16.15)*** | 0.917<br>(20.85)*** | 0.958<br>(20.52)*** |
| | | p-value<br>(ΔC：Large－small≠0) | 0.0177 | | |
| ΔE | －0.093<br>(－14.19)*** | －0.083<br>(－7.94)*** | －0.096<br>(－12.18)*** | －0.093<br>(－14.20)*** | －0.093<br>(－14.31)*** |
| ΔNA | －0.061<br>(－13.44)*** | －0.071<br>(－9.90)*** | －0.056<br>(－10.53)*** | －0.061<br>(－13.42)*** | －0.062<br>(－13.63)*** |
| ΔRD | 0.637<br>(6.76)*** | 0.830<br>(6.01)*** | 0.474<br>(3.90)*** | 0.640<br>(6.80)*** | 0.601<br>(6.45)*** |
| ΔI | 0.635<br>(8.05)*** | 0.583<br>(4.38)*** | 0.664<br>(6.92)*** | 0.629<br>(8.01)*** | 0.627<br>(8.00)*** |
| ΔD | －0.089<br>(－0.94) | －0.126<br>(－0.85) | －0.058<br>(－0.47) | －0.081<br>(－0.85) | －0.106<br>(－1.14) |
| $C_{t-1}$ | 0.579<br>(46.02)*** | 0.626<br>(34.24)*** | 0.545<br>(37.60)*** | 0.578<br>(45.95)*** | 0.580<br>(46.35)*** |
| L | －0.340<br>(－41.66)*** | －0.338<br>(－31.39)*** | －0.340<br>(－35.24)*** | －0.340<br>(－41.70)*** | －0.332<br>(－40.59)*** |
| NF | 0.065<br>(7.85)*** | 0.079<br>(6.34)*** | 0.054<br>(5.21)*** | 0.065<br>(7.82)*** | 0.064<br>(7.71)*** |
| $C_{t-1}\times\Delta C$ | －0.571<br>(－8.80)*** | －0.565<br>(－5.06)*** | －0.564<br>(－7.49)*** | －0.560<br>(－8.66)*** | －0.559<br>(－8.89)*** |
| L×ΔC | －0.431<br>(－8.31)*** | －0.569<br>(－6.94)*** | －0.357<br>(－5.79)*** | －0.426<br>(－8.21)*** | －0.392<br>(－7.43)*** |
| BUSSEG | －0.042<br>(－12.02)*** | －0.035<br>(－8.15)*** | －0.048<br>(－11.46)*** | －0.042<br>(－11.97)*** | －0.042<br>(－12.20)*** |
| BUSSEG×ΔC | －0.096<br>(－3.46)*** | －0.144<br>(－3.64)*** | －0.072<br>(－2.01)** | －0.101<br>(－3.63)*** | －0.102<br>(－3.71)*** |
| GEOSEG | 0.009<br>(3.08)*** | 0.009<br>(2.52)** | 0.009<br>(2.68)*** | 0.009<br>(3.11)*** | 0.006<br>(2.29)** |
| GEOSEG×ΔC | 0.016<br>(0.84) | 0.003<br>(0.10) | 0.014<br>(0.61) | 0.016<br>(0.82) | 0.007<br>(0.39) |

续表

| Dependent variable: r - R | | | | | |
|---|---|---|---|---|---|
| 变量 | Baseline | SDDUM = 0 | SDDUM = 1 | Full sample | Full sample |
| CEOVEGA | 0.003<br>(3.71) *** | 0.002<br>(2.57) ** | 0.003<br>(3.38) *** | 0.003<br>(3.72) *** | 0.003<br>(3.67) *** |
| CEOVEGA × ΔC | 0.002<br>(0.25) | -0.000<br>(-0.00) | 0.004<br>(0.41) | 0.002<br>(0.25) | 0.001<br>(0.16) |
| CEOABILITY | 0.158<br>(11.04) *** | 0.162<br>(8.55) *** | 0.154<br>(10.05) *** | 0.158<br>(10.95) *** | 0.158<br>(11.21) *** |
| CEOABILITY × ΔC | 0.479<br>(4.84) *** | 0.471<br>(2.79) *** | 0.466<br>(4.07) *** | 0.479<br>(4.86) *** | 0.464<br>(4.82) *** |
| SD | | | | | -0.007<br>(-6.49) *** |
| SD × ΔC | | | | | -0.036<br>(-3.99) *** |
| SDDUM | | | | 0.005<br>(2.24) ** | |
| SDDUM × ΔC | | | | -0.053<br>(-2.54) ** | |
| Year | YES | YES | YES | YES | YES |
| Industry | YES | YES | YES | YES | YES |
| $R^2$ | 0.59 | 0.62 | 0.58 | 0.59 | 0.6 |
| N | 25 894 | 12 573 | 13 321 | 25 894 | 25 894 |

注：这个表报告了检验战略差异对企业现金持有价值影响的回归结果。第（1）列报告了福克纳和王（Faulkender & Wang，2006）检验的基线回归。在第（2）列和第（3）列中，我们分别在大的和小的战略差异子样本中运行基线回归。在第（4）列和第（5）列中，我们分别将意外现金（ΔC）与战略差异虚拟（SDDUM）和战略差异（SD）交互。括号中的数字是基于企业水平的聚类稳健标准误差的 t 统计量。在 1%、5% 和 10% 水平的显著性分别用 ***、** 和 * 表示。

## 第四节　附加分析和稳健性检验

### 一、检验代理成本与融资约束的渠道

我们的基本结果支持战略差异与现金持有之间的正相关。进一步的分析表明，战略差异降低了现金价值，表明这种正向关系的主要渠道是代理动机而非预防动机。在本节中，我们进一步区分代理成本和融资约束这两种渠道。如果代理动机确实是主导渠道，我们将观察到战略—现金持有的正向关系随代理成本而变化，但不受财务约束的影响。

为了检验代理成本的渠道，首先，我们采用了基于管理层寻租和产品市场竞争的多种代理成本度量方法。我们以经营费用比率来衡量代理成本。它在一定程度上反映了经理人消费的津贴和其他非必需品，因而与代理成本呈正相关。SG&A 费用比率反映了管理层在使用公司资源方面的自由裁量权，并有可能更有效地在大型企业中捕获管理层寻租。之后，采用堑壕指数（E-index），E－指数越高，说明越保守，代理成本就越高。

其次，我们用产品市场竞争来衡量代理成本。第一个指标，产业集中度，用赫芬达尔－赫尔斯曼（Herfindahl-Hirschman）指数（HHI）计算。高 HHI 代表在行业中有较高的定价权，导致较少的竞争和高代理成本。第二个衡量标准，产品相似性，表示低定价能力，高竞争和低代理成本（Hotelling，1929；Chamberlin，1933）。第三个衡量指标，产品市场流动性，描述了企业周围产品市场变化的强度。流动性高意味着产品面临激烈的市场威胁和竞争，因而代理成本较低。我们将产品相似性和产品市场流动性乘以－1。这样，这三个指标的数值越高，说明代理成本越高。表 8－5 表明，回归结果共同支持代理成本在战略差异与现金持有之间的正向关联方面的渠道作用。

**表 8－5　　代理成本的渠道检验**

Panel A 管理层寻租

| 变量 | OEXPENSE | | SGAEXPENSE | | EINDEX | |
|---|---|---|---|---|---|---|
| | 高 | 低 | 高 | 低 | 高 | 低 |
| Intercept | 0.353<br>(15.21)*** | 0.259<br>(8.27)*** | 0.445<br>(12.86)*** | 0.432<br>(12.62)*** | 0.441<br>(13.66)*** | 0.461<br>(10.49)*** |
| SD | 0.009<br>(4.24)*** | −0.001<br>(−0.32) | 0.008<br>(3.85)*** | 0.001<br>(0.50) | 0.011<br>(3.23)*** | 0.006<br>(1.62) |
| 控制变量 | 控制 | 控制 | 控制 | 控制 | 控制 | 控制 |
| N | 6 282 | 5 964 | 6 282 | 5 964 | 3 052 | 2 780 |
| $R^2$ | 0.53 | 0.60 | 0.65 | 0.50 | 0.59 | 0.60 |

Panel B 产品市场竞争

| 变量 | HHI | | SIMILARITY | | THREAT | |
|---|---|---|---|---|---|---|
| | 高 | 低 | 高 | 低 | 高 | 低 |
| Intercept | 0.342<br>(9.86)*** | 0.417<br>(14.69)*** | 0.331<br>(8.67)*** | 0.454<br>(13.74)*** | 0.350<br>(10.63)*** | 0.450<br>(13.60)*** |
| SD | 0.012<br>(6.28)*** | 0.000<br>(0.05) | 0.011<br>(5.17)*** | −0.002<br>(−0.54) | 0.010<br>(4.33)*** | 0.002<br>(0.76) |

续表

| Panel B 产品市场竞争 | | | | | | |
|---|---|---|---|---|---|---|
| 变量 | HHI | | SIMILARITY | | THREAT | |
| | 高 | 低 | 高 | 低 | 高 | 低 |
| 控制变量 | 控制 | 控制 | 控制 | 控制 | 控制 | 控制 |
| N | 5 371 | 5 090 | 5 375 | 5 090 | 5 068 | 4 814 |
| $R^2$ | 0.48 | 0.63 | 0.45 | 0.65 | 0.48 | 0.62 |

注：该表反映了代理成本的渠道测试。我们根据管理租金抽取和产品市场竞争两大类，采用了6种代理成本度量方法。在A组中，我们使用3种管理租金提取方法：经营费用比率（OEXPENSE）、销售与管理费用比率（SGAEXPENSE）、E指数（EINDEX）。在Panel B中，我们使用3种衡量产品市场竞争的指标：行业集中度（HHI）、产品相似性（similarity）、产品市场威胁度（TREAT）。主要自变量为战略差异（SD）。括号中的数字是基于企业聚类的稳健标准误差的t统计量。*、** 和 *** 分别表示在1%、5%和10%水平显著性。

再次，我们使用多个指标来测试财务约束的渠道。第一个指标是以公司规模（SIZE）衡量财务约束，以销售收入的自然对数计算（Faulkender and Wang，2006）。大公司通常有更好的途径进入资本市场，因而财务上的限制较少。第二个衡量金融约束的指标是信用评级（RATING），由标准普尔（Standard & Poor's）发布的长期债务评级（Denis & Sibikov，2010）。拥有评级机构发布的债务评级的公司可以更好地进入资本市场，因而财务上受到的限制更少。金融约束的第三和第四个替代指标是WW指数（WW）和SA指数（SA）（Whited & Wu，2006；Hadlock & Pierce，2010）。WW和SA指数值越高，说明财务约束越强。表8-6表明，回归结果不支持融资约束渠道。

**表8-6　　融资约束的机理**

| 变量 | SIZE | | RATING | | WW | | SA | |
|---|---|---|---|---|---|---|---|---|
| | 高 | 低 | 高 | 低 | 高 | 低 | 高 | 低 |
| Intercept | 0.322<br>(7.70)*** | 0.245<br>(5.79)*** | 0.415<br>(7.37)*** | 0.432<br>(22.62)*** | 0.402<br>(13.80)*** | 0.447<br>(13.08)*** | 0.455<br>(17.11)*** | 0.345<br>(8.33)*** |
| SD | 0.002 | 0.005 | 0.004 | 0.006 | 0.005 | 0.004 | 0.004 | 0.006 |
| 控制变量 | 控制 | 控制 | 控制 | 控制 | 控制 | 控制 | 控制 | 控制 |
| $R^2$ | 6 282 | 5 963 | 11 050 | 14 844 | 6 270 | 5 960 | 6 282 | 5 964 |
| N | 0.54 | 0.62 | 0.53 | 0.64 | 0.59 | 0.64 | 0.64 | 0.48 |

注：该表反映了融资约束渠道的测试情况。我们采用了四种融资约束度量：企业规模（size）、信用评级（rating）、WW指数（WW）、SA指数（SA）。主要自变量为战略差异（SD）。括号中的数字是基于企业的聚类稳健标准误差的t统计量。*、** 和 *** 分别表示在1%、5%和10%水平显著性。

## 二、战略差异和机会主义活动

我们的基本分析表明，战略差异与现金持有之间存在正相关，并且这种正向联系主要是通过代理动机渠道。在本节中，我们提供了异常战略的公司的机会主义行为的直接证据。

机会主义管理者有强烈的动机保留现金，而不是向股东返还现金。有了充足的现金，管理者可以避免外部资本市场的约束，从过剩的现金中转移私人利益（Jensen，1986）。因此，机会主义管理者倾向于不支付或少支付股息（Jensen，1986）。如果异常战略确实引发管理层机会主义，我们会发现，异常战略的企业不太可能支付股息或者支付更低的股息。

根据之前的研究，我们以支付股息的倾向（Fama & French，2001）和股息比率衡量股息支付，包括股息/收益（Faccio et al.，2001）、每股股息（Brown et al.，2007）和股息收益率（Jacob & Jacob，2013）。支付股利的倾向 PAYDUM 是一个哑变量，如果公司支付现金股利，它等于1，否则为0；每股收益股息 PAYE，等于现金股利除以收益；每股红利 PAYS，等于现金股利除以流通在外普通股；股息收益率 PAYY，是现金股利除以股票市值。表8－7表明，战略异常的企业支付股利的概率较低，或者倾向于支付较低的股利，这证明异常战略的企业有机会主义倾向。

**表8－7　战略差异、红利支付和避税**

| 变量 | 战略差异与红利支付 | | | | 战略差异与避税 | | | |
|---|---|---|---|---|---|---|---|---|
| | PAYDUM | PAYE | PAYS | PAYY | ETR | CETR | MPBTD | RWBTD |
| Intercept | 0.040 | 0.089 | －0.561 | 0.002 | －0.259 | －0.452 | 0.008 | －0.012 |
| | (0.32) | (0.85) | (－3.25)*** | (0.86) | (－3.96)*** | (－5.99)*** | (0.81) | (－1.84)* |
| SD | －0.035 | －0.007 | －0.004 | －0.0003 | 0.004 | －0.001 | 0.001 | 0.001 |
| | (－5.69)*** | (－1.75)* | (－0.58) | (－1.76)* | (1.77)* | (－0.47) | (2.17)** | (2.04)** |
| 控制变量 | 控制 | 控制 | 控制 | 控制 | 控制 | 控制 | 控制 | 控制 |
| $R^2$ | 0.27 | 0.08 | 0.33 | 0.22 | 0.10 | 0.06 | 0.15 | 0.19 |
| N | 25 894 | 25 894 | 25 894 | 25 894 | 21 562 | 21 562 | 21 562 | 21 562 |

注：此表报告了检验战略差异对股利支付和避税影响的回归结果。在第（1）～第（4）列中，我们检验了战略差异对股利政策的影响，在第（5）～第（8）列中，我们检验了战略差异对避税的影响。在第（1）列中，括号中的数字是基于企业层面聚类的稳健标准误差的z-statistics。在另一些情况下，括号中的数字是基于企业层面的聚类的稳健标准错误的t统计量。*、**和***分别表示在1%、5%和10%水平显著性。

企业也可以通过避税来收回现金。先前的研究发现，避税反映了管理者的机会主义（Desai & Dharmapala，2006），良好的公司治理机制，如工会和机构投资者可以抑制管理者的避税激励（Chyz et al.，2013；Khurana & Moser，2013）。因此，如果一个异常战略有利于管理机会主义，我们会发现，战略偏离企业会避免更多的税收。

根据先前的研究，我们采用多个指标衡量避税。我们用有效税率乘以 -1（ETR），现金有效税率乘以 -1（CETR），曼森和普莱斯克（Manzon & Plesko，2002）的账、税差异（MPBTD）和雷戈和威尔逊（Rego & Wilson，2008）的账、税差异（RWBTD）来衡量避税行为。表 8 -7 表明，异常战略的公司更有可能避税，这可能会增加公司的现金储备。

## 三、关键变量的替代测量

我们对关键变量采取替代措施，以确保其稳健性。根据奥普勒等（Opler et al.，1999），我们以式（8 -1）现金和有价证券与净资产的比率（不包括总资产中的现金和有价证券）和式（8 -2）现金和有价证券除以销售收入衡量企业现金持有量。此外，借鉴已有文献（Finkelstein & Hambrick，1990），我们采用了不同的战略差异测量方法。本章利用四个指标构建了新的战略差异测度，将研发强度和广告强度从先前的六维度战略差异测度中剔除。我们首先采用指标变量，如果 SD 大于样本年度—行业中位数，则该指标变量为 1，否则为 0，记为 $SDDUM_1$。然后我们采用战略差异的连续变量，记为 $SD_1$。表 8 -8 表明，SD 系数均显著为正，与我们之前在表 8 -3 中的发现一致。

**表 8 -8　关键变量的替换**

| 因变量：CASH | | | | |
|---|---|---|---|---|
| 变量 | 现金持有的另一种度量 | | 战略差异的另一种度量 | |
| | CASH1 | CASH2 | SDDUM1 | SD1 |
| Intercept | 0.932<br>(12.09)*** | 0.626<br>(14.35)*** | 0.426<br>(16.15)*** | 0.408<br>(15.65)*** |
| SD | 0.011<br>(2.84)*** | 0.011<br>(4.04)*** | 0.010<br>(4.52)*** | 0.010<br>(5.40)*** |
| 控制变量 | 控制 | 控制 | 控制 | 控制 |
| $R^2$ | 0.46 | 0.46 | 0.57 | 0.57 |
| N | 25 894 | 25 894 | 25 894 | 25 894 |

注：此表报告采用关键变量替代措施的回归结果。在第（1）列～第（2）列中，我们采用了企业现金持有的替代措施，在第（3）列～第（4）列中，我们采用了战略差异的替代措施。括号中的数字是基于企业水平的聚类的稳健标准误差的 t 统计量。*、** 和 *** 分别表示在 1%、5% 和 10% 水平显著性。

## 四、内生性问题的处理

在本节中，我们依赖一些计量经济学方法来缓解潜在的内生性，这可能包括反向因果关系、模型设定错误和遗漏变量偏差。在此之前，我们发现了与我们假设相一致的证据，即异常战略会增加现金持有。另一种可能的解释是，持有大量现金有助于采用一种异常的战略。为了缓解这种可能的反向因果关系，我们分别将战略差异（SD）滞后了 1 和 2 个周期，并计算了它们与前一年相比的变化值（Cornett et al.，1996）。我们使用这些滞后和变化的变量作为主要自变量，并重新估计回归模型，表 8 -9 表明，上述结论仍然成立。

其次，我们使用倾向得分匹配（PSM）方法来缓解模型设定错误。例如，我们的基本回归模型可能忽略了自变量的平方项。我们依靠倾向评分匹配来潜在地纠正这种模型设定错误，配对后，样本减少到 16 856 个观察值和 8 428 个独特的对。利用这个匹配的样本，表 8 -9 表明，战略差异度仍然与现金持有量呈正相关。

**表 8 -9　　　　模型替换：缓解内生性问题**

| 变量 | 反向因果关系 | | | FFM | 遗漏变量 | | 2SLS | |
|---|---|---|---|---|---|---|---|---|
| | 滞后模型 | 滞后模型 | 滞后模型 | PSM | 变换模型 | 固定效应 | 第一阶段 | 第二阶段 |
| Intercept | 0.413<br>(16.06)*** | 0.424<br>(16.60)*** | 0.430<br>(17.45)*** | 0.497<br>(18.98)*** | -0.004<br>(-0.58) | 0.411<br>(20.92)*** | 4.011<br>(11.36)*** | 0.341<br>(7.68)*** |
| SDDUM | | | | 0.006<br>(2.13)** | | | | |
| SD | | | | | | 0.005<br>(4.48)*** | | |
| SDt -1 | 0.004<br>(3.01)*** | | | | | | | |
| ΔSD t -1 | | 0.004<br>(4.41)*** | 0.005<br>(5.61)*** | | | | | |
| ΔSD t -2 | | | 0.004<br>(4.22)*** | | | | | |
| ΔSD | | | | | 0.001<br>(1.88)* | | | |
| PSD | | | | | | | | 0.022<br>(2.48)** |
| 控制变量 | 控制 | 控制 | 控制 | 控制 | 控制 | 控制 | 控制 | 控制 |

续表

| 变量 | 反向因果关系 | | | FFM | 遗漏变量 | | 2SLS | |
|---|---|---|---|---|---|---|---|---|
| | 滞后模型 | 滞后模型 | 滞后模型 | PSM | 变换模型 | 固定效应 | 第一阶段 | 第二阶段 |
| $R^2$ | 0.57 | 0.56 | 0.56 | 0.58 | 0.18 | 0.23 | 0.39 | 0.57 |
| N | 22 568 | 19 642 | 17 032 | 16 856 | 22 568 | 25 904 | 24 934 | 24 934 |

此表报告使用各种替代模型的回归结果。第（1）~第（3）列使用滞后或变化的 SD 作为主要自变量，以缓解反向因果关系。第（4）列使用倾向评分匹配方法来处理模型的设定错误。第（5）~第（6）列分别是变化模型和固定效应模型，以缓解忽略的变量偏差。第（7）~第（8）列是两阶段最小二乘分析，地理上接近当地最大的战略差异公司作为工具变量。括号中的数字是基于企业水平的聚类稳健标准误差的 t 统计量。*、** 和 *** 分别表示在 1%、5% 和 10% 水平显著性。

内生性的另一个来源可能来自被遗漏的变量偏倚。也就是说，我们的模型可能会忽略某些影响战略差异和现金持有的变量。为了缓解这个问题，我们估计了一个固定效应模型和一个变化模型来控制不随时间变化的不可观测变量。表 8-9 表明，SD 和变化的 SD 的系数仍然显著为正。

为了进一步减轻对遗漏变量的担忧，我们使用了工具变量估计。我们利用与当地最大的战略差异公司的地理距离作为工具变量。文献表明，同一个社区的决策者会做出类似的决定（Brown et al.，2008；Pool et al.，2015）。因此，我们预期焦点公司与社区中最大的异常战略公司之间的近距离会导致焦点公司更倾向于采取异常战略。我们借鉴文献（Pool et al.，2015；Campbell et al.，2019）在城市层面定义社区，并使用公司总部的纬度和经度精确定位公司位置。[①] 对于每个城市和每年，我们都精确定位出最大的战略差异公司所在的位置。接下来，我们运用文森特（Vincenty）的公式计算企业与其当地最大的战略差异企业之间的地理邻近度。在第一阶段，我们用地理邻近（proximity）和式（8-1）中的所有控制变量的对战略差异度（SD）进行回归。在第二阶段，我们以第一阶段估计得到的战略差异预测值（PSD）对的现金持有量进行回归。表 8-9 表明，没有证据表明潜在的遗漏变量偏倚推翻我们的基本回归结果。

## 五、战略差异与现金持有的机械关系

人们可能会关心战略差异与现金持有之间的机械关系，因为我们用来计算战略差异的指标可能与现金持有存在机械关联。为了减轻这种担忧，我们

① 公司的位置数据（纬度和经度）来自比尔·麦克唐纳（Bill McDonald）教授的网站（https：//www3.nd.edu/~mcdonald/）。

在式（8－1）中包含了所有用来构成战略差异度的指标。更具体地说，我们控制了一个公司的广告强度（ADVERTISING）、研发强度（RESEARCH）、厂房和设备的新度（PLANT）、非生产管理费用（OVERHEAD）、存货水平（INVENTORY）和财务杠杆（LEVERAGE）。如此，我们可以将战略差异的影响从企业各自的战略指标中分离出来。扩展的回归结果显示，SD 对现金的系数仍然显著为负。为了进一步将战略差异从混杂因素中分离出来，我们将战略差异度（SD）分解为它的组成部分：广告（SD_ ADVERTISING）、研发强度（SD_ RESEARCH）、固定资产更新度（SD_ PLANT）、管理费用（SD_OVERHEAD）、库存强度（SD_ INVENTORY）和财务杠杆（SD_ LEVERAGE）。如果战略差异确实增加了现金持有量，我们可以观察到，至少部分战略差异成分与现金持有量呈正相关，结果见表 8－10。战略差异对现金持有量的正向影响主要是由固定资产更新度差异度和财务杠杆差异度驱动的。

**表 8－10　　战略差异和现金持有之间的机械关系**

因变量：CASH

| 变量 | (1) | | (2) |
|---|---|---|---|
| Intercept | 0.398<br>(15.93)*** | Intercept | 0.413<br>(16.02)*** |
| SD | 0.005 | SD_ADVERTISE | －0.004<br>(－1.32) |
| | | SD_RESERACH | 0.005<br>(1.26) |
| | | SD_PLANT | 0.011<br>(3.54)*** |
| | | SD_OVERHEAD | －0.012<br>(－2.80)*** |
| | | SD_INVENTORY | 0.005<br>(1.25) |
| | | SD_LEVERAGE | 0.036<br>(8.74)***<br>(－6.62)*** |
| 控制变量 | 控制 | | 控制 |
| $R^2$ | 0.58 | $R^2$ | 0.57 |
| N | 25 894 | N | 25 894 |

注：此表报告了处理战差异与现金持有之间机械关系的回归结果。在第（1）列中，我们包括了用于构建战略差异的所有变量的额外控制，这些变量是广告强度（广告）、研发强度（研究）、工厂和设备的新度（工厂）、非生产管理费用（管理费用）、库存水平（库存）和财务杠杆（杠杆）。在第（2）列中，我们将战略差异（SD）分解为广告中的战略差异（SD_ADVERTISING）、研究强度（SD_RESEARCH）、植物新度（SD_PLANT）、管理费用（SD_OVERHEAD）、库存强度（SD_INVENTORY）和财务杠杆（SD_LEVERAGE）的组成部分。括号中的数字是基于公司级的聚类稳健标准误差的 t 统计量。*、** 和 *** 分别表示在 1%、5% 和 10% 水平显著。

## 第五节 发现与启示

我们研究了战略差异与现金持有之间的关系。我们认为，当一家公司与不同于其同行的战略竞争时，它出于代理动机或预防动机而持有更多现金。我们发现战略差异与现金持有之间存在正相关。研究还发现，高战略差异度的公司的现金市场价值较低，而高代理成本企业的战略差异度与现金持有之间存在较强的关联。因此，我们的证据符合代理动机，而不是预防动机。

我们补充了先前的研究，为企业现金持有提供了一个基于战略的解释。我们的研究可以帮助监管者和利益相关者了解哪些公司正在囤积现金，以及他们这样做的原因。我们的研究也扩展了先前关于战略影响企业政策的研究，并有助于利益相关者理解企业战略选择的价值含义。然而，需要说明的是，我们不能完全解决内生性问题，因为对战略差异的理想冲击并不容易得到。虽然我们使用多种技术来减轻潜在的内生性担忧，但仍然有可能在记录战略差异和现金持有之间的虚假关联。因此，本章中得出的任何结果都应谨慎解读。

本章的发现也从侧面表明战略异常企业进行印象管理不能提高市场价值的内在原因在于高战略差异度的企业的代理成本较高，管理层有避税、不愿意支付股利以及囤积现金的机会主义动机。委托代理理论认为（Jenson，1976），在资本市场上，理性的投资者会预期到企业的委托代理动机，进而采取价格折扣等保护自身利益的行动，因而战略异常企业的股票市场价值不会随着印象管理策略的实施而提高。因此，就战略异常企业而言，如果想提高市场价值，仅仅依靠印象管理策略是不行的，应该强化公司治理，提高信息披露质量，以缓解企业的投资者等利益相关者的担忧。唯有如此，战略异常企业才能真正地发挥竞争优势，在激烈的市场竞争中脱颖而出。

# 第九章
# 总　结

## 一、研究结论

通过理论分析与实证检验，本书得出如下几个主要的研究结论。

1. 企业战略差异偏离行业常规模式的程度与其盈余管理程度正相关。本书以1999～2014年沪深两市A股上市公司为研究对象，分别采用2种指标衡量企业的战略差异，并采用3种指标刻画企业的盈余管理程度，考察了企业战略差异对盈余管理的影响。结果发现上市公司的战略差异程度越大，其盈余持续性越低、操控性应计利润绝对值越高，非标意见越多。在采用赫克曼两阶段回归、排除业绩亏损和高管变更的影响以及一系列稳健性检验以后，上述研究结论依然成立。

进一步的研究中，本书考察了分析师跟踪人数对战略差异与盈余管理关系的影响，研究发现，分析师跟踪人数与战略差异的交互项与盈余管理至少在1%的水平显著负相关，即随着分析师跟踪人数的增加，战略差异对盈余管理的正向影响有所减弱。这表明，随着信息不对称程度的降低，战略差异对盈余管理的影响有所下降。

2. 企业战略差异会增加应计项目盈余管理，抑制真实活动盈余管理。采用1999～2014年我国沪深两市A股上市公司的数据，本书考察了战略差异对上市公司盈余管理行为选择的影响。研究发现，战略差异越大，上市公司越倾向于选择应计项目盈余管理，而不是真实活动盈余管理。在经过一系列稳健性检验之后，上述结论仍然保持不变。

进一步，本书发现，外部监管也可以较好地解释上市公司的盈余管理方式选择，具体地，当审计师来自国际“四大”会计师事务所时，战略差异与应计项目盈余管理的正相关关系会显著弱化。这是因为“四大”审计提高了应计项目盈余管理被发现的概率，从而战略差异对应计项目盈余管理的促进作用有所下降。

3. 企业战略差异与机会主义盈余管理正相关。关于盈余管理的动因，现有研究有两种截然不同的观点。一种观点认为盈余管理属于管理层自利的机会主义行为，另一种观点则认为盈余管理是企业管理者为避免投资者逆向选择而主动释放私有信息的行为，属于信号传递。为了考察战略差异对盈余管理动因的影响，本书采用 1999 ~ 2014 年我国 A 股上市公司的数据，对这一问题进行了探讨。研究发现，战略差异度越大，应计项目盈余管理的价值相关性越低，而且股价崩盘风险越高。这表明，战略差异度越大，企业越倾向于机会主义盈余管理。上述结论在一系列稳健性检验之后仍然成立。

综合来看，本书的研究结论表明，企业的战略差异导致盈余管理概率上升。此外，外部监管会在一定程度上抑制企业战略差异对盈余管理的正向作用。

4. 公司战略异常可能导致企业的合法性受损，企业通过社会责任进行印象管理的动机增强。我们的实证结果发现，战略异常的公司更倾向于从事捐赠活动，我们还发现，战略差异度与捐赠的关系随着大股东持股比例增加和分析师跟踪人数的增多而减弱。

5. 我们进一步考察了从事社会责任与避税行为之间的联系，发现公司社会责任披露指数与避税行为正相关，表明企业从事社会责任并非真正是道德的体现，而是一种印象管理行为。

6. 我们考察了战略异常企业印象管理策略的经济后果。首先考察了战略异常企业印象管理策略对并购溢价的影响，发现战略差异度与并购溢价之间并不存在显著的相关性。其次考察了战略异常企业作为并购交易中的卖方，从事印象管理策略对并购溢价是否有显著影响，我们发现，无论是从事捐赠、盈余管理还是年报中积极语气，都无法显著提高并购溢价。这表明，战略异常企业的印象管理策略在并购市场上并不能达到预期。最后考察了战略异常企业印象管理策略对其托宾 Q 值和权益资本成本的影响。我们发现，公司战略差异度与托宾 Q 值显著正相关，但是印象管理策略反而弱化战略差异度与托宾 Q 值之间的正相关关系。我们还发现，战略差异与权益资本成本之间无显著相关性，但是从事慈善捐赠能够显著降低战略异常企业的权益资本成本，而从事盈余管理则不能。这表明，战略异常企业如果想降低权益资本成本，从事捐赠是较好的印象管理策略。

## 二、研究启示

我们首先介绍基于本书的研究结论得出的一些启示，以供实务界人士的参考；其次介绍本书可能的创新之处。

1. 会计信息使用者在阅读财务报告时，应参考其战略模式。本书研究发现，企业的战略差异对盈余管理具有重要影响，而且战略偏离行业常规程度越大，企业从事盈余管理的可能性越大。这为投资者、债权人等外部信息使用者更好地辨别财务信息质量提供了有益的参考。具体地，会计信息使用者在阅读财务报告时，应适当考虑企业的战略模式，这样可以降低信息使用者被虚假财务信息误导的概率。

2. 监管部门应加大对战略异常公司的监督力度。本书研究发现，战略异常的公司存在机会主义盈余管理，并且该类公司的股价崩盘风险较高。因此，监管部门应加大对战略异常公司的监督力度。这样不仅可以降低该公司盈余管理的概率，避免外部信息使用者被虚假信息误导，而且对维护资本市场的健康与稳定也有一定的作用。

3. 会计信息使用者应当关注审计质量。本书发现“四大”审计能够在一定程度上抑制战略异常公司的盈余管理行为。因此，信息使用者在判断财务报告质量（尤其是战略异常公司的财务报告）时，应适当考虑审计质量。

4. 会计信息使用者应区别战略模式，甄别盈余质量。首先，本书发现企业的战略差异对其盈余管理方式具有重要影响，战略差异与应计项目盈余管理正相关，与真实活动盈余管理负相关。因此，会计信息使用者和审计师应区别战略模式，有针对性地甄别盈余管理。具体而言，对于异常战略模式的公司，审计师和投资者等其他外部利益相关者应更多关注其应计项目盈余操纵行为，而对于常规战略模式的公司，投资者等外部利益相关者应更加关注其真实活动盈余管理。其次，本书发现国际“四大”审计对战略差异与应计项目盈余管理之间的相关关系具有抑制作用，这表明对于采取非常规战略的公司，有关监管部门和投资者应要求这些公司尽可能聘请高质量的审计师，以免这些企业借助战略差异所带来的信息不对称而进行机会主义盈余管理。

5. 战略异常企业出于合法性修复等原因会积极从事社会责任。投资者和债权人等会计信息使用者应理性看待企业的社会责任行为。

6. 战略偏离行业常规有助于提升企业托宾 Q 值，但对权益资本成本并无显著影响。这表明企业实施异常战略对企业长远发展是有利的，这部分支持了 Porter（1985）关于独特战略有助于企业获取竞争优势的论断。但是，战略异常企业从事慈善捐赠以及盈余管理活动进行印象管理不利于提升企业价值。因此，不建议战略异常企业为提升市场价值而通过上述手段进行印象管理。但是，战略异常企业如果想降低融资成本，则从事捐赠行为是有效的；而从事盈余管理则是无效的。

7. 在并购过程中印象管理策略对并购溢价并不奏效。这表明企业若想提高并购溢价，应该积极进行研发创新等来提升企业未来现金流量的能力，而不是仅仅依靠印象管理手段。同时也表明并购方在进行并购决策中相当理性，更看重的是企业未来的盈利能力或价值创造潜力而不是盈余管理、年报语调或者社会责任等印象管理行为。

## 三、研究贡献

1. 本书从一个全新的视角，即公司战略偏离行业常规模式的程度这一独特视角，为当前会计学界的热点话题——盈余管理影响因素的研究提供了有益补充，同时，也为战略差异后果的研究开拓了一个新的研究角度。本书的研究结果表明：战略差异导致分析师跟踪人数减少、业绩波动幅度较大，因此，企业的盈余质量不佳除了源于资本市场动机、管理层自利动机以外，也可能源于战略差异所导致的盈余管理动机和条件。

2. 本书首次从战略差异视角考察了企业战略对盈余管理方式的影响，并且发现战略差异越大，企业越倾向于应计项目盈余管理而不是真实活动盈余管理。本书的结论深化了我们对企业战略在会计信息质量中作用的认识，同时，也拓展了有关上市公司盈余管理行为选择及其影响因素的研究。这表明，对于不同类型的战略模式，其会计信息质量的监管有必要区别对待，即对于战略模式符合常规的企业，重点考虑企业的真实活动盈余管理；而对于战略异常的企业，应重点关注其应计项目盈余管理。

3. 本书首次系统考察了企业战略差异与盈余管理动机之间的关系。研究发现，战略异常的企业，其操控性应计利润与股票价格显著负相关，与股价崩盘风险显著正相关。这表明，战略差异导致企业进行机会主义盈余管理而不是信号传递型盈余管理。这为最近兴起的盈余管理动机（信号传递 VS 机会主义）的研究提供了有益的补充。

4. 本书首次考察了战略差异对公司慈善捐赠的影响。这不仅丰富了企业社会责任影响因素的研究，而且促进了公司战略与非财务信息披露研究的融合。我们发现，战略偏离行业常规会促进企业从事慈善捐赠，这从制度角度加深了我们对企业慈善捐赠动机的理解。我们还发现，分析师和大股东对战略差异与慈善捐赠之间的关系具有重要的调节作用，二者都能显著弱化战略差异对慈善捐赠的促进作用。这为大股东和分析师跟踪的公司治理效应提供了新的证据支持。

本书首次从并购溢价、权益资本成本和市场价值视角考察了战略异常企业印象管理策略的经济后果，为慈善捐赠和盈余管理是否有助于战略异常企业修复合法性、提升投资者信任度等方面提供了经验证据。这不仅丰富了战略差异与印象管理策略经济后果的研究，而且具有一定的实践意义。我们的发现有助于战略异常企业有针对性地选择印象管理策略，同时也提醒战略异常企业的高管，如果想在资本市场上有良好的表现，仅仅依赖印象管理是不够的，务实、创新，提高企业创造未来现金流量的能力才是根本。

## 四、研究局限

1. 上市公司决定实施盈余管理时，是否要从事盈余管理，如果要从事盈余管理，是选择真实活动盈余管理还是应计项目盈余管理，实际上会受到多种因素的影响和制约，而本书从战略差异视角考察上市公司盈余管理的动机和方式选择，显然没有囊括所有因素，这构成了本书的一个研究局限。

2. 尽管战略差异指标来自管理学经典文献，但是，由于战略差异是由财务指标合成的，这些指标可能与上市公司的盈余管理有潜在的联系，这在一定程度上可能造成研究结论的偏差。构建一个更好的，既能衡量企业战略又与企业的盈余管理没有联系的指标，或者为战略差异找到一个更合适的工具变量，仍有待未来进行深入研究。

3. 本书研究发现，战略差异导致机会主义盈余管理，对此，本书虽然给出了一般性的理论解释，但是，更具体的作用机制仍有待深入分析。

4. 虽然本书采用了 3 种指标衡量企业的盈余管理程度，但是本书仍然难以保证这些替代指标能够真实地反映企业真实的盈余管理程度。当然，这也是现有研究盈余管理的文献所面临的共同问题。

5. 本书虽然从并购溢价、资本成本和托宾 Q 值视角考察了战略异常企业印象管理策略的经济后果，但是，这显然不够。首先，因为发生并购的企业数量毕竟有限。其次，印象管理的经济后果也是多方面的。例如，印象管理策略会不会影响战略异常企业的股票定价和债务融资成本？印象管理策略怎样影响企业的员工忠诚度？战略异常企业的印象管理策略如何影响政府监管？这些问题都有待进一步研究。

## 五、未来的研究展望

笔者认为以下几个问题值得未来进一步研究。

1. 更进一步考察战略差异的其他经济后果。现有研究发现信息不对称会导致融资成本上升。本书发现，战略差异导致信息不对称程度上升，并且伴随着机会主义盈余管理。那么外部信息使用者是否能够识别这类公司的盈余管理行为？具体地，战略偏离行业常规程度大的公司，其信用评级如何？战略差异是否以及如何影响筹资成本？战略差异是否导致融资约束？等等。这些问题都具有重要的研究价值。

2. 进一步挖掘战略差异与机会主义盈余管理之间的深层原因。本书虽然发现战略差异导致机会主义盈余管理，但是，为什么战略差异会导致机会主义盈余管理而不是信号传递型盈余管理？这有待于我们进一步挖掘。

3. 如何更好地衡量企业战略？企业战略已经受到越来越多会计学者的关注。尽管本书尝试从战略角度考察了企业战略对盈余管理的影响，但是，资源配置模式仅仅是企业战略的一个维度。如何更全面、准确地衡量企业战略？随着文本分析技术的日臻成熟，从上市公司公开披露的信息中提取战略，是未来的研究方向。

4. 进一步考察战略差异对盈余管理方式的影响。限于数据可得性，本书没有考察战略差异对费用归类转移的影响。战略差异会不会影响费用归类转移？怎样影响？是有待进一步研究的问题。

5. 本书虽然从盈余管理和社会责任视角研究了战略异常企业的印象管

理策略，但是企业印象管理策略不应该局限于此，例如新闻发布会的频率和时机选择，年报语气以及和行业领导企业结盟等。战略异常企业是否同时采用其他印象管理策略？效果如何？都有待进一步检验。

6. 未来我们继续挖掘战略差异与印象管理策略经济后果的研究。多维度、深入地考察印象管理策略的经济后果。例如战略异常企业印象管理策略与证监会问询函的相关性，战略异常企业印象管理策略对员工离职率的影响等。

# 参考文献

[1] 薄仙慧，吴联生．国有控股与机构投资者的治理效应：盈余管理视角［J］．经济研究，2009（2）：81－91.

[2] 蔡春，李明，和辉．约束条件、IPO 盈余管理方式与公司业绩——基于应计盈余管理真实盈余管理的研究［J］．会计研究，2013（10）：35－42.

[3] 柴才，黄世忠，叶钦华．竞争战略、高管薪酬激励与公司业绩——基于三种薪酬激励视角下的经验研究［J］．会计研究，2017（6）：45－52.

[4] 陈德球，雷光勇，肖童姝．CEO 任期、终极产权与会计盈余质量［J］．经济科学，2011（2）：103－116.

[5] 陈仕华，李维安．并购溢价决策中的锚定效应研究［J］．经济研究，2016，51（6）：114－127.

[6] 陈仕华，卢昌崇．国有企业党组织的治理参与能够有效抑制并购中的“国有资产流失”吗？［J］．管理世界，2014（5）：106－120.

[7] 陈仕华，卢昌崇，姜广省，等．国企高管政治晋升对企业并购行为的影响——基于企业成长压力理论的实证研究［J］．管理世界，2015（9）：125－136.

[8] 程小可，郑立东，姚立杰．内部控制能否抑制真实活动盈余管理？——兼与应计盈余管理之比较［J］．中国软科学，2013（3）：120－131.

[9] 邓学衷，刘秀梅，李辛欣．企业社会责任与盈余管理——对深圳 A 股的实证研究［J］．长沙理工大学学报（社会科学版），2011（3）

[10] 杜兴强，周泽将．高管变更、继任来源与盈余管理［J］．当代经济科学，2010（1）：23－33.

[11] 樊纲，王小鲁，朱恒鹏．中国市场化指数：各地区市场化相对进程 2011 年报告［M］．北京：经济科学出版社，2011.

［12］方红星，楚有为．公司战略与商业信用融资［J］．南开管理评论，2019，22（5）：142－154.

［13］方军雄．我国上市公司信息披露透明度与证券分析师预测［J］．金融研究，2007（6）：136－148.

［14］傅超，杨曾，傅代国．“同伴效应”影响了企业的并购商誉吗？——基于我国创业板高溢价并购的经验证据［J］．中国软科学，2015（11）：94－108.

［15］高雷，张杰．公司治理、机构投资者与盈余管理［J］．会计研究，2008（9）：64－72.

［16］黄艺翔，姚铮．企业社会责任报告、印象管理与企业业绩［J］．经济管理，2016，38（1）：105－115

［17］金婧．印象管理理论在企业战略管理中的应用：回顾与展望［J］．管理学（季刊），2018，3（2）：113－143

［18］金鑫，雷光勇．审计监督、最终控制人性质与避税行为度［J］．审计研究，2011（5）.

［19］李琦，罗炜，谷仕平．企业信用评级与盈余管理［J］．经济研究，2011（S2）：88－99.

［20］李增福，周婷．规模、控制人性质与盈余管理［J］．南开管理评论，2013（6）：81－94.

［21］刘峰．制度安排与会计信息质量——红光实业的案例分析［J］．会计研究，2001（7）：7－15.

［22］刘行．企业的战略类型会影响盈余特征吗——会计稳健性视角的考察［J］．南开管理评论，2016（4）：111－121.

［23］陆建桥．中国亏损上市公司盈余管理实证研究［J］．会计研究，1999（9）：25－35.

［24］吕敏康，刘拯．媒体态度、投资者关注与审计意见［J］．审计研究，2015（3）：64－72.

［25］罗进辉，杜兴强．媒体报道、制度环境与股价崩盘风险［J］．会计研究，2014（9）：53－59.

［26］孟庆斌，李昕宇，张修平．卖空机制、资本市场压力与公司战略选择［J］．中国工业经济，2019（8）：155－173.

［27］孙健，王百强，曹丰，等．公司战略影响盈余管理吗？［J］．管理世界，2016（3）：160－169.

［28］孙铮，王跃堂．资源配置与盈余操纵之实证研究［J］．财经研究，1999（4）：3－9.

［29］王百强，侯粲然，孙健．公司战略对公司经营绩效的影响研究［J］．中国软科学，2018（1）：127－137.

［30］王化成，侯粲然，刘欢．战略定位差异、业绩期望差距与企业违约风险［J］．南开管理评论，2019，22（4）：4－19.

［31］王克敏，廉鹏．保荐制度改善首发上市公司盈余质量了吗？［J］．管理世界，2010（8）：21－34.

［32］王克敏，刘博．公司控制权转移与盈余管理研究［J］．管理世界，2014（7）：144－156.

［33］王克敏，王志超．高管控制权、报酬与盈余管理——基于中国上市公司的实证研究［J］．管理世界，2007（7）：111－119.

［34］王玉涛，段梦然．企业战略影响管理层业绩预告行为吗？［J］．管理评论，2019，31（2）：200－213.

［35］魏明海．盈余管理基本理论及其研究述评［J］．会计研究，2000（9）：37－42.

［36］温日光．谁要求更高的并购溢价？基于国家集体主义的视角［J］．会计研究，2017（9）：55－61.

［37］吴昊旻，墨沈微，孟庆玺．公司战略可以解释高管与员工的薪酬差距吗？［J］．管理科学学报，2018，21（9）：105－117.

［38］肖华，张国清．内部控制质量、盈余持续性与公司价值［J］．会计研究，2013（5）：73－80.

［39］肖淑芳，刘颖，刘洋．股票期权实施中经理人盈余管理行为研究——行权业绩考核指标设置角度［J］．会计研究，2013（12）：40－46.

［40］谢德仁．会计准则、资本市场监管规则与盈余管理之遏制：来自上市公司债务重组的经验证据［J］．会计研究，2011（3）：19－26.

［41］胥朝阳，刘睿智．提高会计信息可比性能抑制盈余管理吗？［J］．会计研究，2014（7）：50－57.

［42］杨志强，王华．公司内部薪酬差距、股权集中度与盈余管理行

为——基于高管团队内和高管与员工之间薪酬的比较分析［J］. 会计研究，2014（6）：57－65.

［43］叶康涛，刘行. 税收征管、所得税成本与盈余管理［J］. 管理世界，2011（5）：140－148.

［44］于忠泊，田高良，张咏梅. 媒体关注、制度环境与盈余信息市场反应——对市场压力假设的再检验［J］. 会计研究，2012（9）：40－51.

［45］袁蓉丽，李瑞敬，夏圣洁. 战略差异度与企业避税［J］. 会计研究，2019（4）：74－80.

［46］张蕊，王洋洋. 公司战略影响审计契约吗——基于中国资本市场的经验证据［J］. 审计研究，2019（2）：55－63.

［47］张宗新，杨飞，袁庆海. 上市公司信息披露质量提升能否改进公司绩效？——基于2002—2005年深市上市公司的经验证据［J］. 会计研究，2007（10）：16－23.

［48］章卫东. 定向增发新股与盈余管理［J］. 管理世界，2010（1）：54－73.

［49］周兵，钟廷勇，徐辉，等. 企业战略、管理者预期与成本粘性——基于中国上市公司经验证据［J］. 会计研究，2016（7）：58－65.

［50］周建，杨帅，郭卫锋. 创业板民营企业战略决策机制对公司绩效影响研究［J］. 管理科学，2014，27（2）：1－14.

［51］周夏飞，周强龙. 产品市场势力、行业竞争与公司盈余管理——基于中国上市公司的经验证据［J］. 会计研究，2014（8）：60－66.

［52］Abrahamson，E.，Hambrick，D. C. Attentional homogeneity in industries：The effect of discretion. *Journal of Organizational Behavior*，1997，18：513－532.

［53］Adams，M.，Hardwick，P. An analysis of corporate donations：United Kingdom evidence. *Journal of Management Studies*，1998，35：641－654.

［54］Ahmed，A. S.，Takeda，C.，Thomas，S. Bank loan loss provisions：A reexamination of capital management，earnings management and signaling effects. *Journal of Accounting and Economics*，1999，28（1）：1－25.

［55］Aldrich，H. E.，Fiol，C. M. Fools rush in？The institutional context of industry creation. *Academy of Mangement Review*，1994，19，645－670.

[56] Ali, A., Zhang, W. CEO tenure and earnings management. *Journal of Accounting and Economics*, 2015, 59 (1): 60-79.

[57] Alissa, W., Bonsall, S. B., Koharki, K., Penn, M. W. Firms' use of accounting discretion to influence their credit ratings. *Journal of Accounting and Economics*, 2013, 55 (2-3): 129-147.

[58] Almeida, H., Campello, M., Weisbach, M. S. The cash flow sensitivity of cash. *The Journal of Finance*, 2004, 59: 1777-1804.

[59] Altamuro, J., Beatty, A. L., Weber, J. The effects of accelerated revenue recognition on earnings management and earnings informativeness: Evidence from SEC staff accounting bulletin No. 101. *The Accounting Review*, 2005, 80 (2): 373-401.

[60] Amato, L. H., Amato, C. H. The effects of firm size and industry on corporate giving. *Journal of Business Ethics*, 2007, 72 (3): 229-241.

[61] Anderson, R. C., Mansi, S. A., Reeb, D. M. Founding family ownership and the agency cost of debt. *Journal of Financial Economics*, 2003, 68: 263-285.

[62] Ang, J. S., Cole, R. A., Lin, J. W. Agency costs and ownership structure. *The Journal of Finance*, 2000, 55: 81-106.

[63] Anil Arya, J. C. G., Sunder, S. Are unmanaged earnings always better for shareholders? *Accounting Horizons*, 2003: 111-116.

[64] Antle, R., Smith, A. An empirical investigation of the relative performance evaluation of corporate executives. *Journal of Accounting Research*, 1986, 24 (1): 1-39.

[65] Argenti, P. A. Collaborating with activists: How starbucks works with NGOs. *California Management Review*, 2004, 47 (1): 91-116.

[66] Ashforth, B. E., Gibbs, B. W. The double edge of organizational legitimation, *Organization Science*, 1990 (1): 177-194.

[67] Badertscher, B. A., Collins, D. W., Lys, T. Z. Discretionary accounting choices and the predictive ability of accruals with respect to future cash flows. *Journal of Accounting and Economics*, 2012, 53 (1-2): 330-352.

[68] Badertscher, B. A. Overvaluation and the choice of alternative earnings

management mechanisms. *The Accounting Review*, 2011, 86 (5): 1491 –1518.

[69] Badertscher, B. A., Phillips, J. D., Pincus, M., Rego, S. O. Earnings management strategies and the trade-off between tax benefits and detection risk: To conform or not to conform? *The Accounting Review*, 2009, 84 (1): 63 –97.

[70] Baginski, S. P., Campbell, J. L., Hinson, L. A., Koo, D. S. Do career concerns affect the delay of bad news disclosure? *The Accounting Review*, 2018, 93: 61 –95.

[71] Baginski, S. P., Hassell, J. M., Kimbrough, M. D. The effect of legal environment on voluntary disclosure: Evidence from management earnings forecasts issued in US and Canadian markets. *The Accounting Review*, 2002, 77 (1): 25 –50.

[72] Bagnoli, M., Watts, S. G. Conservative accounting choices. Management Science, 2005, 51 (5): 786 –801.

[73] Bagnoli, M., Watts, S. G. Oligopoly, disclosure, and earnings management. *The Accounting Review*, 2010, 85 (4): 1191 –1214.

[74] Balakrishnan, K., Cohen, D. A. Product market competition, financial accounting misreporting and corporate governance: Evidence from accounting restatements. *Working Paper*, 2011.

[75] Ball, R. Market and political/regulatory perspectives on the recent accounting scandals. *Journal of Accounting Research*, 2009, 47 (2): 277 –323.

[76] Bansal, P. Clelland, I. Talking trash: Legitimacy, impression management, and unsystematic risk in the context of the natural environment. *Academy of Management Journal*, 2004, 47 (1): 93 –103.

[77] Barron, O. E. High-technology intangibles and analysts' forecasts. *Journal of Accounting Research*, 2002, 40 (2): 289 –312.

[78] Barton, J. Who cares about auditor reputation? *Contemporary Accounting Research*, 2005, 22 (3): 549 –586.

[79] Bates, T., Kahle, K., Stulz, R. M. Why do US firms hold so much more cash than they used to? *Journal of Finance*, 2009, 64: 1985 –2021.

[80] Baum, J. A. C., Oliver, C. Institutional linkages and organizational

mortality. *Administrative Science Quarterly*, 1991, 36 (2): 187 -218.

[81] Baumol, W. J. The transactions demand for cash: An inventory theoretic approach. *Quarterly Journal of Economics*, 1952, 66: 545 -556.

[82] Beatty, A. L., Ke, B., Petroni, K. R. Earnings management to avoid earnings declines across publicly and privately held banks. *The Accounting Review*, 2002, 77 (3): 547 -570.

[83] Beaver, W. H., Engel, E. E. Discretionary behavior with respect to allowances for loan losses and the behavior of security prices. *Journal of Accounting and Economics*, 1996, 22 (1 -3): 177 -206.

[84] Bebchuk, L., Cohen, A., Ferrell, A. What matters in corporate governance? *The Review of Financial Studies*, 2009, 22: 783 -827.

[85] Becker, B., Cronqvist, H., Fahlenbrach, R. Estimating the effects of large shareholders using a geographic instrument. *Journal of Financial & Quantitative Analysis*, 2011, 46 (4), 907 -942.

[86] Becker, C. L., Defond, M. L., Jiambalvo, J., Subramanyam, K. R. The effect of audit quality on earnings management. *Contemporary Accounting Research*, 1998, 15 (1): 1 -24.

[87] Behn, B. K., Choi, J., Rang, T. Audit quality and properties of analyst earnings forecasts. *The Accounting Review*, 2008, 83 (2): 327 -349.

[88] Beidleman, C. R. Income Smoothing: The role of management. *The Accounting Review*, 1973, 48 (4): 653 -667.

[89] Bentley-Goode, K. A., Omer, T. C., Twedt, B. J. Does business strategy impact a firm's information environment? *Journal of Accounting, Auditing & Finance*, 2019, 34 (4): 563 -587.

[90] Bentley-Goode, K. A., Omer, T. C., Twedt, B. J. Does business strategy impact a firm's information environment? *Journal of Accounting, Auditing & Finance*, 2017, 14: 8558.

[91] Bentley, K. A., Omer, T. C., Sharp, N. Y. Business strategy, financial reporting irregularities, and audit effort. *Contemporary Accounting Research*, 2013, 30 (2): 780 -817.

[92] Berger, P. G., Hann, R. N. Segment profitability and the proprietary

and agency costs of disclosure. *The Accounting Review*, 2007, 82 (4): 869 –906.

[93] Bergstresser, D. , Philippon, T. CEO incentives and earnings management. *Journal of Financial Economics*, 2006, 80 (3): 511 –529.

[94] Bertrand, M. , Schoar, A. Managing with style: The effect of managers on firm policies. *The Quarterly Journal of Economics*, 2003, 118: 1169 –1208.

[95] Bhattacharya, S. Imperfect information, dividend policy, and "the bird in the hand" fallacy. *The Bell Journal of Economics*, 1979, 10 (1): 259 –270.

[96] Bleck, A. , Liu, X. Market transparency and the accounting regime. *Journal of Accounting Research*, 2007, 45 (2): 229 –256.

[97] Boeker, W. Strategic Change: The influence of managerial characteristics and organizational growth. *Academy of Manogemeni Journal*, 1997, 40 (1): 152 –170.

[98] Boutin-Dufresne, F. , Savaria, P. Corporate social responsibility and financial risk. *Journal of Investing*, 2004, 13: 57 –66.

[99] Bowen, R. M. , Rajgopal, S. , Venkatachalam, M. Accounting discretion, corporate governance, and firm performance. *Contemporary Accounting Research*, 2008, 25 (2): 351 –405.

[100] Brammer, S. , Millington, A. Does it pay to be different? An analysis of the relationship between corporate social and financial performance. *Strategic Management Journal*, 2008, 29 (12): 1325 –1343.

[101] Brammer, S. , Millington, A. Firm size, organizational visibility and corporate philanthropy: An empirical analysis. *Business Ethics: A European Review*, 2006, 15 (1): 6 –18.

[102] Brammer, S. , Millington, A. Profit maximization vs. agency: An analysis of charitable giving by UK firms. *Cambridge Journal of Economics*, 2005, 29 (4): 517 –534.

[103] Brown, J. R. , Ivkovi ć, Z. , Smith, P. A. , Weisbenner, S. Neighbors matter: Causal community effects and stock market participation. *The Journal of Finance*, 2008, 63: 1509 –1531.

[104] Brown, J. R. , Liang, N. , Weisbenner, S. Executive financial incentives and payout policy: Firm responses to the 2003 dividend tax cut. *The*

*Journal of Finance*, 2007, 62: 1935 -1965.

[105] Brown, K., Chen, V. Y. S., Kim, M. Earnings management through real activities choices of firms near the investment - speculative grade borderline. *Journal of Accounting and Public Policy*, 2015, 34 (1): 74 -94.

[106] Brown, K. E. Ex ante severance agreements and earnings management. *Contemporary Accounting Research*, 2015, 32 (3): 897 -940.

[107] Brown, S. L., Eisenhardt, K. M. Competing on the edge: Strategy as structured chaos. *Harvard Business Press*, 1998.

[108] Buam, C. F., Caglyana, M., Ozkan, N., Talvaear, O. The impact of macroeconomic uncertainty on cash holdings for non-financial firms. *Review of Finance Economies*, 2016, 15 (4): 289 -304.

[109] Burgstahler, D. C., Eames, M. J. Earnings management to avoid losses and earnings decreases: Are analysts fooled? *Contemporary Accounting Research*, 2003, 20 (2): 253 -294.

[110] Burgstahler, D. C., Hail, L., Leuz, C. The importance of reporting incentives: earnings management in european private and public firms. *The Accounting Review*, 2006, 81 (5): 983 -1016.

[111] Burgstahler, D., Eames, M. Management of earnings and analysts' forecasts to achieve zero and small positive earnings surprises. *Journal of Business Finance*, 2006, 33 (5 -6): 633 -652.

[112] Burgstahler, D., Eames, M. Management of earnings and analysts' forecasts. *Working Paper*, University of Washington, Seattle, WA, 1998.

[113] Burnett, B. M., Cripe, B. M., Martin, G. W., McAllister, B. P. Audit quality and the trade-off between accretive stock repurchases and accrual-based earnings management. *The Accounting Review*, 2012, 87 (6): 1861 -1884.

[114] Bushee, B. Do institutional investors prefer near-term earnings over long-run value? *Contemporary Accounting Research*, 2001, 18 (2): 207 -246.

[115] Bushee, B. J. The influence of institutional investors on myopic r & d investment behavior. *Accounting review*, 1998, 73 (3): 305 -333.

[116] Cahan, S. F. The effect of antitrust investigations on discretionary accruals: A refined test of the political-cost hypothesis. *The Accounting Review*,

1992, 67 (1): 77 –95.

[117] Camillus, J. C. Corporate strategy and executive action: Transition stages and linkage dimensions. *Academy of Management Review*, 1981, 6: 253 –259.

[118] Campbell, J. L. , Guan, J. X. , Li, O. Z. , Zheng, Z. CEO severance pay and corporate tax planning. *Journal of the American Taxation Association, Forthcoming*. Available at SSRN 2802426, 2019.

[119] Cang, Y. , Chu, Y. , Lin, T. W. An exploratory study of earnings management detectability, analyst coverage and the impact of IFRS adoption: Evidence from China. *Journal of Accounting and Public Policy*, 2014, 33 (4): 356 –371.

[120] Carpenter, M. A. The price of change: The role of CEO compensation in strategic variation and deviation from industry strategy norms. *Journal of Management*, 2000, 26 (6): 1179 –1198.

[121] Carroll, A. B. A three-dimensional conceptual model of corporate performance. *The Academy of Management Review*, 1979, 4 (4): 497 –505.

[122] Cetorelli, N. , Strahan, P. E. Finance as a barrier to entry: Bank competition and industry structure in local US markets. *The Journal of Finance*, 2006, 61: 437 –461.

[123] Chamberlin, E. The theory of monopolistic competition. cambridge, mass: *Harvard University Press*, 1933.

[124] Cheng, B. , I, Ioannou, G, Serafeim. Corporate social responsibility and access to finance. *Strategic Management Journal*, 2014, 35: 1 –23.

[125] Cheng, M. , Lin, B. , Lu, R. , Wei, M. Non-controlling large shareholders in emerging markets: Evidence from China. *Journal of Corporate Finance. Forthcoming*, 2017.

[126] Cheng, M. , Subramanyam, K. R. Analyst following and credit ratings. *Contemporary Accounting Research*, 2008, 25 (4): 1007 –1043.

[127] Cheng, Q. , Warfield, T. , Ye, M. Equity incentives and earnings management: Evidence from the banking industry. *Journal of Accounting, Auditing and Finance*, 2011, 26 (2): 317 –349.

[128] Chen, J. , Hong, H. , Stein, J. C. Forecasting crashes: Trading

volume, past returns, and conditional skewness in stock prices. *Journal of Financial Economics*, 2001, 61 (3): 345 -381.

[129] Chen, J, R, Ding, Hou, W., Johan, S. Do financial analysts perform a monitoring role in China? Evidence from modified audit opinions. *ABACUS*, 2016, 52 (3): 473 -500.

[130] Chen, M., Hambrick, D. C. Speed, stealth, and selective attack: How small firms differ from large firms in competitive behavior. *Academy of Management Journal*, 1995, 38: 453 -482.

[131] Chen, M. J., MacMilian, I. C. Nonresponse and delayed response to competitive moves: The role of competitor dependence and action irreversibility. *Academy of Management Journal*, 1992, 35 (3): 539 -570.

[132] Chen, S., Chen, X., Cheng, Q., Shevlin, T. Are family firms more tax aggressive than non-family firms? *Journal of Financial Economics*, 2010, 95 (1): 41 -61.

[133] Chen, Y., Jermias, J. Business strategy, executive compensation and firm performance. *Accounting & Finance*, 2014, 54: 113 -134.

[134] Choi, J., Kim, C. F., Kim, J., Zang, Y. Audit office size, audit quality, and audit pricing. *Auditing: A Journal of Practice and Theory*, 2010, 29 (1): 73 -97.

[135] Cho, S. Y., Arthurs J. D. The influence of alliance experience on acquisition premiums and post-acquisition performance. *Journal of Business Research*, 2018, 88: 1 -10.

[136] Chung, K. H., Jo, H. The impact of security analysts' monitoring and marketing functions on the market value of firms. *Journal of Financial and Quantitative Analysis*, 1996, 31 (4): 493 -512.

[137] Chung, K. H., McInish, T. H., Wood, R. A., Wyhowski, D. J. Production of information, information asymmetry, and the bid-ask spread: Empirical evidence from analysts' forecasts. *Journal of Banking & Finance*, 1995, 19: 1025 -1046.

[138] Chung, R., Firth, M., Kim, J. Institutional monitoring and opportunistic earnings management. *Journal of Corporate Finance*, 2002, 8 (1):

29 – 48.

[139] Chyz, J., Leung, W., Li, O., Rui, O. Labor unions and tax aggressiveness. *Journal of Financial Economics*, 2013, 108: 675 – 698.

[140] Cohen, D. A., Dey, A., Lys, T. Z. Real and accrual-based earnings management in the pre-and post-Sarbanes Oxley periods. *The accounting review*, 2008, 83 (3): 757 – 787.

[141] Cohen, D., Darrough, M. N., Huang, R., Zach, T. Warranty reserve: Contingent liability, information signal, or earnings management tool? *The Accounting Review*, 2011, 86 (2): 569 – 604.

[142] Cohen, W. M., Levintbal, D. A. Absorptive Capacity: A new perspective on learning and innovation. *Administrative Science Quarteriy*, 1990, 35: 128 – 152.

[143] Collins, F., Holzmann, O., Mendoza, R. Strategy, budgeting, and crisis in Latin America. *Accounting*, *Organization and Society*, 1997, 22: 669 – 689.

[144] Cordeiro, J. J., Veliyath, R., Romal, J. B. Moderators of the relationship between director stock-based compensation and firm performance. *Corporate Governance*: *An International Review*, 2007, 15: 1384 – 1393.

[145] Cormier, D., Martinez, I. The association between management earnings forecasts, earnings management, and stock market valuation: Evidence from French IPOs. *The International Journal of Accounting*, 2006, 41 (3): 209 – 236.

[146] Cornell, B., Shapiro, A. C. Corporate stakeholders and corporate finance. *Financial Management*, 1987, 5 – 14.

[147] Cornett, M. M., Marcus, A. J., Tehranian, H. Corporate governance and pay-for-performance: The impact of earnings management. *Journal of Financial Economics*, 2008, 87: 357 – 373.

[148] Craninckx, K., Huyghebaert, N. Large shareholders and value creation through corporate acquisitions in Europe: The identity of the controlling shareholder matters. *European Management Journal*, 2015, 33 (2): 116 – 131.

[149] Dai, L, Dharwadkar, R., Shi, L., Zhang, B. The governance

transfer of blockholders: Evidence from block acquisitions and earnings management around the world. *Journal of Corporate Finance*, 2017, 45: 586 - 607.

[150] Dalia, M., Park, J. Market competition and earnings management. *Working Paper*, 2009.

[151] Daniel, N. D., Denis, D. J., Naveen, L. Do firms manage earnings to meet dividend thresholds? *Journal of Accounting and Economics*, 2008a, 45 (1): 2 - 26.

[152] Daniel, N. D., Denis, D. J., Naveen, L. Do firms manage earnings to meet dividend thresholds? *Journal of Accounting and Economics*, 2008b, 45 (1): 2 - 26.

[153] Das, S., Kim, K., Patro, S. An analysis of managerial use and market consequences of earnings management and expectation management. *The Accounting Review*, 2011, 86 (6): 1935 - 1967.

[154] D'Aunno, T., Succi M., Alexander, J. A. The role of institutional and market forces in divergent organizational change. Administrative Science Quarterly, 2000, 45 (4): 679 - 703.

[155] Dechow, P., Ge, W., Schrand, C. Understanding earnings quality: A review of the proxies, their determinants and their consequences. *Journal of Accounting and Economics*, 2010, 50 (2 - 3): 344 - 401.

[156] Dechow, P. M. Accounting earnings and cash flows as measures of firm performance: The role of accounting accruals. *Journal of Accounting and Economics*, 1994, 18 (1): 3 - 42.

[157] Dechow, P. M., Dichev, I. D. The quality of accruals and earnings: The role of accrual estimation errors. *The Accounting Review*, 2002, 77: 35 - 59.

[158] Dechow, P. M., Sloan, R. G., Hutton, A. P. Detecting earnings management. *The Accounting Review*, 1995, 70 (2): 193 - 225.

[159] Deephouse, D. L. Does isomorphism legitimate? *The Academy of Management Journal*, 1996, 39 (4): 1024 - 1039.

[160] Deephouse, D. L. To be different, or to be the same? It is a question (and theory) of strategic balance. *Strategic Management Journal*, 1999, 20: 147 - 166.

[161] DeFond, M. L., Jiambalvo, J. Debt covenant violation and manipulation of accruals. *Journal of Accounting and Economics*, 1994, 17: 145 - 176.

[162] DeFond, M. L., Park, C. W. The effect of competition on CEO turnover. *Journal of Accounting and Economics*, 1999, 27: 35 - 56.

[163] Demerjian, P., Lev, B., McVay, S. Quantifying managerial ability: A new measure and validity tests. *Management Science*, 2012, 58: 1229 - 1248.

[164] Demerjian, P. R., Lev, B., Lewis, M. F., McVay, S. E. Managerial ability and earnings quality. *The Accounting Review*, 2013, 88 (2): 463 - 498.

[165] Denis, D. J., Sibilkov, V. Financial constraints, investment, and the value of cash holdings. *Review of Financial Studies*, 2010, 23: 247 - 269.

[166] Denrell, J. Should we be impressed with high performance? *Journal of Management Inquiry*, 2005, 14: 292 - 298.

[167] Dichev, I. D., Graham, J. R., Harvey, C. R., Rajgopal, S. Earnings quality: Evidence from the field. *Journal of Accounting and Economics*, 2013, 56 (2 - 3): 1 - 33.

[168] DiMaggio, P. J., Powell, W. W. The iron cage revisited: Institutional isomorphism and collective rationality in organizational fields. *American Sociological Review*, 1983, 48 (2): 147 - 160.

[169] Dittmar, A., Mahrt-Smith, J. Corporate governance and the value of cash holdings. *Journal of Financial Economics*, 2007, 83: 599 - 634.

[170] Dittmar, A., Mahrt-Smith, J., Servaes, H. International corporate governance and corporate cash holdings. *Journal of Financial and Quantitative Analysis*, 2003, 38: 111 - 133.

[171] Dobrzynski, J. H. Relationship investing. Business Week, 1993, 3309 (15): 68 - 75.

[172] Donaldson, T., Preston, L. E. The stakeholder theory of the corporation: concepts, evidence, and implications. *Academy of Management Review*, 1995, 20: 65 - 91.

[173] Dow, J., Raposo, C. C. CEO compensation, change, and corporate strategy. *The Journal of Finance*, 2005, 60: 2701 - 2727.

[174] Doyle, J. T., Jennings, J. N., Soliman, M. T. Do managers define non-gaap earnings to meet or beat analyst forecasts? *Journal of Accounting and Economics*, 2013, 56 (1): 40 – 56.

[175] Duchin, R. Cash holdings and corporate diversification. *The Journal of Finance*, 2010, 65: 955 – 992.

[176] Dunn, K. A., Mayhew, B. W. Audit firm industry specialization and client disclosure quality. *Review of Accounting Studies*, 2004, (9).

[177] Durand, R., Rao, H., Monin, P. Code and conduct in French cuisine: Impact of code changes on external evaluations. *Strategic Management Journal*, 2007, 28 (5): 455 – 472.

[178] Easterbrook, F. H. Two agency-cost explanations of dividends. *American Economic Review*, 1984, 74: 650 – 659.

[179] Eldenburg, L. G., Gunny, K. A., Hee, K. W., Soderstrom, N. Earnings management using real activities: Evidence from nonprofit hospitals. *The Accounting Review*, 2011, 86 (5): 1605 – 1630.

[180] Ewert, R., Wagenhofer, A. Economic effects of tightening accounting standards to restrict earnings management. *The Accounting Review*, 2005, 80 (4): 1101 – 1124.

[181] Faccio, M., Lang, L. H., Young, L. Dividends and expropriation. *American Economic Review*, 2001, 91: 54 – 78.

[182] Fairfield, P. M., Yohn, T. L. Using asset turnover and profit margin to forecast changes in profitability. *Review of Accounting Studies*, 2001, 6: 371 – 385.

[183] Fama, E. F., French, K. R. Disappearing dividends: changing firm characteristics or lower propensity to pay? *Journal of Financial Economics*, 2001, 60: 3 – 43.

[184] Farrell, K., Unlu, E., Yu, J. Stock repurchases as an earnings management mechanism: The impact of financing constraints. *Journal of Corporate Finance*, 2014, 25: 1 – 15.

[185] Faulkender, M., Wang, R. Corporate financial policy and the value of cash. *The Journal of Finance*, 2006, 61: 1957 – 1990.

[186] Feltham, G. A., Pae, J. Analysis of the impact of accounting accruals on earnings uncertainty and response coefficients. *Joumai of Accounting, Auditing and Finance*, 1999, 15 (3): 199 – 220.

[187] Finkelstein, S., Hambrick, D. C. Top-management-team tenure and organizational outcomes: The moderating role of managerial discretion. *Administrative Science Quarterly*, 1990, 35: 484 – 503.

[188] Flannery, M. J., Kwan, S. H., Nimalendran, M. Market evidence on the opaqueness of banking firms' assets. *Journal of Financial Economics*, 2004, 71 (3): 419 – 460.

[189] Florackis, C., Ozkan, A. The impact of managerial entrenchment on agency costs: An empirical investigation using UK panel data. *European Financial Management*, 2009, 15: 497 – 528.

[190] Foley, C. F., Hartzell, J. C., Titman, S., Twite, G. Why do firms hold so much cash? A tax-based explanation. *Journal of Financial Economics*, 2007, 86: 579 – 607.

[191] Fombrun C. J, Gardberg N. A, Barnett, M. L. Opportunity platforms and safety nets: corporate citizenship and reputational risk. *Business and Society Review*, 2000, 105 (1): 85 – 106.

[192] Fombrun, C., Shanley, M. What's in a name? Reputation building and corporate strategy. *The Academy of Management Journal*, 1990, 33 (2): 233 – 258.

[193] Francis, B., Hasan, I., Wang, H. Banking deregulation, consolidation, and corporate cash holdings: US evidence. *Journal of Banking and Finance*, 2014, 41: 45 – 56.

[194] Francis, J., LaFond, R., Olsson, P., Schipper, K. The market pricing of accruals quality. *Journal of Accounting and Economics*, 2005, 39 (2): 295 – 327.

[195] Francis, J. R., Krishnan, J. Accounting accraals and auditor reporting conservatism. *Contemporary Accounting Research*, 1999, 16 (1): 135 – 165.

[196] Francis, J. R., Maydew, E. L., Sparks, H. C. The role of Big 6 auditors in the credible reporting of accruals. *Auditing: A Journal of Practice and*

*Theory*, 1999, 18 (2): 17 –34.

[197] Francis, J. R. , Yu, M. D. Big 4 office size and audit quality. *The Accounting Review*, 2009, 84 (5): 1521 –1552.

[198] Frank, M. M. , Lynch, L. J. , Rego, S. O. Tax reporting aggressiveness and its relation to aggressive financial reporting. *The Accounting Review*, 2009, 84 (2): 467 –496.

[199] Franz, D. R. , Hassab Elnaby, H. R. , Lobo, G. J. Impact of proximity to debt covenant violation on earnings management. *Review of Accounting Studies*, 2014, 19 (1): 473 –505.

[200] Freeman, R. E. Strategic management: A stakeholder approach. *Pitman Publishing*, Boston, USA, 1984.

[201] Freeman, R. E. , Wicks, A. C. , Parmar, B. Stakeholder theory and "the corporate objective revisited" . *Organization Science*, 2004, 15 (3): 364 –369.

[202] Fudenberg, D. , Tirole, J. A theory of income and dividend smoothing based on incumbency rents. *Journal of Political Economy*, 1995, 75 –93.

[203] Fung, S. Y. K. , Goodwin, J. Short-term debt maturity, monitoring and accruals-based earnings management. *Journal of Contemporary Accounting and Economics*, 2013, 9 (1): 67 –82.

[204] Galaskiewicz, J. Inter organizational relations. *Annual Review of Sociology*, 1985 (11): 281 –304.

[205] Galbraith, C. , Schendel, D. An empirical analysis of strategy types. *Strategic Management Journal*, 1983, 4: 151 –153.

[206] Galligan Key, K. Political cost incentives for earnings management in the cable television industry kimberly galligan key. *Journal of Accounting and Economics*, 1997, 23: 309 –337.

[207] Gan, H. , Park, M. S. CEO managerial ability and the marginal value of cash. *Advances in Accounting*, 2017, 38: 126 –135.

[208] Gao, H. , Harford, J. , Li, K. Determinants of corporate cash policy: Insights from private firms. *Journal of Financial Economics*, 2013, 109: 623 –639.

[209] Gao, Y. Corporate social performance in China: Evidence from large companies. *Journal of Business Ethics*, 2009, 89: 23 -35.

[210] Gao, Y., Lin, Y. L., Yang, H. What's the value in it? Corporate giving under uncertainty. *Asia Pacific Journal of Management*, 2017, 34 (1): 215 -240.

[211] Gardberg, N. A., Fombrun, C. Corporate citizenship: Creating intangible assets across institutional environments. *Academy of Management Review*, 2006, 31 (2): 329 -346.

[212] Geiger, M. A., North, D. S. Does hiring a new CFO change things? An investigation of changes in discretionary accruals. *The Accounting Review*, 2006, 81 (4): 781 -809.

[213] Geletkanycz, M. A., Hambrick, D. C. The external ties of top executives: Implications for strategic choice and performance. *Administrative Science Quarterly*, 1997, 42: 646 -681.

[214] Givoly, D., Hayn, C. K., Katz, S. P. Does public ownership of equity improve earnings quality? *The Accounting Review*, 2010, 85 (1): 195 -225.

[215] Godfrey, P. C., Merrill, C. B., Hansen, J. M. The relationship between corporate social responsibility and shareholder value: An empirical test of the risk management hypothesis. *Strategic Management Journal*, 2009, 30: 425 -445.

[216] Godfrey, P. C. The relationship between corporate philanthropy and shareholder wealth: A risk management perspective. *Academy of Management Review*, 2005, 30 (4): 777 -798.

[217] Goranova, M., Priem, R., Ndofor, H., Trahms, C. Is there a "dark side" to monitoring? Board and shareholder monitoring effects on m & a performance extremeness. *Strategic Management Journal*, 2017, 38: 2285 -2297.

[218] Graham, J. R., Harvey, C. R., Rajgopal, S. The economic implications of corporate financial reporting. *Journal of Accounting and Economics*, 2005, 40 (1 -3): 3 -73.

[219] Greening, D. W., Turban, D. B. Corporate social performance as a competitive advantage in attractinga quality workforce. *Business & Society*,

2000, 39: 254 - 280.

[220] Guan, Y., M. H. Wong, Zhang, Y. Analyst following along the supply chain. *Review of Accounting Studies*, 2015, 20: 210 - 241.

[221] Guay, W. R., Kothari, S. P., Watts, R. L. A market-based evaluation of discretionary accrual models. *Journal of Accounting Research*, 1996, 34.

[222] Guidry, F., J. Leone, A., Rock, S. Earnings-based bonus plans and earnings management by business-unit managers. *Journal of Accounting and Economics*, 1999, 26 (1 - 3): 113 - 142.

[223] Guney, Y., Ozkan, A., Ozkan, N. International evidence on the non-linear impact of leverage on corporate cash holdings. *Journal of Multinational Financial Management*, 2007, 17: 45 - 60.

[224] Gunny, K. A. The relation between earnings management using real activities manipulation and future performance: Evidence from meeting earnings benchmarks. *Contemporary Accounting Research*, 2010, 27 (3): 855 - 888.

[225] Gupta, S., Newberry K. Determinants of the variability on corporate effective tax rates: evidence from longitudinal data. *Journal of Accounting and Public Policy*, 1997, 16 (1): 1 - 34.

[226] Gu, T. US multinationals and cash holdings. *Journal of Financial Economics*, 2017, 125: 344 - 368.

[227] Habib, A., Hasan, M. M. Business strategy, overvalued equities, and stock price crash risk. Research in International Business and Finance, 2017, 39: 389 - 405.

[228] Hadlock, C. J., Pierce, J. R. New evidence on measuring financial constraints: Moving beyond the KZ index. *The Review of Financial Studies*, 2010, 23: 1909 - 1940.

[229] Hanlon, M., Heitzman, S. A Review of tax research. *Journal of Accounting and Economics*, 2010, 50 (2 - 3): 127 - 178.

[230] Han, S., Qiu, J. Corporate precautionary cash holdings. *Journal of Corporate Finance*, 2007, 13: 43 - 57.

[231] Harford, J., Klasa, S., Maxwell, W. F. Refinancing risk and

cash holdings. *The Journal of Finance*, 2014, 69: 975 - 1012.

[232] Haushalter, D., Klasa, S., Maxwell, W. F. The influence of product market dynamics on a firm's cash holdings and hedging behavior. *Journal of Financial Economics*, 2007, 84: 797 - 825.

[233] Haynes, K. T., Hillman, A. The effect of board capital and CEO power on strategic change. *Strategic Management Journal*, 2010, 31: 1145 - 1163.

[234] Hazarika, S., Karpoff, J. M., Nahata, R. Internal corporate governance, CEO Turnover, and earnings management. *Journal of Financial Economics*, 2012, 104 (1): 44 - 69.

[235] Healy, P. M. The effect of bonus schemes on accounting decisions. *Journal of Accounting and Economics*, 1985, 7 (s1 - 3): 85 - 107.

[236] Healy, P. M., Wahlen, J. M. A review of the earnings management literature and its implications for standard setting. *Accounting Horizons*, 1999, 13 (4): 365 - 383.

[237] He, G. The effect of ceo inside debt holdings on financial reporting quality. *Review of Accounting Studies*, 2015, 20 (1): 501 - 536.

[238] Higgins, D., Omer, T. C., Phillips, J. D. The influence of a firm's business strategy on its tax aggressiveness. *Contemporary Accounting Research*, 2015, 32 (2): 674 - 702.

[239] Hiller, N. J., Hambrick, D. C. Conceptualizing executive hubris: The role of (hyper-) core self-evaluations in strategic decision-making. *Strategic Management Journal*, 2005, 26 (4): 297 - 319.

[240] Hitt, M. A., Dacin, M. T., Tyler, B. B., Park, D. Understanding the differences in Korean and U. S. executives' strategic orientations. *Strategic Management Journal*, 1997, 18 (2): 159 - 167.

[241] Hoberg, G., Phillips, G., Prabhala, N. Product market threats, payouts, and financial flexibility. *The Journal of Finance*, 2014, 69: 293 - 324.

[242] Hoberg, G., Phillips, G., Prabhala, N. Text-based product characteristics, competition and dividends. *Working Paper*, 2010.

[243] Hoberg, G., Phillips, G. Text-based network industries and endogenous product differentiation. *Journal of Political Economy*, 2016, 124: 1423 - 1465.

[244] Holthausen, R. W., Larcker, D. F., Sloan, R. G. Annual bonus schemes and the manipulation of earnings. *Journal of Accounting and Economics*, 1995, 19 (1): 29 –74.

[245] Hotelling, H. Stability in competition. *The Economic Journal* , 1929, 39: 41 –57.

[246] Hunton, J. E., Libby, R., Mazza, C. L. Financial reporting transparency and earnings management. *The Accounting Review*, 2006, 81 (1): 135 –157.

[247] Hutton, A. P., Marcus, A. J., Tehranian, H. Opaque financial reports, R2, and crash risk. *Journal of Financial Economics*, 2009, 94 (1): 67 –86.

[248] Ittner, C. D., Larcker, D. F. Quality strategy, strategic control systems, and organizational performance. *Accounting, Organizations and Society*, 1997, 22 (3): 293 –314.

[249] Ittner, C. D., Larcker, D. F., Rajan, M. V. The choice of performance measures in annual bonus contracts. *The Accounting Review*, 1997, 72: 231 –255.

[250] Itzkowitz, J. Customers and cash: How relationships affect suppliers' cash holdings. *Journal of Corporate Finance*, 2013, 19: 159 –180.

[251] Jacob, M., Jacob, M. Taxation, dividends, and share repurchases: Taking evidence global. *Journal of Financial and Quantitative Analysis*, 2013, 48: 1241 –1269.

[252] Jauch, L. R., Osborn, R. N., Martin, T. N. Structured content analysis of cases: A complementary method for organizational research. *Academy of Management Review*, 1980, 5 (4): 517 –525.

[253] Jeanjean, T., Stolowy, H. Do accounting standards matter? An exploratory analysis of earnings management before and after IFRS adoption. *Journal of Accounting and Public Policy*, 2008, 27 (6): 480 –494.

[254] Jensen, M. C. Agency costs of free cash flow, corporate finance, and takeovers. *American Economic Review*, 1986, 76: 323 –329.

[255] Jensen, M. C., Meckling, W. H. Theory of the firm: Managerial

behavior, agency costs and ownership structure. *Journal of Financial Economics*, 1976 (4): 305 -360.

[256] Jian, M., Wong, T. J. Propping and tunneling through related party transactions. *Review of Accounting Studies*, 2008, 5 (1): 70 -105.

[257] Jin, L., Myers, S. R2 around the World: New Theory and New Tests. *Journal of Financial Economics*, 2006, 79 (2): 257 -292.

[258] Jo, H., Kim, Y. Disclosure frequency and earnings management. *Journal of Financial Economics*, 2007, 84: 2, 561 -590.

[259] John, T. A. Accounting measures of corporate liquidity, leverage, and costs of financial distress. *Financial Management*, 1993, 22: 91 -100.

[260] Jones, J. J. Earnings management during Import Relief Investigations. *Journal of Accounting Research*, 1991, 29 (2): 193 -228.

[261] Jones T. Instrumental stakeholder theory: A synthesis of ethics and economics. *The Academy of Management Review*, 1995, 20 (2): 404 -437.

[262] Jung, B., Sun K. J., Yang, Y. S. Do financial analysts add value by facilitating more effective monitoring of firms' activities? *Journal of Accounting Auditing & Finance*, 2012, 27 (1): 61 -99.

[263] Kalcheva, I., Lins, K. V. International evidence on cash holdings and expected managerial agency problems. *Review of Financial Studies*, 2007, 20: 1087 -1112.

[264] Kalleberg, A. L., Leicht, K. T. Gender and organizational performance: Determinants of small business survival and success. *Academy of Management Journal*, 1991, 34: 136 -161.

[265] Katz, S. P. Earnings quality and ownership structure: The role of private equity sponsors. *The Accounting Review*, 2009, 84 (3): 623 -658.

[266] Kedia, S, Rajgopal, S., Zhou, X. Large shareholders and credit ratings. *Journal of Corporate Finance*, 2017, 124: 632 -653.

[267] Khanna, T., Palepu, K., Sinha, J. Strategies that fit emerging markets. *Harvard Business Review*, 2006, 84 (10): 60 -69.

[268] Khurana, I., Moser, W. Institutional shareholders' investment horizons and tax avoidance. *Journal of the American Taxation*, 2013, 35: 111 -134.

[269] Kieso, D. E. Jerry J. Weygandt. *Intermediate Accounting*, 2001, 10.

[270] Kim, C. S., Mauer, D. C., Sherman, A. E. The determinants of corporate liquidity: Theory and evidence. *Journal of Financial and Quantitative Analysis*, 1998, 33: 335 – 359.

[271] Kim, J. B., Zhang, L. Does accounting conservatism reduce stock price crash risk? Firm-level evidence. *Unpublished Working Paper*, *City University of Hong Kong*, 2010.

[272] Kim, J., Chung, R., Firth, M. Auditor conservatism, asymmetric monitoring, and earnings management. *Contemporary Accounting Research*, 2003, 20 (2): 323 – 359.

[273] Kim, J. J., Haleblian, J. J., Finkelstein, S. When firms are desperate to grow via acquisition: The effect of growth patterns and acquisition experience on acquisition premiums. *Administrative Science Quarterly*, 2011, 56 (1): 26 – 60.

[274] Kim, J., Li, Y., Zhang, L. CFOs versus CEOs: Equity incentives and crashes. *Journal of Financial Economics*, 2011a, 101 (3): 713 – 730.

[275] Kim, J., Li, Y., Zhang, L. Corporate tax avoidance and stock price crash risk: Firm-level analysis. *Journal of Financial Economics*, 2011b, 100 (3): 639 – 662.

[276] Kim, K., Schroeder, D. A. Analysts' use of managerial bonus incentives in forecasting earnings. *Journal of Accounting and Economics*, 1990, 13 (1): 3 – 23.

[277] Kim, O., Verrecchia, R. E. Market liquidity and volume around earnings announcements. *Journal of accounting and economics*, 1994, 17 (1): 41 – 67.

[278] Kim, Y., Park, M. S., Wier, B. Is earnings quality associated with corporate social responsibility? *The Accounting Review*, 2012, 87 (3): 761 – 796.

[279] Klein, A. Audit committee, board of director characteristics, and earnings management. *Journal of Accounting and Economics*, 2002, 33 (3): 375 – 400.

[280] Koch, B. S. Income smoothing: An experiment. *The Accounting Review*, 1981, 56 (3): 574 – 586.

[281] Koh, P. Institutional investor type, earnings management and benchmark beaters. *Journal of Accounting and Public Policy*, 2007, 26 (3): 267 –299.

[282] Koh, P-S. , Qian, C. , Wang, H. Firm litigation risk and the insurance value of corporatesocial responsibility. *Strategic Management Journal*, 2013, 35: 1464 –1482.

[283] Korajczyk, R. A. , Levy, A. Capital structure choice: macroeconomic conditions and financial constraints. *Journal of Financial Economics*, 2003, 68: 75 –109.

[284] Kothari, S. P. , Leone, A. J. , Wasley, C. E. Performance matched discretionary accrual measures. *Journal of Accounting and Economics*, 2005, 39 (1): 163 –197.

[285] Kothari, S. P. , Shu, S. , Wysocki, P. D. Do managers withhold bad news? *Journal of Accounting Research*, 2009, 47 (1): 241 –276.

[286] Lambert, R. A. , Lanen, W. N. , Larcker, D. F. Executive stock option plans and corporate dividend policy. *Journal of Financial and Quantitative Analysis*, 1989, 24: 409 –425.

[287] Lambert, R. , Leuz, C. , Verrecchia, R. E. Information asymmetry, information precision, and the cost of capital, *Review of Finance*, 2007, 16: 1 –29.

[288] Lang, M. , Lins, K. , Miller, D. ADRs, analysts, and accuracy: Does cross listing in the United States improve a firm's information environment and increase market value? *Journal of Accounting Research*, 2003, 41 (2): 317 –345.

[289] Lant, T. K. , Milliken, F. J. , Batra, B. The role of managerial learning and interpretation in strategic persistence and reorientation: An empirical exploration. *Strategic Management Journal*, 1992, 13 (8): 585 –608.

[290] La Porta, R. , Lopez-De Silanes, F. , Shleifer, A. , Vishny, R. Agency problems and dividend policy around the world. *Journal of Financial Economics*, 2000, 55: 1 –33.

[291] Leland, H. E. , Pyle, D. H. Informational asymmetries, financial structure , and financial intermediation. *The Journal of Finance*, 1977, XXXII

(2).

[292] Lemmon, M. L., Lins, K. V. Ownership structure, corporate governance, and firm value: Evidence from the East Asian financial crisis. *Journal of Finance*, 2003, 58: 1445 – 1468.

[293] Lennox, C., Pittman, J. Auditing the auditors: evidence on the recent reforms to the external monitoring of audit firms. *Journal of Accounting and Economics*, 2010, 49 (1 – 2): 84 – 103.

[294] Leuz, C., Nanda, D., Wysocki, P. D. Earnings management and investor protection: An international comparison. *Journal of Financial Economics*, 2003, 69 (3): 505 – 527.

[295] Levitt, Arthur. The Numbers Game. *The CPA Journal*, 1998, 68 (12): 14 – 19.

[296] Liang, H., Marquis, C., Renneboog, L., Sun, S. L. Speaking of corporate social responsibility, *Harvard Business School Organizational Behavior Unit Working Paper No*, 2014, 14 – 082; *European Corporate Governance Institute (ECGI) -Finance Working Paper No*, 2014, 412.

[297] Liang, H., Ren, B., Sun, S. L. An anatomy of state control in the globalization of state-owned enterprises. *Journal of International Business Studies*, 2015, 46 (2): 223 – 240.

[298] Lim, E. K., Chalmers, K., Hanlon, D. The influence of business strategy on annual report readability. *Journal of Accounting and Public Policy*, 2018, 37 (1): 65 – 81.

[299] Lin, L. W. Corporate social responsibility in China: Window dressing or structural change. *Berkeley Journal of International Law*, 2010, 28 (1): 64 – 100.

[300] Lins, K. V., Servaes, H., Tufano, P. What drives corporate liquidity? An international survey of cash holdings and lines of credit. *Journal of Financial Economics*, 2010, 98: 160 – 176.

[301] Lintner, J. Distribution of incomes of corporations among dividens, retained earnings, and taxes. The American Economic Review, 1956, 46 (2): 97 – 113.

[302] Litov, L. P., Moreton, P., Zenger, T. R. Corporate strategy, analyst coverage, and the uniqueness paradox. *Management Science*, 2012, 58: 1797 -1815.

[303] Liu, Y., Mauer, D. C. Corporate cash holdings and CEO compensation incentives. *Journal of Financial Economics*, 2011, 102: 183 -198.

[304] Loebbecke, J. K., Eining, M. M., Willingham, J. J. Auditors experience with material irregularities-frequency, nature, and detectability. *Auditing-A Journal of Practice and Theory*, 1989, 9 (1): 1 -28.

[305] Louis, H., Robinson, D. Do managers credibly use accruals to signal private information? Evidence from the pricing of discretionary accruals around stock splits. *Journal of Accounting and Economics*, 2005, 39 (2): 361 -380.

[306] Luo, X. R., Wang, D. Unintended consequences of political endorsement: The effect of government endorsement on private firms' social responsiveness in a transitional economy. *Annual Meeting of the Strategic Management Society*, 2012.

[307] Lyon, D. W., Lumpkin, G. T., Dess, G. G. Enhancing entrepreneurial orientation research: Operationalizing and measuring a key strategic decision making process. *Journal of Management*, 2000, 26 (5).

[308] Mackey, A., Mackey, T. B., Barney, J. B. Corporate social responsibility and firm performance: Investor preferences and corporate strategies. *Academy of Management Review*, 2007, 32 (3): 817 -835.

[309] Malhotra, S., Zhu, P., Reus, T. H. Anchoring on the acquisition premium decisions of others. *Strategic Management Journal*, 2015, 36 (12): 1866 -1876.

[310] Malmendier, U., Tate, G. Behavioral CEOs: The role of managerial overconfidence. *Journal of Economic Perspectives*, 2015, 29 (4): 37 -60.

[311] Manconi, A., Massa, M., Yasuda, A. The role of institutional investors in propagating the crisis of 2007 -2008. *Journal of Financial Economics*, 2012, 104 (3): 491 -518.

[312] Manzon Jr, G. B., Plesko, G. A. The relation between financial and tax reporting measures of income. *Tax Law Review*, 2002, 55: 175 -214.

[313] Marciukaityte, D., Park, J. C. Market competition and earnings management. *Available at SSRN* 1361905, 2009.

[314] Markarian, G., J. Santalo'. Product market competition, information and earnings management. *Journal of Business Finance and Accounting*, 2014, 41 (5-6): 572-599.

[315] Marquis, C., Lee, M. Who is governing whom? Executives, governance, and the structure of generosity in large U. S. firms. *Strategic Management Journal*, 2013, 4 (4): 483-497.

[316] Marquis, C., Qian, C. Corporate social responsibility reporting in China: Symbol or substance? *Organization Science*, 2014, 25 (1): 127-148.

[317] Martínez-Ferrero, J., Banerjee, S., García-Sánchez, I. M. A. Corporate social responsibility as a strategic shield against costs of earnings management practices. *Journal of Business Ethics*, 2016, 133: 305-324.

[318] Maurer, J. G. Readings in organization theory: Open-system approaches. *Random House*, New York, 1971.

[319] McAnally, M. L., Srivastava, A., Weaver, C. D. Executive stock options, missed earnings targets, and earnings management. *The Accounting Review*, 2008, 83 (1): 185-216.

[320] McGuire, S. T., Omer, T. C., Sharp, N. Y. The impact of religion on financial reporting irregularities. *The Accounting Review*, 2012, 87 (2): 645-673.

[321] McLean, R. D. Share issuance and cash savings. *Journal of Financial Economics*, 2011, 99: 693-715.

[322] McWilliams, A., Siegel, D. Corporate social responsibility and financial performance: Correlation or misspecification. *Strategic Management Journal*, 2000, 21 (5): 603-609.

[323] Mescall, D., Klassen, K. J. How does transfer pricing risk affect premiums in cross-border mergers and acquisitions? *Contemporary Accounting Research*, 2018, 35 (2): 830-865.

[324] Meyer, J., Rowan, B. Institutionalized organizations: Formal structure as myth and ceremony. *American Journal of Sociology*, 1977, 83: 340-363.

[325] Meyer, J. W., Rowan, B. Institutionalized organizations: Formal structure as myth and ceremony. *American Journal of Sociology*, 1977, 83: 340 - 363.

[326] Meyer, J. W., Rowan, B. Institutionalized organizations: formal structure as myth and ceremony. *American Journal of Sociology*, 1977, 83 (2): 340 - 363.

[327] Miles, R. E., Snow, C. C., Meyer, A. D., Henry J. Coleman, J. Organizational strategy, structure, and process. *Academy of Management Review*, 1978, 3 (3).

[328] Miles, R. E., Snow., C. C. Organizational strategy, structure and process. New York: McGraw-Hill, 1978.

[329] Miller, D., Breton-Miller, I. L., Lester, R. H. Family firm governance, strategic conformity, and performance: Institutional vs. strategic perspectives. *Organization Science*, 2013, 24: 189 - 209.

[330] Miller, K. D., Bromiley, P. Strategic risk and corporate performance: An analysis of alternative risk measures. *Academy of Management Journal*, 1990, 33 (4): 756 - 779.

[331] Miller, M. H., Modigliani, F. Dividend policy, growth, and the valuation of shares. *The Journal of Business*, 1961, 34 (4): 411 - 433.

[332] Mintzberg, H., Ahlstrand, B., Lampel, J. *Strategy safari: A guided tour through the wilds of strategic management.* Free Press: New York, 1998.

[333] Mintzberg, H. Patterns in Strategy Formation. *Management Science*, 1978, 24 (9): 934 - 948.

[334] Mithani, M. A. Liability of foreignness, natural disasters, and corporate philanthropy. *Journal of International Business Studies*, 2017, 48 (8): 941 - 963.

[335] Mizik, N. The theory and practice of myopic management. *Journal of Marketing Research*, XLVII, 2010: 594 - 611.

[336] Modigliani, F., Miller, M. The cost of capital, corporation finance and the theory of finance. *American Economic Review*, 1958, 48: 291 - 297.

[337] Moser, W. J. The effect of shareholder taxes on corporate payout

choice. *Journal of Financial and Quantitative Analysis*, 2007, 42: 991 –1019.

[338] Moyer, R. C. , Chatfield, R. E. , Kelley, G. D. The accuracy of long-term earnings forecasts in the electric utility industry. *International Journal of Forecasting*, 1985, 1 (3): 241 –252.

[339] Muller, A. , Whiteman, G. Exploring the geography of corporate philanthropic disasterresponse: A study of fortune global 500 Firms. *Journal of Business Ethics*, 2009, 84 (4): 589 –603.

[340] Myers, S. C. , Majluf, N. S. Corporate financing and investment decisions when firms have information that investors do not have. *Journal of Financial Economics*, 1984, 13 (2): 187 –221.

[341] Neamtiu, M. , Shroff, N. , White, H. D. , Williams, C. D. The impact of ambiguity on managerial investment and cash holdings. *Journal of Business Finance & Accounting*, 2014, 41: 1071 –1099.

[342] Nickell, S. J. Competition and corporate performance. *Journal of Political Economy*, 1996, 104: 724 –746.

[343] Nikolov, B. , Whited, T. M. Agency conflicts and cash: Estimates from a Dynamic Model. *The Journal of Finance*, 2014, 69: 1883 –1921.

[344] O'Connor, E. Storytelling to be real: Narrative, legitimacy building and venturing. *Economics Papers from University Paris Dauphine*, 2004.

[345] Opler, T. , Pinkowitz, L. , Stulz, R. , Williamson, R. The determinants and implications of corporate cash holdings. *Journal of Financial Economics*, 1999, 52: 3 –46.

[346] Otomasa, S. The mechanism of conflict resolution and accounting information. *Moriyama-Shoten* (*in Japanese*), 2004.

[347] Park, J.-H. , Kim, C. , Chang, Y. K. , Lee, D. H. , Sung, Y. D. CEO hubris and firm performance: Exploring the moderating roles of CEO power and board vigilance. *Journal of Business Ethics*, 2018, 147 (4): 919 –933.

[348] Parrino, R. CEO turnover and outside succession a cross-sectional analysis. *Journal of Financial Economics*, 1997, 46 (2): 165 –197.

[349] Peloza, J. Using corporate social responsibility as insurance for financial performance. *California Management Review*, 2006, 48 (2): 52 –72.

[350] Peng, M. W., Sun, S. L., Pinkham, B., Chen, H. The institution-based view as a third leg for a strategy tripod. *Academy of Management Perspectives*, 2009, 23 (3): 63 – 81.

[351] Pfeffer, J., Salancik, G. *The external control of organizations: A resource dependence perspective.* Stanford Business Books, Redwood City, CA, 2003.

[352] Philippe, D., Durand, R. The impact of norm conforming behaviors on firm reputation. *Strategic Management Journal*, 2011, 32: 969 – 993.

[353] Pinkowitz, L., Stulz, R. M., Williamson, R. Do firms in countries with poor protection of investor rights hold more cash? *Journal of Finance*, 2006, 61: 2725 – 2751.

[354] Pinkowitz, L., Williamson, R. Bank power and cash holdings: Evidence from Japan. *The Review of Financial Studies*, 2001, 14: 1059 – 1082.

[355] Pollock, T. G., Rindova, V. P. Media legitimation effects in the market for initial public offerings. *Academy of Management Journal*, 2003, 46 (5): 631 – 642.

[356] Pool, V. K., Stoffman, N., Yonker, S. E. The people in your neighborhood: Social interactions and mutual fund portfolios. *The Journal of Finance*, 2015, 70: 2679 – 2732.

[357] Porter, M. E. Changing patterns of international competition. *California Management Review*, 1986, 28: 9 – 40.

[358] Porter, M. E. Competitive advantage: Creating and sustaining superior performance. Free Press: New York, 1985.

[359] Porter, M. E. Competitive strategy: Techniques for analyzing industries and competitors. Free Press: New York, 1980.

[360] Porter, M. E., Kramer, M. R. The competitive advantage of corporate philanthropy. *Harvard Business Review*, 2002, 80 (12): 56 – 68.

[361] Porter, M. E. What is strategy? *Harvard Business Review*, 1996, 74: 61 – 78.

[362] Post, J. E., Preston, L., Sachs, S. Managing the extended enterprise. *California Management Review*, 2002, 45 (1): 6 – 28.

[363] Powell, D. M. W. The iron cage revisited: Institutional isomorphism and collective rationality in organizational fields. *American Sociological Review*, 1983, 48 (2): 147 – 160.

[364] Prahalad, C. K., Hamel, G. The core competence of the corporation. Boston (MA), 1990, 235 – 256.

[365] Prior, D., Surroca, J., Tribó, J. A. Are socially responsible managers really ethical? Exploring the relationship between earnings management and corporate social responsibility. *Corporate Governance: An International Review*, 2008, 16 (3): 160 – 177.

[366] Prior, D., Surroca, J., Tribó, J. A. Are socially responsible managers really ethical? Exploring the relationship between earnings management and corporate social responsibility. *Corporate Governance: An International Review*, 2008, 16 (3): 160 – 177.

[367] Qian, C., Gao, X., Tsang, A. Corporate philanthropy, ownership type, and financial transparency. *Journal of Business Ethics*, 2015, 130 (4): 851 – 867.

[368] Qiu, J., Wan, C. Technology spillovers and corporate cash holdings. *Journal of Financial Economics*, 2014, 115: 558 – 573.

[369] Rajagopalan, N. Strategic orientations, incentive plan adoptions, and firm performance: Evidence from the electric utility firms. *Strategic Management Journal*, 1997, 18: 761 – 785.

[370] Rashid. A. CEO duality and agency cost: evidence from Bangladesh. *J Manag Gov.*, 2013, 17: 989 – 1008.

[371] Rego, S. O. Tax-avoidance activities of u. s. multinational corporations. *Contemporary Accounting Research*, 2003, 20 (4): 805 – 833.

[372] Reuer, J. J., Tong, T. W., Wu, C. A Signaling Theory of Acquisition Premiums: Evidence from IPO Targets. *Academy of Management Journal*, 2012, 55 (3): 667 – 683.

[373] Richardson, S. A., Sloan, R. G., Soliman, M. T., Tuna, İ. Accrual reliability, earnings persistence and stock prices. *Journal of Accounting and Economics*, 2005, 39 (3): 437 – 485.

[374] Richardson, S. Earnings quality and short sellers. *Accounting Horizons*, 2003, 17: 49-62.

[375] Riddick, L. A., Whited, T. M. The corporate propensity to save. *The Journal of Finance*, 2009, 64: 1729-1766.

[376] Ross, S. A. The determination of financial structure: The incentive signalling approach. *The Bell Journal of Economics*, 1977, 8 (1): 23-40.

[377] Roychowdhury, S. Earnings management trough real activities manipulation. *Journal of Accounting and Economics*, 2006, 42 (3): 335-370.

[378] Saiia, D. H., Carroll, A. B., Buchholtz, A. K. Philanthropy as strategy: When corporate charity "begins at home". *Business and Society*, 2003, 42 (2): 169-201.

[379] Salancik, G. R., Pfeffer, J. A social information processing approach to job attitudes and task design. *Administrative Science Quarterly*, 1978, 23 (2): 224-253.

[380] Schipper, K. Commentary on earnings management. *Accounting Horizons*, 1989, 3 (4): 91-102.

[381] Seifert, B., Morris, S., Bartkus, B. Having, giving, and getting: Slack resources, corporate philanthropy, and firm financial performance. *Business & Society*, 2004, 43 (2): 135-161.

[382] Serfling, M. A. CEO age and the riskiness of corporate policies. *Journal of Corporate Finance*, 2014, 25: 251-273.

[383] Sethi, S. P. A conceptual frame work for environmental analysis of social issues and evaluation of business response patterns. *Academy of Management Review*, 1979, 4 (1): 63-74.

[384] Shepherd, D. A., Zacharakis, A. A new venture's cognitive legitimacy: An assessment by customers. *Journal of Small Business and Management*, 2003, 41 (2): 148-167.

[385] Shipman, J. E., Swanquist, Q. T., Whited, R. L. Propensity score matching in accounting research. *The Accounting Review*, 2017, 92: 213-244.

[386] Shi, W., Sun, S. L., Yan, D., Zhu, Z. Institutional fragility and outward foreign direct investment from China. *Journal of International Busi-*

*ness Studies*, 2017, 48 (4): 452 – 476.

[387] Shleifer, A., Vishny, R. W. A survey of corporate governance. *The Journal of Finance*, 1997, 52: 737 – 783.

[388] Shocker, A. D., Sethi, S. P. An approach to incorporating social preferences in developing corporate action strategies, *California Management Review*, 1973, 15 (4): 197 – 200.

[389] Shores, D. The association between interim information and security returns surrounding earnings announcements. *Journal of Accounting Research*, 1990, 28 (1): 164 – 181.

[390] Shroff, N., Sun, A. X., White, H., Zhang, W. Voluntary disclosure and information asymmetry: Evidence from the 2005 securities offering reform. *Journal of Accounting Research*, 2013, 51 (5): 1299 – 1345.

[391] Simons, R. Accounting control systems and business strategy: An empirical analysis. *Accounting, Organizations and Society*, 1987, 12 (4): 357 – 374.

[392] Singh, J. V. Performance, slack, and risk taking in organizational decision making. *Academy of management Journal*, 1986, 29 (3): 562 – 585.

[393] Singh, J. V., Tucker. D. J., Robert, J. H. Organizational legitimacy and the liability of newness. *Administrative Science Quarterly*, 1986, 31: 171 – 193.

[394] Singh, M., Davidson III, W. N. Agency costs, ownership structure and corporate governance mechanisms. *Journal of Banking & Finance*, 2003, 27: 793 – 816.

[395] Sirmon, D. G., Hitt, M. A. Contingencies within dynamic managerial capabilities: interdependent effects of resource investment and deployment on firm performance. *Strategic Management Journal*, 2009, 30 (13): 1375 – 1394.

[396] Skaife, H. A., Wangerin, D. D. Target financial reporting quality and m&a deals that go bust. *Contemporary Accounting Research*, 2013, 30 (2): 719 – 749.

[397] Skinner, D. J. Earnings disclosures and stockholder lawsuits. *Journal of Accounting and Economics*, 1997, 23 (3): 249 – 282.

[398] Sloan, R. G. Do stock prices fully reflect information in accruals and cash flows about future earnings? *The Accounting Review*, 1996, 71 (3).

[399] Song, K., Lee, Y. Long-term effects of a financial crisis: evidence from cash holdings of East Asian firms. *Journal of Financial and Quantitative Analysis*, 2012, 47: 617 -641.

[400] Souichi Matsuura, K. U. On the relation between real earnings management and accounting earnings management: Income smoothing perspective. *Journal of International Business Research*, 2008, 7 (3): 63 -77.

[401] Spence, M. Competitive and Optimal Responses to Signals: An analysis of efficiency and distribution. *Journal of Economic Theory*, 1974 (7): 296 -332.

[402] Stein, J. C. Efficient capital markets, inefficient firms: A model of myopic corporate behavior. *The Quarterly Journal of Economics*, 1989, 104 (4): 655 -669.

[403] Stevens, C., Xie, E, Peng, M. Toward a legitimacy-based view of political risk: the case of google and yahoo in China. *Strategic Management Journal*, 2016, 37: 945 -963.

[404] Subramaniam, V., Tang, T., Yue, H., Zhou, X. Firm structure and corporate cash holdings. *Journal of Corporate Finance*, 2011, 17: 759 -773.

[405] Subramanyam, K. R. The pricing of discretionary accruals. *Journal of Accounting and Economics*, 1996, 22 (1 -3): 249 -281.

[406] Suchman, M. C. Managing legitimacy: Strategic and institutional approaches. *Academy of Management Review*, 1995 (20): 571 -611.

[407] Suda, K., Hanaeda, H. Corporate financial reporting strategy: Survey evidence from japanese firms. *Securities Analysts Journal*, 2008, 46 (5): 51 -69.

[408] Sun, S. L., Im, J. Cutting micro finance interest rates: An opportunity co-creation perspective. Entrepreneurship Theory and Practice, 2015, 39 (1): 101 -128.

[409] Sun, S. L., Peng, M. W., Lee, R. P., Tan, W. Institutional open access in the home country and outward internationalization. *Journal of World Business*, 2015, 50 (1): 234 -246.

[410] Sun, S. L., Peng, M. W., Tan, W. Institutional relatedness behind product diversification and international diversification. *Asia Pacific Journal*

*of Management*, 2017, 34 (2): 339 - 366.

[411] Sun, S. L., Yang, X., Li, W. Variance-enhancing corporate entrepreneurship under deregulation: An option portfolio approach. *Asia Pacific Journal of Management*, 2014, 31 (3): 733 - 761.

[412] Su, W., Tsang, E. Product diversification and financial performance: The moderating role of secondary stakeholders. *Academy of Management Journal*, 2015, 58 (4): 1128 - 1148.

[413] Tang, J., Crossan, M., Rowe, W. G. Dominant CEO, deviant strategy, and extreme performance: The moderating role of a powerful board. *Journal of Management Studies*, 2011, 48 (7): 1479 - 1503.

[414] Tata, J., and S. Prasad. CSR communication: An impression management perspective. *Journal of Business Ethics*, 2015, 132 (4): 765 - 778.

[415] Tayler, W. B., Bloomfield, R. J. Norms, conformity, and controls. *Journal of Accounting Research*, 2011, 49: 753 - 790.

[416] Teoh, S. H., Wong, T. J., Rao, G. R. Are accruals during initial public offerings opportunistic. *Review of Accounting Studies*, 1998 (3): 175 - 208.

[417] Titman, S., Wessels, R. The determinants of capital structure choice. *The Journal of Finance*, 1988, 43: 1 - 19.

[418] Tolbert, P. S., Zucker, L. G. Institutionalization of institutional theory. In S. R. Clegg, C. Hardy, & W. R. Nord (Eds.), *The Handbook of Organization Studies*, 1996, 175 - 190.

[419] Tong, Z. CEO risk incentives and corporate cash holdings. *Journal of Business Finance Accounting*, 2010, 37: 1248 - 1280.

[420] Tong, Z. Firm diversification and the value of corporate cash holdings. *Journal of Corporate Finance*, 2011, 17: 741 - 758.

[421] Verrecchia, R. E. Discretionary disclosure. *Journal of Accounting and Economics*, 1983, 5, 179 - 194.

[422] Verrecchia, R. E. Discretionary disclosure. *Journal of Accounting and Economics*, 1983 (5): 179 - 194.

[423] Vrettos, D. Are relative performance measures in ceo incentive contracts used for risk reduction and/or for strategic interaction? *The Accounting Re-*

*view*, 2013, 88: 2179 -2212.

[424] Walker, G., Madsen, T. L., Carini, G. How does institutional change affect heterogeneity among firms? *Strategic Management Journal*, 2002, 23 (2): 89 -104.

[425] Wang, H., Qian, C. Corporate philanthropy and corporate financial performance: The roles of stakeholder response and political access. *Academy of Management Journal*, 2011, 54 (6): 1159 -1181.

[426] Watson, L. Corporate social responsibility, tax avoidance, and earnings performance. *Working Paper*, 2015.

[427] Watts, R. L., Zimmerman, J. L. Positive accounting theory. *Social Science Electronic Publishing*, 1986, 14 (5): 455 -468.

[428] Wenzel, M. Misperceptions of social norms about tax compliance: From theory to intervention. *Journal of Economic Psychology*, 2005, 26: 862 -883.

[429] Whited, T. M., Wu, G. Financial constraints risk. *The Review of Financial Studies*, 2006, 19: 531 -559.

[430] Wiersema, M. F., Bowen, H. P. The use of limited dependent variable techniques in strategy research: Issues and methods. *Strategic Management Journal*, 2009, 30 (6): 679 -692.

[431] Wood, D. J. Corporate social performance revisited. *The Academy of Management Review*, 1991, 16 (4): 691 -718.

[432] Xia, F., Walker, G. How much does owner type matter for firm performance? Manufacturing firms in China 1998 - 2007. *Strategic Management Journal*, 2015, 36 (4): 576 -586.

[433] Xie, H. The mispricing of abnormal accruals. *The Accounting Review*, 2001, 76 (3): 357 -373.

[434] Yafeh, Y., Yosha, O. Large shareholders and banks: Who monitors and how? . *Economic Journal*, 2003, 113 (484): 128 -146.

[435] Yamaguchi, T. Real and accrual-based earnings management to achieve industry-average profitability: Empirical evidence from Japan. *Available at SSRN* 2492382, 2014.

[436] Yan, X., Zhang, Z., Institutional investors and equity returns:

Are short-term institutions better informed? *Review of Financial Studies*, 2009, 22 (2): 893 -924.

[437] Ye, K., J. X. Guan, and B. Zhang et al. Strategic deviation and stock return synchronicity. *Journal of Accounting, Auditing & Finance*, 2021, 36 (1): 172 -194

[438] Yu, F. Analyst coverage and earnings management. *Journal of Financial Economics*, 2008, 88: 245 -271.

[439] Yun, H. The choice of corporate liquidity and corporate governance. *Review of Financial Studies*, 2009, 22: 1447 -1475.

[440] Zahra, S. A., Covin, J. G. Business strategy, technology policy and firm performance. *Strategic Management Journal*, 1993, 14: 451 -478.

[441] Zang, A. Y. Evidence on the trade-off between real activities manipulation and accrual-based earnings management. *The Accounting Review*, 2012, 87 (2): 675 -703.

[442] Zhang, R., Rezaee, Z., Zhu, J. Corporate philanthropic disaster response and ownership type: Evidence from Chinese firms' response to the Sichuan earthquake. *Journal of Business Ethics*, 2010, 91 (1): 51 -63.

[443] Zhang, X., Piesse, J., Filatotchev, I. Family control, multiple institutional block-holders, and informed trading. *European Journal of Finance*, 2012, 21 (10): 1 -22.

[444] Zhang, Y., Rajagopalan, N. Explaining new CEO origin: Firm versus industry antecedents. *Academy of Management Journal*, 2003, 46: 327 -338.

[445] Zhang, Y., Rajagopalan, N. Once an outsider, always an outsider? CEO origin, strategic change, and firm performance. *Strategic Management Journal*, 2010, 31 (3): 307 -334.

[446] Zhang, Y. The presence of a separate COO/president and its impact on strategic change and CEO dismissal. *Strategic Management Journal*, 2006, 27 (3): 283 -300.

[447] Zhao, Y., Chen, K. H. Staggered boards and earnings management. *The Accounting Review*, 2008, 83 (5): 1347 -1381.

[448] Zhou, N., and S. H. Park. Growth or profit? Strategic orientations

and long-term performance in China. *Strategic Management Journal*, 2020, 41 (11): 2050-2071.

[449] Zhu, D. H. Group Polarization on Corporate Boards: Theory and Evidence on Board Decisions About Acquisition Premiums. *Strategic Management Journal*, 2013, 34 (7): 800-822.

[450] Zwiebel, J., Corporate conservatism and relative compensation. *Journal of Political Economy*, 1995, 103: 1-25.